中文学科精品教材
Quality Resources for
Chinese Language and Literature

国家级一流本科专业（汉语言文学）阶段性成果

语文教学设计与实施案例研究

龚孟伟　编著

江蘇鳳凰教育出版社
Phoenix Education Publishing, Ltd

图书在版编目(CIP)数据

语文教学设计与实施案例研究/龚孟伟编著. —南京：江苏凤凰教育出版社，2023.12
ISBN 978-7-5743-0783-4

Ⅰ.①语… Ⅱ.①龚… Ⅲ.①大学语文课—教学研究 Ⅳ.①H193

中国版本图书馆 CIP 数据核字(2023)第 241203 号

书　　名 语文教学设计与实施案例研究
编　　著 龚孟伟
责任编辑 徐念一
装帧设计 陈　也
责任印制 石贤权
出版发行 江苏凤凰教育出版社(南京市湖南路 1 号 A 楼　邮编 210009)
苏教网址 http://www.1088.com.cn
照　　排 南京前锦排版服务有限公司
印　　刷 江苏凤凰通达印刷有限公司(电话 025-57572508)
厂　　址 南京市六合区冶山镇(邮编 211523)
开　　本 787 毫米×1092 毫米　1/16
印　　张 18.75
版　　次 2023 年 12 月第 1 版
2023 年 12 月第 1 次印刷
书　　号 ISBN 978-7-5743-0783-4
定　　价 58.00 元
网店地址 http://jsfhjycbs.tmall.com
公 众 号 江苏凤凰教育出版社(微信号：jsfhjyfw)
邮购电话 025-85406265，025-85400774
盗版举报 025-83658579

前　言

教育是培养人的社会活动，学科建设是实现教育目的的基础。随着时代的变迁，人文社会科学发展和繁荣进入新的历史时期，这要求推进人文社会科学与新一轮科技革命和产业变革交叉融合，建设习近平新时代中国特色、中国风格、中国气派的新文科。为此，2021 年 3 月 2 日，中华人民共和国教育部发布《教育部办公厅关于推荐新文科研究与改革实践项目的通知》，为深入学习贯彻习近平新时代中国特色社会主义思想，贯彻落实全国教育大会精神，落实新文科建设工作会议要求，全面推进新文科建设，构建世界水平、中国特色的文科人才培养体系，各高校积极行动，扎扎实实地落实新文科建设。这些工作有利于各级各类高校革新教育理念，优化专业配置，改革人才培养模式，强化师资队伍建设，提升特色质量文化。语文作为人文社会科学的一门重要学科，是人们交流思想、工作和学习的重要工具。培养学生语文核心素养应发挥中国语言文学专业各类子学科的功能，特别对培养卓越教师的师范专业来说，还需要教育学、心理学等相关学科的支持。语文课程与教学论本身就是带有多学科交叉性质的教育学三级学科，它是师范教育课程体系中的一门重要课程，其中语文教学设计和实施是其重要的组成部分，它理应成为新文科建设沧海之一粟。

当前，师范生培养过程中偏于专业理论知识的学习，动手操作的机会少，教学实践能力薄弱，原因是多方面的，其中重要的一点是师范生缺乏对教学设计和教学实施案例的研习。鉴于此种情况，编写一部适用于汉语言文学教育专业本科生和研究生使用的教学案例方面的书籍是必要的，这也有利于在职语文教师的专业成长。本书精选了统编版义务教育语文教材中相关篇目的教学案例，对其教材进行分析，对一些名师的教学设计和实施过程进行展示和剖析，凸显不同教学内容的设计风格和教学过程，力求师范专业的本科生和研究生能从中探寻有效的教学设计思路和方法，掌握教学过程与规律，探究语文高效教学的策略等。本书在编写体例上分上篇和下篇，上篇主要精选了小学语文教学案例 8 个，包括识字与写字、记叙

下 篇
统编版初中语文教学设计与实施案例

上篇

统编版小学语文教学设计与实施案例

识字与写字教学设计与实施

——以《小壁虎借尾巴》为例

摘要:在小学语文教学中,识字与写字占据了基础性与先导性的地位。自有汉字以来,识字与写字教学经历了教育的风雨涤荡,当今,中华人民共和国教育部制定并颁布实施的《义务教育语文课程标准(2022 年版)》高度重视识字与写字教学。本案例通过分析《小壁虎借尾巴》一文的教学,探究这篇课文的教学设计与实施,为理解识字与写字教学提供范例。本案例借助集中识字与随文识字相结合的方法实施教学,同时还采用了角色扮演的方法来引导学生体验,以巩固学习成果。本案例的分析与讨论,有助于为小学识字与写字教学提供有价值的思考路径与实施策略。

关键词:识字与写字;教材分析;教学设计;《小壁虎借尾巴》

背景信息

“统编版”教材是由教育部直接组织编写的。统编现行这套教材是中央做出的决定,为了商讨教材问题,中央宣传思想工作小组在 2009 年召开过专题会议,正式的编写工作则从 2012 年 3 月 8 日才启动,经过各方的辛苦努力,到 2014 年决定语文教材的全称是“教育部编义务教育语文教科书”。温儒敏曾指出,“以前我们习惯以出版社来简称各个版本的教材,比如,‘人教版’‘苏教版’‘粤教版’,等等。”[①]这套新教材启动组织编写后,向中央汇报,再经过 2015 年的修改,直到 2016 年才在中央宣传思想工作小组会上通过并最终投入使用。在这期间,教材的编写过程非常曲折,温儒敏就此披露过详情:“四年来,教材编写经过非常复杂、曲折的程序,从编写大纲和样张、征求意见、大纲送审,到进入编写,广泛征求意见,确定选文,反复讨论和调整体例框架,编写导语、习题,先后集中全组讨论就有十几次,分头开会研

---

① 温儒敏.“部编本”语文教材的编写理念、特色与使用建议[J].课程·教材·教法,2016.

讨的次数更不计其数”①。2017 年秋季全面推广使用，2018 年秋在再次修订的基础上全国使用。总之，这套教材经过了时间的淬炼与实践的检验，极具研究价值。在总体特色上，温儒敏指出统编版语文教材“体现核心价值观，做到‘整体规划，有机渗透’；接地气，满足一线需要，对教学弊病起纠偏作用；加强了教材编写的科学性；贴近当代学生生活，体现时代性”②。在创新点与使用建议上，温儒敏强调“选文强调四个标准；更加灵活的单元结构体例；重视语文核心素养，重视语文知识体系；阅读教学实施‘三位一体’，区分不同课型；把课文阅读纳入教材体制；识字写字教学更加讲究科学性；提高写作教学的效果”③。

就统编版小学语文教材而言，其封面外观与内容结构、课文插图上都是由专家学者精心设计的。由于篇幅限制，本文单以统编版一年级下册语文教材为例进行案例分析。这册教材共有 8 个单元，其中有 2 个单元为识字单元；共 29 篇课文，其中识字课文占 8 篇。这套教材在课文与习题的设计上落实了 300 字的基本字表的要求，相较于以前根据经验安排识字写字任务，这种编排凸现了科学性。另外，在安排拼音教学上，这套教材把拼音教学安排在识字单元之后，用意在于将拼音作为识字写字的辅助工具，也意在降低拼音学习的难度。最后，这套教材在识字与写字教学上注重激发学生的学习兴趣，安排了韵文诵读、儿歌诵读，并配以精美生动的插图。

值得一提的是，我国自古以来就非常重视识字与写字教学，有学者指出：“古代对识字、写字尤为重视，所以历代很重视编写识字、写字课本，并出版了许多识字课本、写字课本，如流传时间最长的《急就篇》，以后又有《三字经》《百家姓》《千字文》等”④。本篇案例以统编版小学一年级下册语文中的第 21 篇课文——《小壁虎借尾巴》为例，展开分析。这篇课文虽然不是识字单元的选文，但是也肩负了识字与写字的教学任务。笔者考虑到这篇课文的价值——科学性、知识性、过渡性，因此选择此篇进行案例分析。具体而言，首先分析了统编版小学语文识字与写字教材，接着提出了识字与写字教学的建议，然后提供了课堂教学片段，最后设计了案例思考题和案例使用说明。

案例正文

在我国语文教育的发展历程中，识字与写字教学一直占据着基础性与先导性

① 温儒敏．“部编本”语文教材的编写理念、特色与使用建议[J]．课程・教材・教法，2016.
② 温儒敏．“部编本”语文教材的编写理念、特色与使用建议[J]．课程・教材・教法，2016.
③ 温儒敏．“部编本”语文教材的编写理念、特色与使用建议[J]．课程・教材・教法，2016.
④ 张隆华．中国古代语文教育史[M]．四川：四川教育出版社，2000.

的重要地位。1904 年,清政府颁布《奏定学堂章程》,标志了我国语文课程单独设科。自独立设置语文课程始,清代以降的蒙学教育家们曾详细介绍识字与写字的经验。2022 年,教育部颁布的《义务教育语文课程标准(2022 年版)》也对识字与写字高度重视。

一、统编版小学语文教材识字与写字教学分析

(一) 先于课文,集中识字

教育部颁布的《义务教育语文课程标准(2022 年版)》在"课程目标"的"学段目标"中指出:第一学段(1～2 年级)认识常用汉字 1600 个左右,其中 800 个左右会写;第二学段(3～4 年级)累计认识常用汉字 2500 个左右,其中 1600 个左右会写;第三学段(5～6 年级)累计认识常用汉字 3000 个左右,其中 2500 个左右会写①。由此可见,教育部对于小学阶段的识字写字高度重视,其所要求的识字数量远大于写字数量,并且对于识字与写字的数量要求逐段递增。

一年级在小学三个学段中处于起始阶段,是打基础的关键阶段。统编版教材充分认识到一年级的奠基作用,以一年级下册语文教材为例,目录结构上的安排是"识字、课文、识字、课文"交叉进行。第一部分的识字包括《春夏秋冬》《姓氏歌》等,第一部分的课文包括《吃水不忘挖井人》《我多想去看看》等,这充分体现了"先于课文,集中识字"的编排思想。而早在 19 世纪末,已有学者从识字与读书的关系上指出"'先识字后读书'是我国数千年来识字教学的传统经验"。清人唐彪就儿童识字教学指出:"初入学半年,不令读书,专令识字,尤为妙法"。此外,在关于要不要集中识字的问题上,张志公也指出:"学汉字,必须一个一个地认,一个一个地记","汉语汉字的特点,使集中识字有了必要性,也有了可能性"。统编版小学语文教材穿插安排识字与课文,比如《春夏秋冬》集中教授"春、风、花"等汉字,为第二部分课文学习做准备。这充分遵循了语文识字与写字教育的规律,有利于入学一年的儿童提高识字效率,深刻地理解汉字的结构与意义,为随文识字作铺垫。

(二) 拼音辅助,随文而识

在拼音教学方面,之前的一年级语文教材安排先学拼音再学汉字,要求学生根据拼音能认读生字。而统编版一年级上册语文教材不再把拼音放在第一位,却要

① 中华人民共和国教育部.义务教育语文课程标准(2022 年版)[S],北京:北京师范大学出版社,2022.

求先识字再学拼音；一年级下册则将拼音置于辅助地位，强调通过拼音的辅助功能，进而随文认识生字。

统编版一年级语文教材在识字与写字方面的上述变革，并非暗示拼音不重要，事实上拼音对于识字与写字非常重要。因为汉字并非表音文字，无法看见字形就读出字音来，所以有注音的需要。虽然拼音的重要性不言而喻，但随文识字极其重要，吕叔湘明确指出“拼音不能区别同音字，老要看上下文，带认带猜；汉字能区别同音字，学起来虽然难些，可以一劳永逸，还是值得的。”因此，统编版语文教材将识字学习安排在拼音学习之前，正是立意高远的体现。

学习拼音的终极目的还是认识汉字，一年级学生通过拼音的辅助功能，最终是为了随文识字。随文识字即随课文识字，又叫“分散识字”，与“集中识字”正相反。这种随文识字法是斯霞在1958年实验的方法，通过边识字边读书，寓识字于阅读之中。这种识字的特点是“‘字不离词，词不离句’，把字音、字形和字义的教学有机地结合课文的词语、篇章进行”，从而有助于儿童语言和智力的发展，也有利于减轻学生过重的课业负担，促使学生身心健康发展。但是随文识字的效率不如集中识字，因此应将两种识字方法结合起来使用。

（三）把握规律，巧写汉字

前文已指出《义务教育语文课程标准（2022年版）》对于小学阶段在识字与写字方面的要求是：识字量大于写字量，识字是写字的前提。识字与写字对应了语文核心素养的第二个层级——语言运用。为了全面培养学生的语文素养，有必要把握写字规律，巧写汉字。

首先，汉字是完整的有机体，可从汉字的结构入手来整体把握汉字。统编版小学语文教材中有大量象形字与会意字，就象形字而言，如教学“日、月”等字时，可通过简笔画让学生了解汉字的结构，毕竟文字起源于图画；就会意字而言，可利用汉字的偏旁部首进行写字教学。教材中常把部首相同的汉字放在一起，比如说“青、情、清、请”这类字，这四个字放在一起，使得学生一眼就看出来他们的区别。这种根据汉字结构特点进行写字教学的方法，能够提高学生的观察能力。

其次，汉字与书法密切相关，可从汉字的笔顺入手来正确把握汉字。统编版语文教材显然更重视细节与基础，每篇课文后面都有描红部分，而且把字的笔画顺序都一一展现清楚。这是因为中小学生极易犯“倒插笔”的错误，即笔画顺序错误，所以统编版教材特别重视从细节、基础抓起，从源头上防范“倒插笔”现象的发生。同时，汉字不仅是文化的载体，也是文化的结晶。在书写汉字的过程中，按照正确的笔顺来书写，有利于加深对文化的了解，也有利于学习书法。

最后，书写汉字是个动态过程，可从写字姿势入手来动态把握汉字。写字是一个手脑并行、全身联动的过程，要想写出优美的汉字，前提是形成良好的写字姿势，比如端坐与握笔的姿势。中央电视台一套节目曾指出，常见的错误握笔姿势包括：横搭型、埋头型、扭曲型、扭转型、错位型、睡觉型、拳头型；正确的握笔姿势应把握笔与手接触的四个着力点：在拇指指点、在食指指根骨节凸起处、在食指指尖、在中指第一关节与指甲边垂中间的位置。正确的坐姿则是：头正身直足平，眼离纸面一尺，胸离桌沿一拳，手离笔尖一寸。

二、统编版小学语文识字与写字教学建议

有人指出了识字教学的训练要点："了解汉字的数量与实际使用频率的关系；借鉴传统识字教学的基本经验——集中识字的方法，形成比较稳定的识字教学体系，重视汉字的声韵特点，寓教于乐；根据汉字的基本特点——汉字构形与音义的关系、汉字的声部与音义的关系教学汉字；利用学生认知心理的基本规律——识字教学的切入时段、识字教学的数量分布、不同字类的学习阶段，反复训练不断运用"。这些训练要点的确中肯，下文也将从不同方面提出识字与写字教学建议。

（一）创新方式，激趣为先

传统的教学模式往往很难激发学生的学习兴趣，而兴趣是最好的老师，因此应当创新方式，激趣为先。苏联著名教育家苏霍姆林斯基指出："感到知识是一种使人变得崇高起来的力量——这是比任何东西都更强有力的一种激发求知兴趣的刺激物。"①怎样才能让学生生成知识的崇高感呢？这还是离不开创新教学方式。在小学识字与写字教学过程中，可以借助游戏、图文、歌谣来激发学生的学习兴趣。

首先是游戏教学法。苏霍姆林斯基就曾指出游戏成分在教学过程中具有重要意义。在小学语文教学过程中，可以借助游戏进行教学，常见的有角色扮演游戏，例如在进行《小壁虎借尾巴》一文的教学中就可借助多媒体课件演示，再请学生分角色扮演不同的动物，借以认识不同的生字，如请小学生表演蛇"咬"住小壁虎的尾巴，让学生认识"咬"字。

其次是图文教学法。可借助教材中丰富的插图与多媒体课件来识写生字。前文在分析识字与写字教材时指出，可通过简笔画认识象形字。统编版教材中的插图与课文内容的配合十分密切，这有利于引起学生对图文的兴趣，通过看图猜字的

---

① ［苏］B. A. 苏霍姆林斯基. 给教师的建议［M］. 杜殿坤编译，北京：教育科学出版社，1984.

方法来扩大识写字量。同时，多媒体的推广为教学提供了极大的便利，这也克服了古人识字与写字教学的许多困难。在古代识字写字教学会受制于时令，东汉崔寔《四民月令》记载，“正月，砚冻释，命幼童入小学，学书《篇章》。十一月，砚冰冻，命幼童读《孝经》《论语》《篇章》《小学》”。而今，我们的识字与写字教学则从学生的学习心理规律出发，教学媒介丰富，不再受自然因素干扰。

此外还有歌谣教学法。统编版一年级下册语文教材在“识字”板块安插了歌谣，如《姓氏歌》《动物儿歌》等。这类朗朗上口的歌谣极易记诵，从而激发了学生的学习兴趣。总之，识字与写字是获取知识的前提与基础。只有对汉字本身感兴趣，才能扩大识字面。

（二）秉承传统，诵读为基

统编版语文教材中编排了大量传统古典诗词，而诵读则是学习古典诗词的重要法门。古代蒙学教育便采用摇头晃脑的吟诵法来学习诗词经典，这具有一定的科学性。朱自清在《诵读教学》一文中转述黎锦熙谈国语教育的观点：“他认为现在教育成绩最坏的是国文，其原因，第一在忽视诵读技术”，这高度肯定了诵读的重要性。通过诵读古典诗词，不仅可以巩固识字水平，还可以培养语感。

以统编版小学语文教材为例，一年级下册课文已编排的古诗《寻隐者不遇》《池上》《小池》等不仅蕴含着传统文化的元素，还包括了大量生字词（如《池上》包括“撑”“艇”“偷”“藏”“踪迹”等生字词）。同时，在理解文化、积累字词的过程中，通过诵读还可以培养语感。因此，诵读是识字与写字的基本方法。

诵读应采取活泼多样的形式，比如教师范读、配乐引读、以学生喜欢的方式诵读等，但是无论采取何种诵读方式，都不能脱离识字与写字的前提。纵观从“双基”到“三维目标”再到“核心素养”的发展，传统文化占据着重要地位，通过诵读来传承传统文化的前提仍然是学习识字与写字。

（三）多元设计，阅读为本

识字与写字教学设计应多元并存，根据学生的学习需要加以应用，而且识字与写字教学的最终目的也是让学生学会运用——学会阅读与理解、思考与写作，进而达到更高的目标——培养学生的语文核心素养。因此，阅读是识字与写字教学的本。

张志公曾对语文教育进行统筹规划，他指出从第二学期开始进行识字教学，稍晚再进行写字教学，到三、四年级才开始进行真正的读、写教学。而潘新和则认为这样会影响效率，他指出“文章的阅读，可以制作配以读音、字典、画面和相关链接的软件和课件，阅读也就变得毫不困难”。张志公显然是按照三条线先后开始，分头前进，最终合拢的思路进行设计的。这种设计思路有利于培养学习兴趣，但是却不适应当前社会发展的速度，在效率上跟不上。因此，后人潘新和指出借助读音、字典和课件等进行阅读，边阅读边识字是有一定道理的。

统编版教材显然偏向后者，教材在课文的编制上配以拼音、图画，还有相关的教学光碟、网络资源。因此，应当以阅读为本，先识字、再写字、后阅读，再在阅读中促进识字与写字教学。如此，便可形成良性循环，不仅提高了教学效率，完成了识字与写字的教学任务，也有助于在阅读中培养学生的语文核心素养。

三、《小壁虎借尾巴》的教学设计与实施

（一）谜语激趣，巧妙导入

俗话说：“兴趣是最好的老师”，在进行新课导入时，应当首先激发学生的兴趣。通过趣味谜语导入新课，有益于此课教学的整个过程。

片段一：

师：上课！

生：起立！

师：同学们好！

生：老师好！

（相互行鞠躬礼）

师：好，请坐！

师：同学们，老师今天给大家准备了一个谜语，看看谁最聪明，能猜出谜底是什么。猜对了有奖励哦！

生：好！

师：听好了，谜语是“叫虎不是虎，生来有四足。爱在墙角住，专吃蚊蝇虫。”哪位同学能猜到谜底是什么呢？

生：爬山虎！

生：不对，爬山虎不吃蝇虫！

师：是的，猪笼草倒是吃蝇虫。爬山虎是植物，而且没有四足。大家再想想看是哪种动物呢？

（学生发笑并踊跃发言，课堂气氛活跃起来）

生：是壁虎！

师：同学们真棒！来，刚刚答对的同学请上台来领取小壁虎书签。没有领到的同学也不要丧气，一会还有机会。

师：我们今天这堂课的主角就是小壁虎，请同学们一起来观察屏幕中的壁虎。壁虎是蜥蜴的一种，人们又把它叫作“四脚蛇”“巴壁虎”等等。大家来说说看，壁虎有哪些特点呀？

生：壁虎的背和肚子是扁扁的，身上长着许多鳞片。

生：它的脚趾像个吸盘呢！

师：对，所以它可以在墙壁或天花板上迅速爬行。有谁知道壁虎吃什么呀？

生：蚊子、苍蝇。

师：是的，壁虎白天躲在墙缝或者柜子里隐秘的角落中，晚上出来捕食蚊子、苍蝇、飞蛾等昆虫，这说明壁虎是对我们人类有帮助的动物哦！

师：如果壁虎被碰到尾巴，受到惊吓，那么它的尾巴就马上断了，然后它就趁机逃跑了。那么，老师想考考大家，壁虎的尾巴断了之后可怎么办呢？请大家带着这个问题来阅读第21课《小壁虎借尾巴》，并且要圈出你不认识的生字噢！

《小壁虎借尾巴》是统编版一年级下册语文教材的最后一课，具有承上（一年级）启下（二年级）的地位，因此应当更多注重知识性教学。但是不能强行灌输知识，所以在上课之初采取猜谜语配合实物奖励的方式进行导入，能够为后面的识字与写字教学做好铺垫。

（二）问题阅读，趣求答案

在趣味导入之后，师生共同阅读文本。在阅读文本的同时，学生心中还有老师提出的问题。这样阅读能加深学生对文本的理解，有利于后面角色扮演的环节顺利展开。最后，在阅读的过程中，教师还应注意引导学生圈出生字，紧扣教学目标。

片段二：

师：同学们都读完了吗？

生：读完了。

师：好，下面我想请两位同学为大家范读课文，看看哪位同学能读得又准确又流利，还有感情。

（生举手）

师：请这位男生读。

（生范读课文）

师：这位男同学读得很流利，也较准确，要是能读出小壁虎的情感变化会更好！哪位同学再来？

师:请这位女生来读。

(生范读课文)

师:大家说她读得好不好?有没有读出小壁虎的感情变化呀?

生:有!

师:这位男同学读得这么流利,而女同学读得这么有感情,让老师也想和大家比试比试,为大家范读一遍。

生:好!

(师范读最后一节,生热烈鼓掌)

师:谢谢同学们的掌声,接下来老师还有几个问题要考考大家哦!

师:请问小壁虎为什么要借尾巴?

生:因为小壁虎在捉蚊子时,蛇咬住了它的尾巴。小壁虎为了逃走,挣断了尾巴。

师:很好,那小壁虎分别向谁借了尾巴呢?

生:小壁虎分别向小鱼姐姐、老牛伯伯、燕子阿姨借尾巴。

师:没错!那小壁虎借到尾巴了吗?为什么呢?

生:没有借到尾巴。

生:因为小鱼姐姐的尾巴要用来拨水。

生:老牛伯伯的尾巴要用来赶蝇子。

生:燕子阿姨的尾巴要用来掌握方向。

师:大家都回答得很好啊!看来大家的领悟能力很强啊!一下子就读懂了这篇课文。小壁虎没有向小鱼姐姐、老牛伯伯、燕子阿姨借到尾巴,因为它们的尾巴都有各自的作用,最后小壁虎自己长出了新尾巴,这说明小壁虎的尾巴具有再生能力。

在生读与师读的过程中,既尊重了学生的主体地位,又发挥了教师的主导作用。朗读的前提是识字,以朗读促进学生识字是个很好的办法。最后,师生在初步朗读课文后,教师提出一系列紧扣课文的问题,这些都促使学生进一步理解课文内容。

(三)精读课文,随文识写

片段三:

(大屏幕展示:精读课文,随文识写)

(精读第一段,识写生字)

师:请同学们指出你圈的生字。

生:壁、墙。

生:咬、挣、断。

生:捉。

师:好,我们来逐一讲解。“壁”读 bì,“墙”读 qiáng。同学们,你们看看四周的墙壁,小壁虎就喜欢趴在墙壁上。

师:壁是上下结构,墙是左右结构。这两个字通常连在一起用,也可以分开组词。大家想想看,还可以组什么词?

生:壁,壁虎。

生:墙,墙角。

师:很好!再看“咬”“挣”“断”。课文中小壁虎的尾巴被谁咬断了呢?

生:蛇!

师:那蛇是用什么咬的呢?对,是嘴巴,所以“咬”是口字旁。再看“挣”字,这是个多音字哦,读音不同,意思不同。这里的“挣”是用力摆脱的意思,当你想挣脱的时候,是不是要用手呀?所以这个字是提手旁。

师:再看“断”字,这是左右结构的字,右边的“斤”有斧子的意思,人们用斧子来砍断东西。以上几个字大家认识就好,但是“捉”这个字要求大家会写。

师:我们用手才能“捉”,所以这个字是提手旁的。它还是左右结构的,左边要写得窄一点,右边写得宽一点,左边提手旁占田字格的空间较小,右边“足”字占田字格的空间较多。请同学们在田字本上写一写“捉”字,看谁写得最工整!

(屏幕出示“捉”字的笔顺:横、竖钩、提、竖、横折、横、竖、横、撇、捺)

(精读第二段,识写生字)

(教师在教室巡视,个别指导)

师:刚刚我转了一圈,发现大家一致认为这一段的生字很少,只有这个“难”字。“难”是个左右结构的字,意思就是不容易做到。

生:难字太难写啦!

(生笑)

师:咱们现在只要认识这个字就行啦。小壁虎的尾巴断了,他觉得很难看,如果你是小壁虎,你的心情是怎样的呢?

生:难过。

师:是的,小壁虎的尾巴断了,它很伤心,一会请同学分角色扮演时,可得演出小壁虎难过的表情呀!

(精读第三段,识写生字)

(利用课件展示生字:河、游、您、拨、姐)

师:这一段的生字,老师已经为你们挑出来了。谁还有不认识的字,请举手。

师:看来大家都掌握了其他的字呀,好,我们一起来看看这几个字的偏旁部首。我们可以用这几个生字来组词。

(利用课件展示偏旁部首:氵、心、扌、女)

生:河——小河,游——游泳。

生:您——您好,拨——拨水。

生:姐——姐姐。

师:同学们组的词都正确,让我们一起找个规律——小鱼在"河"里"游",这两个字都离不开水,所以都是三点水旁。

师:"您"是"你"加"心",我们尊称长辈为"您"。这个字读 nín,是"你们"的合音。"拨"指用手指或棍棒等推动或挑动,所以左边是提手旁。再看"姐",带女字旁的还有哪些字呢?

生:奶、妈、姨、妹。

师:很好,女字旁的字大多数都和女生有关哦。小壁虎第一次借尾巴时,称呼对方为"小鱼姐姐",还用了代词"您",这说明小壁虎怎样啊?

生:非常有礼貌!

师:那我们同学们今后在生活中向别人借东西时,要学习小壁虎,要注意礼貌用语哦!

生:好!

师:现在让我们来学写"您"和"姐"吧,请看屏幕。

(屏幕出示"您""姐"的笔顺:您——撇、竖、撇、横钩、竖钩、点、点、点、斜钩、点、点;姐——撇点、撇、横、竖、横折、横、横、横)

师:您——这个字是上下结构的,上面的"你"占据田字格一半多点,下面的"心"扁一点;姐——这个字是左右结构的,左边的"女"要写得窄一点,右边的"且"写得宽一点。请同学们在田字本上练一遍吧!

(老师在教室巡视、个别指导)

(精读第四段,识写生字)

师:我刚刚看到大家写的"您"和"姐"都非常工整。现在我们来学习第四段,小壁虎第二次向老牛伯伯借尾巴却没有借到,因为什么啊?

生:因为老牛伯伯的尾巴要用来赶蝇子!

师:对,让我们一起来看看这段的生字,大家一起来说说这些字的偏旁部首。

(利用课件展示生字:爬、甩、赶、蝇、伯、草)

生:爬——爪字底、甩——不知道、赶——走之底、蝇——虫字旁、伯——单人旁、草——草字头。

师:很好!甩的部首是“用”。“爬”的本意是动物用爪子贴着地面移动身体,比如小壁虎就用四条腿贴着墙面行动,也指手和脚一齐着地走路;“甩”在这里指摆动、挥动,牛伯伯甩尾巴“赶”“蝇”子。

师:“赶”在这里是驱逐的意思,它本意是走远路挑水浇地,所以是走字部;“蝇”是一种昆虫,所以它是虫字旁;“伯”是一个称呼,指比父亲年长的同辈,单人旁是形旁,白是声旁;“草”是草字头加个早,在这里指我们经常见到的小草。同学们都明白了吗?

生:明白了!

师:那咱们来组词比赛吧!

生:爬——爬树、爬山、爬行。

生:甩——甩尾巴、甩掉。

生:赶——赶跑、赶走、赶忙。

生:蝇——苍蝇、果蝇、绿头蝇、马蝇。

(生笑)

师:看来咱们班要出昆虫学家啦!小壁虎第二次向牛伯伯借尾巴时也注意礼貌用语,同学们一定要把礼貌用语记在心里哦!遇到男性长辈除了可以叫伯伯,还可以叫爷爷、叔叔,要注意区分哦!

生:好。

师:下面让我们学写“草”字,请大家在田字本上练几遍吧!

(屏幕展示:草——横、竖、竖、竖、横折、横、横、横、竖)

(精读第五段,识写生字)

师:小壁虎第三次向燕子阿姨借尾巴,还是没有借到,这是为什么呢?

生:因为燕子阿姨的尾巴要用来掌握方向。

师:是的,燕子借助尾巴来控制方向,当燕子低飞时通常就要下雨了。大家还知道哪些动物的尾巴和它的作用呢?

生:孔雀的尾巴可以开屏,很漂亮!

师:对,一般是雄性孔雀为了展示它漂亮的尾巴而开屏,这样才能吸引雌性孔雀的注意。同时它的尾巴还可以保持平衡、控制行走和飞行。现在让我们看看这段的生字。

（利用课件展示生字：房、檐、摆、阿、姨、掌、握）

师：我们现在只要会写“房”就可以了，其他的字要求大家认识，当然会写更棒哦！

师：“房”是上下结构的字，“户”字头加个“方”，我们现在就在房子里。“檐”是屋顶向旁伸出的边沿部分，请看图片中的房檐，这个字是什么结构的？

生：左右。

师：对的，这个字的右边有点复杂，读 zhān，是姓氏，咱们班没有人姓詹哦。再看“摆”，摆也离不开手，所以是提手旁加一个“罢”，罢有“免去、停歇”的意思，古装剧里有人会说“罢了罢了”，意思是“算了算了”。（配合表情包，做出摇手的姿势）

（生哄堂大笑）

师：再看“阿、姨”，“阿”用在某些亲属名称的前面，也可以用在排行、小名或姓的前面表示亲昵，比如阿大、阿妹、阿宝、阿刘。你们爸爸妈妈会叫你们阿宝吗？

生：小时候会！

师：现在长大了就不叫阿宝了吗？在爸爸妈妈心中，你们不管长多大，依然是他们的阿宝哦！至于“姨”，刚刚我们分析过女字旁的字，这里就不多说了。

师：最后来看“掌”和“握”，“掌”是上下结构的字，下面有个手字底。同学们请伸出你们的手掌，一起来感受古人造字的智慧。

（学生伸出手掌，笔画“掌”字）

师：“握”字是用手攥住的意思，离不开手，所以是提手旁。这两个字搭配在一起用是拥有、控制、主持的意思。文中的燕子阿姨的尾巴要用来掌握方向，意思是控制方向。谁可以用“掌握”来造句？

生：爸爸开车要掌握方向盘。

师：很好！你真会活学活用！下面我们来学习“房”的写法，大家跟着屏幕动画在田字本上写两遍哦！

（屏幕放映：房——点、横折、横、撇、点、横、横折钩、撇）

（精读第六段，分析心情）

此段生字在上面已分析，重点引导学生感受小壁虎的心情。

师：小壁虎前后三次借尾巴，但都没有借到。如果你是小壁虎，你的心情会是怎样的呢？

生：很难过。

师：那等会同学们扮演小壁虎的时候，要尽量演出小壁虎难过的样子哦！

（精读第七段，识写生字）

师：小壁虎虽然没有借到尾巴，但是它自己长出新尾巴了，这说明什么呢？

生：小壁虎的尾巴具有再生功能！

师：是的，但我们人类不具备这种神奇的功能，同学们可别模仿小壁虎哦！

（生点头，笑）

（利用课件展示生字：傻、转、条）

师：“傻”字有愚蠢糊涂的意思，偏贬义，这里的壁虎妈妈叫小壁虎“傻孩子”有亲昵的意味。同学们可不要说别人傻呀！

生：好！

师：“转”在这里是改换方向、位置的意思，由车字旁加专构成；“条”是量词，比如“一条尾巴”。“条”字还可以组什么词？

生：空调。

师：空调的调可不是这个“条”哦（板书“调”与“条”），条可以组“条件”“纸条”。我们一起来学写“条”吧。

（屏幕出示：条——撇、横撇、捺、横、竖钩、撇、点）

（巡视学生在田字本上写“条”）

识字与写字教学是基础中的基础，务必引起重视。在教学本课时，主要采取了随文识字的方法。采取注音、笔画、字义分析法，科学合理。同时，在教学识字与写字时紧扣文本，通过边识字边读书，寓识字于阅读中，有助于儿童语言和智力的发展，也有利于减轻学生过重的课业负担，促使学生身心健康发展。并且在进行教学时，识写分开，先识后写。值得注意的是，教师在轻松友好的氛围下传递给学生正能量——例如鼓励学生讲礼貌。

（四）美读入境，读准字词

片段四：

请 4 位学生分别扮演小壁虎、小鱼姐姐、老牛伯伯、燕子阿姨，老师扮演小壁虎妈妈（准备角色头饰），其余同学齐读剩余课文（旁白），提醒学生把握好小壁虎的情感变化。

生集体（旁白）：小壁虎在墙角捉蚊子，一条蛇咬住了他的尾巴。小壁虎一挣，挣断尾巴逃走了。没有尾巴多难看哪！小壁虎想……

学生 1（小壁虎）：向谁去借一条尾巴呢？

生集体（旁白）：小壁虎爬呀爬，爬到小河边。他看见小鱼摇着尾巴，在河里游来游去。小壁虎说……

学生1(小壁虎):小鱼姐姐,您把尾巴借给我行吗?

学生2(小鱼):不行啊,我要用尾巴拨水呢。

生集体(旁白):小壁虎爬呀爬,爬到大树上。他看见老牛甩着尾巴,在树下吃草。小壁虎说……

学生3(老牛):不行啊,我要用尾巴赶蝇子呢。

生集体(旁白):小壁虎爬呀爬,爬到房檐下。他看见燕子摆着尾巴,在空中飞来飞去。小壁虎说……

学生1(小壁虎):燕子阿姨,您能把尾巴借给我吗?

学生4(燕子):不行啊,我要用尾巴掌握方向呢。

生集体(旁白):小壁虎借不到尾巴,心里很难过。他爬呀爬,爬回家里找妈妈。小壁虎把借尾巴的事告诉了妈妈。妈妈笑着说……

师(壁虎妈妈):傻孩子,你转过身子看看。

生集体(旁白):小壁虎转身一看,高兴得叫了起来……

学生1(小壁虎):我长出一条新尾巴啦!

师:小壁虎的尾巴具有再生功能,但是我们人类的肢体却没有再生功能。如果同学们在生活中遇到手或腿断了的残疾人,应该怎么办呢?大家想想看,我们是不是也不能借手或腿给他们?但是我们应该尽自己所能帮助他们,对不对?比如说在公交车上给他们让座。

让学生在角色扮演中结束全文,这样的教学设计和实施能融语言运用、思维能力、审美创造和文化自信于一炉。具体来说,美读可以促进语言的建构和运用,同时也可刺激思维的发展和提升,而在读的过程中也能让学生明白小壁虎懂礼貌的优良品质,让学生明白什么是美。此外,中国素来是礼仪之邦,通过分析小壁虎借尾巴的故事,也可弘扬优秀传统文化。

结语

《小壁虎借尾巴》是统编版小学一年级下册语文教材中的第21篇课文。这篇家喻户晓的科学童话语言优美且富有浓厚的感情色彩,按照起因、经过、结果的顺序来叙述小壁虎向小鱼姐姐、老牛伯伯、燕子阿姨借尾巴的故事。在借尾巴的过程中,引导学生认识到小鱼、老牛、燕子尾巴的不同作用和壁虎尾巴的特点。处于一年级下学期的学生已具有一定的语文知识储备,同时他们活泼、天真烂漫、好奇心强。为了顺利过渡到二年级,应当在趣味性教学的过程中有意识培养学生识字与写字的能力。因此,在进行教学设计时,兼顾了识字与写字的教学目标,也渗透了语文美育的功能。百年大计,育人为先,只有打好学生早年的精神底子,才能培养出合格的社会主义建设者和接班人!

案例思考题

1. 识字与写字在教材中是怎样编排的?除了《小壁虎借尾巴》一文,统编版教材还有哪些经典的识字与写字课文?

2. 阅读本案例,简述识字与写字教学的方法有哪些?

3. 阅读本案例,简述教师是怎样寓育人目标于教学之中的?

案例使用说明

1. 适用范围

适用对象:小学语文教育专业的本科生或研究生,教师教育相关专业的研究生。

适用课程:《义务教育语文课程标准解读与教材研究》《小学语文教学设计与实施》《教学设计》《课程与教学论》《教学技能》等相关章节。

2. 教学目的

(1) 掌握识字与写字教学的基本特点,获得对识字与写字教学设计和实施的知识经验,提高教学设计的能力。

(2) 学习识字与写字教学的技巧,品味汉字之美。

(3) 学习趣味导入新课的方法,掌握教学环节与组织策略。

3. 关键要点

相关理论

教学设计、语文课程与教学论、语文学习心理、教学实施与评价

关键知识点

理解识字与写字教学的特点与方法;学会创设情境;学习识字与写字教学设计;学习教学实施和评价

关键能力

研读教材的能力、学情分析的能力、教学设计的能力、教学实施的能力

案例分析思路

使用本案例时,可根据具体课程内容的需求,结合相关的理论与方法,从以下

几个方面进行分析。

第一，要研读课程标准并理解教学内容。在实施教学前，需要解读课程标准，研读教材，充分理解教学内容。在本案例中，教师在掌握《义务教育语文课程标准(2022 年版)》的基础上，把握学段要求，充分理解和挖掘《小壁虎借尾巴》的文本内容，进行有效的教学设计。

第二，要全面分析学情。只有全面了解学生的情况，才能开展行之有效的教学。在本案例中，处于一年级下学期的学生已具有一定的语文知识储备，同时他们活泼、天真烂漫、好奇心强。为了顺利过渡到二年级，应当在趣味性教学的过程中有意识培养学生识字写字的能力。

第三，要注重训练朗读的技能。朱自清先生素来十分重视朗读教学，他指出朗读在语文教学中是有效的教学方法。语感的养成离不开朗读，多读才能养成语感。注重训练朗读的技能是语文教学的应有之义。在本案例中，通过分角色扮演不同的动物，朗读出不同动物的语气，进而才能吃透这篇课文的内容。

4. 教学建议

时间安排：两课时。

环节安排：布置预习，对识字与写字教学的内容进行梳理→小组讨论进行初步的教学设计→小组研读案例并进行汇报→小组合作，选择识字与写字中其他的篇目进行教学设计→学生在课上进行教学实践→教师点评。

人数要求：40 人以下的班级。

教学方法：参与式教学、小组合作，以教师的讲授为主，讨论为辅。

工具选择：多媒体、录像机、生字卡片、角色头饰、课件。

组织引导：教师布置明确的任务和预习要求；
提供给学生必要的资料、文献；
给予学生必要的技能训练，便于进行课堂教学实践；
对学生课下的讨论予以必要的指导和建议。

活动设计建议：

(1) 阅读《义务教育语文课程标准(2022 年版)》和教材中《小壁虎借尾巴》一文的相关内容，同时查阅相关的教学设计和实施的文献，对《小壁虎借尾巴》一课进行初步的教学设计。

(2) 阅读本案例，有条件的可观看案例视频，并提出问题。

(3) 小组讨论交流，并将讨论结果汇成文字材料，教师进行点评。

(4) 指导学生在课下对自己的设计进行修改，教师给予必要的指导。

(5) 在进行小组汇报交流时，聆听小组要做好记录，便于提问与交流。

（6）教师对小组的设计进行点评，适当提点相关理论，把握教学的整体进程。

5. 推荐阅读

［1］中华人民共和国教育部. 义务教育语文课程标准（2022年版）[S]. 北京：北京师范大学出版社，2022.

［2］张凤麟. 谈集中识字教学[J]. 汉语学习，1997(6).

［3］耿红卫，闫记红. 唐彪与王筠识字写字教学思想研究[J]. 语文建设，2017(9).

［4］张志公. 传统语文教育初探[M]. 上海：上海教育出版社出版，1962.

［5］吕叔湘. 语文常谈[M]. 北京：生活・读书・新知三联书店出版社，1981.

［6］洪宗礼，柳士镇，倪文锦. 母语教材研究（第一卷）[M]. 南京：江苏教育出版社，2007.

［7］杨泉良. 语文课程标准与教材分析[M]. 广州：广东高等教育出版社，2017.

［8］王从华. 语文教学技能综合训练教程[M]. 杭州：浙江大学出版社，2014.

［9］B. A. 苏霍姆林斯基. 给教师的建议[M]. 北京：教育科学出版社，1984.

［10］张隆华. 中国古代语文教育史[M]. 成都：四川教育出版社，2000.

［11］朱自清. 朱自清论语文教育[M]. 郑州：河南教育出版社，1985.

记叙文阅读教学设计与实施

——以《朱德的扁担》为例

摘要：小学语文阅读教学中，记叙文的学习具有重要的地位。记叙文是小学语文教材最常见的文体，也是小学生学习其他文体的基础。因此，在体现学段特点的前提下，教师对小学语文教材中的记叙文进行深入的文本分析和巧妙的教学设计能够保证教学质量的提高。本篇案例涉及记叙文教材分析以及教学设计和实施。通过展示《朱德的扁担》一文的教学设计和实施，为小学语文记叙文教学提供有价值的案例参考，以利于促进教师对记叙文教学的理解和掌握，从而更好地实施记叙文教学。

关键词：小学记叙文教学；教学设计与实施；《朱德的扁担》

背景信息

为适应新时期全面实施素质教育的要求，深化基础教育课程改革，提高教育质量，教育部组织专家对义务教育各学科课程标准进行了修订完善。2011 年 12 月正式颁布包括《义务教育语文课程标准(2011 年版)》在内的各学科义务教育课程标准，后经再次修订重新颁布《义务教育语文课程标准(2022 年版)》。在课程标准的指导下，统编版语文教材在 2016 年由人民教育出版社出版发行。本文中将以统编版小学二年级上册语文教材为例分析小学语文记叙文的教学。

《义务教育语文课程标准(2022 年版)》中提出，课程目标为“能复述叙事性作品的大意，初步感受作品中生动的形象和优美的语言，关心作品中人物的命运和喜怒哀乐，与他人交流自己的阅读感受。”[①]可见，小学语文教学特别重视记叙文阅读。记叙文是小学课文里分布数量最多的文体。结合二年级学生的认知发展特点，二年级上册教材的记叙文选文一般以第三人称为主，且多以记事小短文或讲故

① 中华人民共和国教育部. 义务教育语文课程标准(2022 年版)[S]. 北京：北京师范大学出版社，2022.

事的形式呈现，例如《一封信》《我要的是葫芦》《难忘的泼水节》《狐狸分奶酪》《纸船和风筝》等。有写人的短文如《妈妈睡了》《大禹治水》《朱德的扁担》，也有一些写景的短文如《黄山奇石》《日月潭》《葡萄沟》。这些课文以顺叙居多，但也有倒叙如《难忘的泼水节》。同时记叙文的阅读与写作也有紧密的联系，二年级上册的记叙文表达方式大多是叙述、描写和抒情，语言特别富有童趣，符合儿童心理，贴近生活，有助于儿童张开想象的翅膀，也有助于促进其口头表达和写话。

统编版教材中的记叙文都是经过编者精心挑选的，它们与“义务教育语文课程标准”中的课程理念、总目标和学段目标契合，具体体现在聚焦语言运用、人文内涵丰富和语文素养有机渗透三方面：首先，在义务教育第一学段，应更加注重学生对祖国语言文字的初步习得与运用。记叙文阅读自然离不开朗读，要用普通话正确、流利、有感情地朗读。因此课文习题部分设置朗读活动来增强学生对词句的理解和运用，例如《小蝌蚪找妈妈》一课中“读一读，用加点的字各说一句话”。加点的分别是“披、鼓、露、甩”四个字，学生在发言的时候可以通过偏旁部首猜测，以及通过动作表演理解字意，还有可能挖掘出“鼓”除了动词还可作名词，表示一种乐器。其次，人文内涵丰富。二年级上册的记叙文兼顾典范性、时代性和人文性。有关于爱国主义教育、弘扬中华民族优秀文化和革命传统文化等思想内容的课文，如歌颂民族文化智慧和无私奉献精神的《大禹治水》，弘扬领袖与战士们同甘共苦的优秀革命传统文化的《朱德的扁担》，表现革命领袖与傣族人民心连心的《难忘的泼水节》，优秀的中华民族传统文化能增强学生的民族自尊心；也有关注现实、人类与自然，体现时代特点与人文性的课文，如启发学生吸取教训的《坐井观天》《寒号鸟》和《我要的是葫芦》，寓理于小故事，符合二年级学生身心发展的特点和认知水平，有助于学生把故事与生活经验联系起来；还有激发学生探索自然奥秘的《小蝌蚪找妈妈》《我是什么》和表现家人之间相互关怀体贴，充满爱意的《一封信》《妈妈睡了》。以上二年级上册语文教材里记叙文的选文难度适中，十分“接地气”，与学生的认知发展紧密联系，保证了教材的可读性，而且处处渗透着育人价值，保证了教材的可教性。最后，在语文素养有机渗透方面，统编版教材中的课文按照“主题”来组织单元，每个单元都有明确的主题，但不给每个单元冠以明确的主题名称，既淡化了单元主题，又可以将必要的语文要素落实到单元中去，这有利于培养学生的核心素养。

案例正文

教师对记叙文教材的精心分析是教学设计的前提，它决定了教学设计的质量，也是教学实施的保障。所以，对统编版小学语文教材的分析与研究不可或缺。下文将对统编版二年级上册语文教材第16篇课文《朱德的扁担》进行案例分析。

一、如何设计记叙文教学——以《朱德的扁担》为例

在语文教学中，记叙文是一种比较有趣的文体。它是以记人、叙事、写景、状物为主，以写人物的经历和事物发展变化为主要内容的一种文体形式。记叙文包括时间、地点、人物和事件的起因、经过、结果六要素。

统编版小学二年级上册语文教材的记叙文全面体现了"义务教育语文课程标准"的理念，《黄山奇石》《日月潭》《葡萄沟》体现了关注自然的理念，并且这三篇都是写景记叙文，选材内容涉及台湾与新疆的自然风光，紧扣了爱国主义主旋律。《难忘的泼水节》让学生们了解我国民族的多样性，从而了解文化的多样性。《大禹治水》《朱德的扁担》集中弘扬中华民族优秀文化和革命传统，增强学生的民族自尊心和爱国主义感情。《曹冲称象》和《玲玲的画》体现了创新精神的培养以及编者对学生发展思维的期盼。我们在进行教材内容分析时，必须依据课程目标的要求。一篇课文的教学点很多，需要教师结合学段、学情分析来确定教学内容，"面面俱到"不可行；也可以挖掘教材以外的相关教学资源，使之契合时代的需要。

《朱德的扁担》是统编版小学二年级上册语文教材第16篇课文，本篇课文通过记叙无产阶级革命家朱德同志带领队伍到井冈山时发生的一件小事，让学生去感悟朱德同志不怕艰苦、以身作则、与战士们同甘共苦的品质，从而激发学生对革命先辈们的崇敬和爱戴之情。由于本篇课文与同单元其他课文相比篇幅较长，课文所描述的故事背景与学生当前的实际生活环境相差较大，学生较难将课文内容与自己的生活联系起来，因此不易理解，对教师的教学来说有一定的难度。教学设计应考虑这些难度，引导学生从关键词句入手，由浅入深地把握课文内容，落实教学目标。另一方面，教师在设计这类课文的教学时应注意与学生学过的具有类似特点的课文联系，如《吃水不忘挖井人》《邓小平爷爷植树》等，以利用学生已有的知识储备。教师还应通过多媒体课件形象生动地展现文本插图，引导学生从插图解读开始，再请学生复述故事和设置问题情境，引导学生思考和讨论，让学生深入理解课文内容。此外，对低年级学生来说读好篇幅较长的课文是一个难点，教师在课堂教学之前一定要引导学生预习生字词。在面对课文中较长的句子时，教师要注意带学生反复朗读课文，从关键字词朗读、多人轮读、教师范读等多种形式入手，并请学生上讲台书写重难点字词，教师指点生字写法，纠正字音，解释字义，在此基础上引导学生熟读课文，领悟课文的中心思想。进行教学活动设计时教师要从低年级

学生的心理需求和认知水平出发,把学生带入高效的语文学习情境中,拉近课文内容与学生之间的距离,从而使陌生的课文内容变得熟悉、亲切和生动。

二、如何更好实施《朱德的扁担》一文的教学

(一)改变单篇课文阅读模式,尝试进行群文阅读

写人的记叙文不仅可以通过人物的外貌、语言、动作、心理等细节描写展现人物的性格品质,而且可以通过描写典型事例塑造人物形象。在小学语文阅读教学中存在学生阅读经验缺乏和心理不成熟的情况,加上《义务教育语文课程标准(2022年版)》有"淡化文体"的倾向,统编版小学语文教材按照"主题"编排单元。小学阶段的记叙文大多较短,往往集中笔墨写人物某方面的品质特征或典型故事,这不利于学生语文学习的思维扩展和对人物形象的全面理解,也不利于学生阅读经验的积累。对二年级学生来说,《朱德的扁担》在篇幅上较别的课文略长,并且记叙的事情距离现在的实际生活遥远,容易造成学生的理解困难。

教师在上课前可以引导学生回忆之前学习过的类似主题的记叙文,把学生引入课文的情境中,合理利用已有的知识结构。可以尝试选取同类题材的文章片段放在一起进行群文阅读,通过相同主题的记叙文的学习,增加学生良好的阅读经验,促进对本篇课文的理解。如《大禹治水》《我是伙夫》等都可以进入课堂,教师指导学生进行群文阅读。《朱德的扁担》是一篇让学生学习革命前辈优秀品质的记叙文,而《我是伙夫》是关于朱德同志另一个经典革命故事的记叙文,教师可以准备相关材料引导学生做补充阅读。这类文章距离学生实际生活经验较远,上课前教师应让学生提前预习,了解记叙文中的生字词、人物事件和表达方式等,这样学生在上课时就能较好地理解记叙文的共性和写法。教师通过课堂上的指导阅读,可以布置学生课后对本单元还没有学习的课文进行比较阅读。如果有不懂的地方,教师应鼓励学生积极讨论或询问教师。如果时间允许,教师也可以组织学生开展相关主题记叙文阅读交流活动。教师要激发学生的主动性,让学生回忆和概述不同文章的主要内容并且选取自己喜欢的内容和大家交流,增强学生对课文的深刻理解。此外,教师要教会学生多种阅读方式,如精读、略读、跳读等。记叙文教学还应注意不要割裂单篇课文与单元和教材系统的整体联系,教师需要培养学生的群文阅读意识,提高学生的阅读速度和质量。

(二)创设故事情境,回归童趣

根据小学记叙文的体裁特点和教学要求,在教学时应当为学生创设良好的学

习情境。教师通过布置学生课前预习，在上课时可以让学生复述课文内容和分组讨论问题。就《朱德的扁担》而言，教师可以通过学生身边与课文情境类似的共同战胜困难和携手共进的小事情入手，创设进入课文的氛围。教师让学生通过阅读找出故事发生的时间、地点、人物和事件等，讨论人物的思想品质和本文的写法。教师在课堂上要及时点拨学生的学习，排疑解惑，带领学生一起通过联想和想象创设本篇文章的故事情境，还可以让学生分别扮演朱德和战友们在课堂上演绎这篇记叙文的故事情节，不同的学生扮演不同的角色以吸引学生积极融入教师创设的课堂情境。这样可以拉近课文与小学生的生活距离，从而激发学生学习记叙文的兴趣。

好的课堂情境是让学生进入课文的故事情境成为课堂的参与者，而不是让学生机械接受教师传授的知识。教学《朱德的扁担》时，要让学生体会战友们对朱德同志的心疼与劝阻，这需要学生扮演好角色，通过表演体验：如果他们是朱德同志的战友会怎样去劝他？会说什么话？在劝阻之前战友们是什么心情？劝阻不成功之后又是什么心情？通过学生的参与演绎，让学生能联系自身的体验以孩子们的眼光去解读文章，更好地促进他们对于文章的理解。这样可以拉近学生与课文之间的距离，使他们不再觉得课文的内容是遥不可及的。以学生喜闻乐见的方式走进课文能还原和体验当时的生活，能在表演中激发童趣。课后，教师也可以布置作业，让学生写出故事梗概和他们表演时的感悟体验，进一步加深学生对课文的记忆和理解。教师应注意发挥自身的主导作用和学生在学习中的主观能动性，指导学生学习一些表现人物性格的重点语句。例如，通过学生自我的经验去感受战友们对朱德同志的关心和藏扁担后朱德同志的内心活动，就可以更好地感悟朱德同志与战友同甘共苦的宝贵精神。

（三）品味文章语言，体会情感

不同文体的文章具有不同的语言特色，记叙文教学中，学生对记叙文语言的学习十分必要。二年级的小学生已经掌握一定的识字量，具有一定的语言学习能力。《朱德的扁担》生字较多，学习这篇课文时，可以结合课本插图理解课本知识，还可以通过多媒体课件展示朱德的资料、生字词以及相关的课文内容。教师要指导学生识字写字，如掌握“会师”“围攻”“巩固”等词语的含义，在此基础上阅读全文，体会文中的思想感情。

“记叙文的语言，涉及叙述、描写、说明、议论和抒情五种基本的表达方法，这些表达方法是社会交际和书面写作经常运用的。”①教记叙文要抓住对表现人物或中

---

① 王丽君．小学语文不同文体之记叙文教学方法初探[J]．课程教育研究，2012(16)．

心思想有突出作用的词句和段落，如表现人物行动和心理活动的词句，人物的个性化的语言，文中精辟的议论和抒情性的语句等，引导学生理解其深刻的含义，并认识它们对表达思想内容所起的作用。例如《朱德的扁担》第一自然段："1928年，朱德同志带领队伍到井冈山，跟毛泽东同志带领的队伍会师了。红军在山上，山下不远处就是敌人。"教师可以在多媒体课件上展现相关图片引导学生理解故事发生的时间、地点、人物和事件，尤其要注意讲解"会师"的含义，同时要引导学生理解"山下不远处就是敌人"表达了什么意思，让学生体会敌人离队伍这么近，局势很紧张，红军很勇敢。记叙类的文章有的以写人为主，有的以写事为主，在实施课堂教学时一定要把握文章的语言。

（四）巧设提问，梳理文章结构

不同种类记叙文的写作思路是有差别的，因此，教师应该在教学时注意分析不同种类记叙文的写作思路。以《朱德的扁担》为例，教师应该引导学生围绕"朱德的扁担"展开学习，然后带领学生探讨："朱德的扁担"怎么了？围绕它发生了怎样的事情？作者是怎样记叙这个故事的？文章表现了朱德同志怎样的品德？表达了怎样的思想感情？应这样巧妙提问，一层层抽丝剥茧地展开分析。教师带领细读文本时，要引导学生把握关键词句，善于利用对话教学，精心引导学生思考问题，帮助学生循序渐进地深入理解。在记叙文教学中教师设置问题的优劣直接关系课堂教学成效的好坏，所以教师在引导学生开展记叙文学习时，尤其要注意课堂提问的设计。

记叙文的课堂提问要抓住主题进行，设计能够引发学生思考的主问题，同时需要根据人物或故事情节进行提问。要寻找各个叙述情节的关联点，层层设疑。记叙文由人物和叙述的事件组成，作者叙述的人物和事件必然包含了一定的思想感情。因此，教师在引导学生学习时，必须通过提问带领学生深入课文而非仅仅停留在表面。提问还应当抓住关键字词和文章矛盾处设疑。如第2自然段："敌人把红军围困在井冈山，就是要把红军困死、饿死、冻死。红军需要粮食。可是，这挑粮的路上却是困难重重。"教师应巧设提问：敌军把红军围困在井冈山的目的是什么？挑粮的路上可能遇到哪些重重困难？进而引出下文战友们心疼朱德同志而把他的扁担藏起来的事情。战友们把朱德的扁担藏起来之后又发生了什么？朱德发现扁担没了后没再挑粮食了吗？在进行学习时根据课文内容和故事的发展设置问题，促进学生思维的发展，领悟作者要表达的思想感情。在依据文本设计问题时也要逐步厘清文章的结构，配合精巧的板书设计，帮助学生更好地理解课文内容。

三、《朱德的扁担》的教学设计与实施

（一）创设情境，合理导入

创设良好的课堂情境是教师进行课堂教学的第一步。老师在和学生的对话中，以真实的生活和情感为基础，通过相关的故事巧妙地进行导入，可以激发学生的学习兴趣。

片段一：

师：上课！

生：起立！

师：同学们好！

生：老师好！

（互行鞠躬礼）

师：请坐下！

师：上课之前我想请同学来复述一下我们上节课学习的《大禹治水》，然后请同学举手回答我们今天上的这篇课文《朱德的扁担》说的是什么故事。

师：现在我想请同学们好好想一想，说一说《大禹治水》讲了什么故事？

生：讲了鲧和禹治水的故事。面对滔滔洪水，大禹从鲧治水的失败中汲取教训，改变了“堵”的办法，对洪水进行疏导。

师：说得很好！这位同学依然能回忆出上节课的内容并且将故事情节梳理得很清晰。有没有别的同学有补充的呢？

生：《大禹治水》讲的是大禹为了治理洪水，长年在外与民众一起奋战，牺牲自己，“三过家门而不入”的故事，体现出他具有带领人民战胜困难的聪明才智。

生：《大禹治水》是大禹和他的人民共同努力治理洪水的故事。

（学生踊跃发言）

师：同学们真棒！大家都根据自己上节课所学的内容进行了故事复述，说明大家课后都及时复习了。那么下面由老师来问问，通过课前预习，谁能告诉老师这篇课文主要说了哪一位领导人的故事呢？

生：朱德。

师：说的对！那么在开始正式上课前，老师也给大家说一个关于朱德同志的小故事。

师：1927 年 11 月 20 日，朱德受党组织的委托，带着教导队从崇义的上堡出发，

去汝城同国民革命军的曾曰唯谈判。在途经汝城县濠头圩时，还有过一次惊险的遭遇：他们住在一个祠堂里，半夜间突然被土匪何其朗部包围。土匪冲进祠堂，问朱德："你是什么人？"朱德说："我是伙夫头。"土匪又问："你们的司令在哪里？"朱德指着后面的房子说："住在那边。"由于朱德穿着简朴，同士兵没有什么区别，土匪信了，就往后去。朱德从窗户里跳出去，脱离了危险。在听完这个故事后，同学们你眼中的朱德是什么样子呢？

生：穿得很破，和士兵穿得一样，聪明……

师：同学们说得很棒，接下来让我们阅读《朱德的扁担》，看看在今天的故事里他是一个怎样的形象。

这堂课起始阶段，教师没有直接进入文本而是先指导学生复述之前学过的故事，这有利于培养学生概括文章和口语表达的能力。其次通过优秀领袖大禹的故事引导学生转向今天要上的课文主人公朱德同志，活跃了课堂气氛。然后教师通过说故事来激发学生的学习兴趣，说故事和听故事相结合有利于吸引学生的注意力将他们带入课堂情境，还能为他们走进教材做好铺垫。将课文转为故事，也能拉近文本与学生之间的距离。教师有序地引导学生，使学生跟随教师自然地进入今天的课堂，在不知不觉中，师生成为故事情境的叙述者。

（二）配乐朗读，初步感知课文

在设置故事情境导入课文后，教师带领学生学习课文。教师通过多媒体课件的配乐朗读指导学生在预习的基础上进一步把握课文，并解决生字词。然后请学生朗读课文并及时进行点拨评价，引导学生流畅地阅读全文。

片段二：

师：课前读过文章了吗？

生：读过了。

师：很好！那么接下来老师放一下本篇课文的配乐朗读。请同学们仔细听，注意自己不会读或不认识字的读音。

（播放结束）

师：在听完了朗读后，有没有同学来和我们谈谈哪些字词需要注意？

（生举手）

师：请这位男生回答。

生："朱德""会师"。

师：这位同学找得非常好，接下来大家看一看老师所补充的。

（屏幕展示）

师:接下来请大家和老师一起把这些字词齐读一遍。

(师生共读)

师:我想请同学范读一下课文,其他的同学仔细听有没有读错的地方。谁来?

(生举手)

师:请这位同学读。

(生范读课文)

师:这位男同学读得很好,字正腔圆,声音响亮。老师认为在读最后一段时要是能更注重感情表达,效果会更好。

(师范读最后一段,生热烈鼓掌)

师:接下来请同学们看屏幕,和老师一起了解朱德是谁。这个故事发生的背景是什么?

(屏幕展示)

师:接下来请四个小组分别派出代表,告诉同学们每一段大致说了什么?

生1:告诉我们事情发生在1928年,朱德带领队伍和毛泽东在井冈山汇合了。

生2:为了打破敌人的包围,大家不得不去山下挑粮,路很遥远,非常辛苦。

生3:大家心疼朱德,不想让他太辛苦,把他的扁担藏起来了,结果他把扁担刻上了自己的名字。

生4:大家越来越敬爱朱德同志了。

(师总结)

师:谢谢同学们的回答,通过同学们的发言我们了解了这篇课文的主要内容。

师:课上时间有限,大家课下也要多朗读几遍加深印象。这样的写人记事的记叙类文章,结尾往往表达了作者的思想感情,大家要注意掌握。

在初步感知课文的过程中,教师通过配乐朗读并让学生找出较难的生字词,这说明教师考虑到了发挥学生主体性。在听读后采用了师生范读、小组讨论的教学方法,并对学生的课堂参与和表现加以肯定,这有利于培养学生学习的积极性。教师在带领学生初步感知课文的过程中,让学生读通了全文,理解了文章的大意。

(三)再读课文,赏析探究

教师引领学生再读课文,让学生自己讲故事,教师及时进行点拨和讲解。教师引导学生解读四个段落,巧设提问,层层深入,赏析文本。

1. 学生分组自由朗读,拉近课文和学生之间的距离。

片段三:

(大屏幕展示:自由品读生字词及释义)

（生读，师巡视）

师：大家读得非常认真，下面请四个组的同学分别齐声朗读四个段落。请第一组先开始，大家依次朗读。

（各组学生分别朗读，师点拨）

师：朗读得很好！同学们和老师一起看第一段。刚刚第一组同学已经向大家说明了，第一段讲了事情发生在1928年，请问同学们，这里面的词语“会师”的含义是什么呢？

生：指几个队伍汇合。

师：讲得很好。有没有其他同学进行补充？请大家抬头看黑板上老师补充的内容并写在词语旁边。

（生观看，记笔记）

师：在知道了事情发生的时间、地点后，我们来看第一段的第二句话。请第二组同学朗读一下。

（生读课文）

师：读得很好！老师提一个问题：红军在山上而敌人就在不远处，这说明了什么呢？

生1：说明敌人离红军很近。

生2：红军很危险。

师：同学们回答得非常正确。请同学听老师读一遍，再自己默读第一段并浏览全文。

（师范读，做总结）

教师在带领学生朗读的基础上，再次引导学生分组朗读并互相讨论。教师通过对学生的提问推动课堂的进展，在学生们回答之后，教师能及时给予反馈和肯定。教师能够集中学生的注意力，让学生成为课堂的主人。朗读、默读和范读结合，提高了学生对课文生字词的理解和语言表达能力。

2. 通过对话式教学和小组活动，引导学生细读文本。把握课文内容，品味文章语言。

片段四：

生：老师，我们准备好了，可以开始了。

师：好的，我们请第二组同学开始朗读，其他同学仔细听。

（生齐读）

师：大家读得很好，这里老师要提醒大家注意几个词语。

（屏幕展示）

师:根据之前××同学的回答,大家一起来看一看。如果红军想要粉碎敌人的攻击,他们需要怎样做呢?

(生举手回答)

生:需要非常多的粮食。

师:这位同学不仅回答问题很积极而且完全正确。能不能继续告诉老师,你是从哪里看出来?

生:第二段的第一句话。

师:很好,请坐。那么既然需要那么多粮食,我们来看看井冈山上的红军有那么多粮食吗?请大家默读一分钟告诉老师。

(生举手回答)

生:粮食不多,如果粮食不够就要到山下去挑。

师:是的,从课文中我们可以看出山上的粮食不多。这里大家要注意"茅坪"的意思。

(屏幕展示)

师:挑粮食很简单吗?请这位女生来回答。

生:不简单,来回有五六十里并且路很难走。

师:回答得很对。这里有一个词语"山高路陡",大家看下屏幕理解意思。所以能看出挑粮很困难。在很困难的时候,大家是不想去吗?

生:不是,大家都争着去。

师:在你们看来,在一个队伍中大家都争着去做一件困难的事,他们是怎样的人?你们平时参加活动是碰到困难就放弃了,还是大家一起努力呢?

生:有时候放弃,有时候一起做。

(生笑)

师:大家一起努力积极做表现了什么呢?这个队伍是怎样的?

生:大家很团结,不怕困难。

师:非常好,我们来看一看:今天故事的主人公朱德同志在这样的队伍中,他是怎样的呢?下面由第三组同学朗读。

(生齐读)

3. 根据事件发展,层层设疑,点拨引导学生感悟文本。

片段五:

师:我们通过课文了解到朱德经常和战友们一起去挑粮。那么,请同学们思考一下:朱德的装扮是什么样的呢?

生:穿着草鞋,戴着斗笠。

师:真是个细心的孩子！请坐。

师:从这里我们可以看出朱德的衣着是朴素的,这和上课开始老师说的那个故事里的形象是一样的。通过我们对课文背景的了解,我们看一看:朱德作为军长他只是挑粮吗？这样累不累？

生:不是,他白天挑粮爬山,晚上还要研究怎样跟敌人打仗。

生:很辛苦。

师:大家说得真好！不仅了解了朱德同志的生活,还读出了他的辛苦。我们都觉得他非常累,那么他的战友感受到了吗？

(板书:辛苦劳累)

生:感受到了,大家心疼他,把扁担藏起来了。

(板书:心疼)

师:没有扁担了,朱德就不再去挑粮了吗？

生(思考,举手):不是,他又去找了一根扁担,为了防止弄丢还刻上了"朱德的扁担"五个字。

(板书:刻扁担)

师:他的战友看到了有怎样的感觉？

生:越发敬爱朱德同志,不好意思再藏他的扁担了。

(师总结)

这部分教学,教师在学生把握文本内容的基础上,在关键处巧设问题,带领学生分析文章结构,一步步了解故事进程。在教师引导学生解决一个个问题后,学生能够清晰梳理出课文的结构。通过关键词句赏析和对话讨论,将学生置于故事情境之中,联系学生已有的知识经验不断完善他们的知识结构,加深对朱德同志品格的理解。

4. 关键处设问,引导学生感悟作者情感,体会朱德同志与战友同甘共苦的精神。

片段六:

师:由本篇课文的课题大家可以知道"朱德的扁担"是主要叙述的对象,让我们来看看屏幕上的扁担。请大家思考讨论:朱德的扁担本来是有名字的吗？

(生讨论,举手回答)

生:没有,是扁担丢了后,朱德找来了另一根扁担刻上了字。

师:有谁告诉老师为什么第一根扁担没有刻字呢？

生:因为朱德一开始没想刻字。

生:因为第一根丢了,他害怕第二根也丢了才刻的。

师:同学们说的都是正确的。通过之前同学们的回答,我们知道是战友们心疼朱德才把他的扁担藏起来了。下面请同学们分组讨论:从课文哪些词语可以看出来这点?

(生讨论,举手回答)

生:"常常""来回有五六十里"。

生:"山高路陡""整夜整夜"……

师:回答得真好!我们通过几位同学的回答可以看出"常常""来回有五六十里"这类词语表现的是挑粮过程的艰难。山很高,路也很陡。不像我们现在的路平坦易走。同学们觉得下山挑粮容易吗?

生(齐声):不容易。

师:是的,可以说是非常困难的。那么谁能说一下刚刚××同学说的"整夜整夜"也是指挑粮的吗?

生:不是,是说朱德的。

师:说朱德什么的?

生:说他很辛苦,不但要那么困难地挑粮还要整夜地研究作战。

师:说得好!请一位同学朗读这一段,其他同学好好聆听。

(一女生动情朗读,众鼓掌)

师:这位同学读得很有感情!我们来看最后一句的"藏起来"。谁来解释"藏起来"是什么意思?

生:把东西故意收起来不让别人发现。

师:这也表现了战友对朱德的关爱。那现在朱德的第一根扁担是不是不见了?这时候出场的是什么?

生:刻字的第二根扁担。

师:请同学们分组讨论:这时候没了扁担,朱德本可以不用再挑粮,为什么他又找了根扁担?还刻上了"朱德的扁担"?

(生讨论,举手回答)

师:下面由第一组同学代表回答。

生:我觉得表现了朱德作为军长并没有偷懒,他愿意与战友们一起挑粮,不怕辛苦。

师:这位同学说得很好,请同学们动动脑筋——"他不怕辛苦"用哪一个成语比较合适?

生:同甘共苦。

师:很好!是不是也表现了他以身作则不怕辛苦呢?请大家在课文旁做好笔

记。大家此时对他的态度怎样?

生:更加敬佩了。

(师总结)

教师通过在关键处设问,一步步引导学生不断深入文本,同时注重从关键词句入手,加强学生对于生字词的认识和拼写。教师带领学生梳理了文章叙述的事情进展后,让学生从字词中体会作者的思想感情。教师并不直接点明,而是让学生们分组讨论,通过对课文语句进行分析实现情感的体验。

(四)角色扮演,情感体验

片段七:

师:我注意到虽然大家通过学习对朱德的精神有所感悟,但是由于故事背景与我们的实际生活距离较远,有同学反映理解起来难度较大。接下来老师给每个小组布置任务:我们想想战友们肯定先劝朱德,没有结果后才把他的扁担藏起来。请前三组同学分别讨论:如果你们是战友,你们会怎样劝朱德同志不要再挑粮?最后一组扮演朱德为我们展示他的想法。

(生分组讨论)

师:有哪组同学讨论好了?可以先和大家说一说。

(生举手回答)

生:军长,你白天那么辛苦晚上还要研究作战,你以后还是不要挑粮了吧!

师:回答得挺好,但是如果把"你"换成了"您"是不是更体现战友们对他的尊敬呢?

生:您看您这段时间神色越来越疲惫了,战友们都看不下去了,以后挑粮还是让我们负责吧。您就好好歇息,别让我们担心了。

(众鼓掌)

生:您这段时间不要再和我们去挑粮了吧,这样日夜劳累,您会受不了的。

师:大家回答得都很好!接下来请扮演朱德的小组代表说一说:你在听了战友们的关心后是如何回应的?

生:感谢你们的关心,作为红军的一分子,我不能不和你们一起。我们每个人都应该这样做。

师:说得很好,那么请扮演战友的小组讨论:你们把扁担藏起来后,看到朱德同志又拿了扁担并刻上了"朱德的扁担"。你们有怎样的感觉?

生:你听说了吗?朱德军长把扁担刻上了名字。

生:军长怕我们辛苦,却不担心自己身体,真是让人不好意思啊!

生:以后咱们要向朱德军长学习,他真是一个令人敬佩的领导和战友!

师:同学们回答得都非常好啊,看得出大家都动脑筋思考了。希望大家能在角色扮演中好好领悟战友们对朱德的敬佩和朱德不怕艰辛愿意与战友同甘共苦的精神。最后大家一起读一遍课文。

(生齐读课文)

教师通过引导学生角色扮演,使学生感悟深刻,加深阅读兴趣。学生更加积极主动地学习革命前辈的精神。本教学环节的意义在于缩小革命题材距离学生实际生活遥远给教学所带来的距离感和枯燥感。让学生自己处于故事情境中,以孩子的视角看待课文,去感受朱德和战友们之间同甘共苦的感情,使学生可以更好地感受战友们对朱德的敬佩。

(五) 拓展延伸

片段八:

师:同学们,学习这篇文章,是为了让大家感受在艰苦的革命年代革命前辈们不怕吃苦、以身作则的可贵精神。老师找到了另一篇文章《一夜的工作》节选,请大家读一读。

(屏幕显示)

师:我们通过朗读可以看出,在那个年代战友们之间的感情是十分浓烈可贵的,大家彼此之间是团结友爱的。今天的你们是不是还有时会不团结、闹小矛盾?

(众笑)

师:作为拓展阅读的文章,这篇大家会读就可以了。接下来大家和老师一起朗读一遍。

(师生齐读)

师:大家朗读得不错。给大家 2 分钟默读一遍今天的课文,然后一起朗读。

(生齐读)

师:看来大家在成了“战士们”之后,革命热情越发充沛了呀,不仅十分响亮还很有感情。

(众笑)

师:老师准备了一些关于本节课重要的生字词卡片。请组长发下去,大家互相朗读听写。等会各组派代表听写抽中的卡片上的生字。

(生读并听写)

师:这节课大家学得非常好,课后大家把自己写错的词组好好再读读并拼写。下课。

生(起立):老师再见。

学生的情感在教师的带领下不断地深化。他们能更好地理解革命年代的战友情。这个环节增加了课内阅读和生字熟读熟写。对于小学阶段的学生来说语言文字的拼写和朗读是十分重要的,这有利于高年级以后的语文能力的发展。教师带领学生不断朗读、默读,有利于锻炼学生浏览的速度和对语言的感悟。

结语

这堂课的教学显示了教师主导性和学生主体性的统一。教师的教学特点是通过有效的提问和反馈促使学生跟随教师的教学设计思路层层深入,分析课文内容和结构。一方面,教师利用创设故事情境让学生自己扮演角色可以激发学生学习课文的兴趣;另一方面有利于学生理解这类距离生活较远的课文,使学生能较好地领悟课文的思想感情。在课堂中,教师善于采用分组讨论、自主学习等方式激发学生的想象力和理解力。

这堂课为我们展示了生动有趣的师生互动,彰显了课堂教学有效生成的魅力,为小学记叙文的教学提供了新鲜的案例。

案例思考题

1. 记叙文在小学各年级教材中是怎样编排的?除了《朱德的扁担》一文,统编版教材还有哪些经典的记叙文?

2. 阅读本案例,简述教师是如何做到引导学生层层深入分析课文语言并体会情感的。教学方式有哪些创新之处?

3. 阅读本案例,你如何看待教师"创设故事情境"的教学方法?

4.《朱德的扁担》一课以及"故事情境"教学给你带来哪些启示?

案例使用说明

1. 适用范围

适用对象:小学语文教育专业本科生或研究生,教师教育相关专业的研究生,以及在职语文教师。

适用课程:《小学语文课程与教材研究》《小学语文教学设计与实施》《教学设计》等相关章节。

2. 教学目的

（1）掌握小学阶段记叙文教学的基本特点，学习记叙文创新教学设计与实施的经验，提高教学设计和课堂实施的能力。

（2）学习根据课文的关键词句入手分析记叙的人或事，赏析能体现人物性格或事件发展的语句，品味记叙文章的语言特色。

（3）掌握小学生在学习记叙文时的心理状态和拉近课文与学生之间距离的教学技能，提高教学实施能力及对课堂气氛的把握能力。

（4）学习怎样更好地在关键处设问，引导学生学习记叙文。巧妙利用问题情境的建立，发挥学生在课堂上学习的主体性，同时促进其思维和语言能力的发展。

3. 关键要点

相关理论

教学设计、语文课程与教学论、语文学习心理、教学实施与评价

关键知识点

理解记叙文的文体特点、文章结构和语言风格；学会课前导入和情境创设；利用学生的认知心理和知识结构；学习记叙文的教学设计、教学实施和评价

关键能力

研读教材的能力、学情分析的能力、教学设计的能力、教学实施的能力

案例分析思路

使用本案例时，可根据具体课程内容的需求，结合相关的理论与方法，从以下几个方面进行分析。

一是对教学内容的理解与教材的研读。本案例中的教师对《朱德的扁担》一课的内容首先进行了深入分析，思考了如何更好地设计课堂教学情境，以期拉近课文和学生之间的距离，完成预设和生成的统一。在课堂开始的时候，一方面通过学生以往学过的相关课文或与本节课所叙述的人或事有关联的故事进行有效导入，这样有利于学生注意力的集中；另一方面可以拉近这类与学生生活较远且难以理解的课文的距离，避免在教学开始时学生就对课文产生乏味之感。在有效引导学生进入课文后，根据小学阶段学生的认知结构和心理特征引导学生把握生字词。虽然在之前的学习中，学生积累了一定的知识经验，但在面对较长的课文和难认读的生字词时他们仍然具有一定的困难。在关键处设立有效提问引导学生理解课文内容，并在这个过程中有选择性地进行提问。教师不直接呈现课堂内容而是通过巧设问题把课堂还给学生，注重课堂教学的有效生成，同时对学生的回答及时进行点拨和反馈。教师把课堂的几个环节有效串联起来，通过故事情节的再现，加深学生的语言理解和情感领悟。这篇课文的教学为广大教育工作者提供了新颖的教学设

计和实施思路，做到了教师的教和学生的学和谐统一。

二是把握学生的学习特征和心理状态。每个学生都不是空着脑袋进入课堂的，教师在进行不同文本的教学之前，都要注意学生已有的知识经验和他们学习语文的心理状态并给予积极指导。教师除了布置预习课文外，需要多和学生进行对话交流，以便了解学生的学习状态和对课文的理解。例如《朱德的扁担》这篇课文对于学生来说不仅生字词较多，而且距离学生实际生活较远，学生学习起来具有较大的困难。这就需要教师在解决生字词问题后观察学生的学习状态和心理状态，不但要引导学生从生活出发感受课文，还需要引导学生不要束缚在自己的直接经验上，要学会揣摩和解读文本内容和情感。教师通过故事情境的创立，让每一个学生都能浸入故事情境和课堂氛围之中，帮助他们更好地体会思想情感。

三是注重朗读、默读和语言复述能力的训练。语文课程是工具性和人文性相统一的，尤其是基础阶段的语文课程对学生语言能力的发展具有重要的作用。识字写字是小学阶段语文学习的重要内容，也是领悟文章语言和情感的基础。无论是配乐朗读，还是学生自由朗读或教师范读都在课堂上发挥着不可替代的作用。在案例《朱德的扁担》这篇课文的教学中，教师采用了听配乐朗读、学生自由朗读和小组分工朗读，这有利于促进学生对课文内容的把握和情感的体会。因此，小学记叙文教学一定要反复朗读，读通课文，理解课文从而掌握课文。

四是创设故事情境。记叙文常常是描写一个人或叙述一件事，如何去品味文章的语言和理解作者的叙述方式是关键点。因而教师在进行课堂设计时，要注重设计一些有效的课堂情境再现课文片段。这能使每个学生都成为课堂的参与者和故事情境的建设者，能激发学生语文学习的兴趣，提高学生想象能力和思维能力。进入情境理解课文，能够让学生更好地理解作者所叙述的每一句话的含义。本课的教师抓住战友们藏朱德扁担的片段，在通览课文内容的基础上，让学生角色扮演再现课文情境，从而更好地理解战友对朱德的敬佩之情。

4. 教学建议

时间安排：两课时。

环节安排：布置预习，对记叙文的相关知识点进行梳理→分组自由讨论教学设计方案→小组汇报老师给予指点→各组员合作，选择记叙文体中其他的篇目进行教学设计→各小组课上进行教学实践→教师点评。

人数要求：40 人以下的班级教学。

教学方法：参与式教学、小组合作，以师生讨论为主，讲授为辅。

工具选择：多媒体、案例打印资料、录像机。

组织引导：教师布置任务清晰，预习要求明确；

提供给学生必要的参考资料；

给予学生必要的技能训练，便于课堂教学实践；

对学生课下的讨论予以必要的指导和建议。

活动设计建议：

(1) 阅读《义务教育语文课程标准(2022年版)》和教材中《朱德的扁担》一课，同时查阅相关的教学设计和实施的文献，对《朱德的扁担》一课进行初步的教学设计。

(2) 阅读本案例，可观看网络相关教学案例视频，独立思考，记录心得。

(3) 小组讨论交流，将最终的小组问题列在记录单中。在小组的交流与汇报中，教师进行点评与提升。

(4) 指导学生在课下对自己的设计进行完善，教师给予必要的指导。

(5) 在进行小组汇报交流时，各小组要做好记录，便于提问与交流。

(6) 教师对小组的设计进行点评，适时阐释教学理论，把握教学的整体进程。

5. 推荐阅读

[1] 许玮虹. 小学语文记叙文阅读方法指导[J]. 中国校外教育，2020(10).

[2] 霍懋征.《霍懋征小学语文教学经验谈》[M]. 上海：上海教育出版社，1985.

[3] 张瑾. 小学记叙文课堂教学提问策略研究[J]. 语文教学通讯，2015(1).

[4] 刘小全. 小学语文记叙文阅读教学探究[C]. 广西写作学会教学研究专业委员会年会论文汇编，2019.

说明文阅读教学设计与实施

——以《飞向蓝天的恐龙》为例

摘要:说明性文章是小学语文教科书中的一种选文类型,以说明为主要表达方式,主要包括科普文章、说明书、实验报告等。统编版小学语文教材共编入20多篇说明性文章,涵盖叶圣陶、夏丏尊所提出的说明文分类框架中的五种类型。统编版小学四年级上册语文教材的说明文,从语言表达方式来看主要是文艺性说明文,从说明对象来看既有事物说明文,又有事理说明文。说明文作为一种特殊文体,对学生今后的学习与生活具有重要作用。在说明文教学中,教师要让学生认识到说明文的价值,帮助学生习得说明表达之法,从而提升学生的核心素养。

关键词:小学说明文;阅读教学;教学设计与实施;《飞向蓝天的恐龙》

背景信息

叶圣陶、夏丏尊在《国文百八课》中按说明对象将说明文分为六类,依此分类对统编本小学语文教材中的说明文进行归纳,可以分为以下五类。第一类,事物性说明文,如《太空生活趣事多》《大自然的声音》《赵州桥》《海底世界》《鲸》《太阳》《松鼠》《故宫博物院》等。第二类,表现事物异同的说明文,如《手指》。第三类,表现事物间关系的说明文,如《蝙蝠和雷达》《飞向蓝天的恐龙》。第四类,表现事物的处理方法的说明文,如《纸的发明》《蜜蜂》等。第五类,表现抽象事理的说明文,如《呼风唤雨的世纪》《琥珀》等。依据对统编版小学语文教材的统计可知,说明“类型的事物”篇目数量最多,“抽象的事理”次之,“事物的异同”“事物间的关系”“事物的处理法”类的数量较少,“语义的诠释”类空缺。

统编版教材说明性文章的编排有以下三个特点。第一,类型丰富,契合“说明”本意。统编版教材涵盖五种不同类型的说明性文章,说明对象多样化,以“类型的事物”为主,兼及其他四类。该套教材拓宽了说明性文章选文的视野,在一定程度上打破了以往教材“类型的事物”一枝独秀的局面,避免把“说明”窄化为对某种事物特征的“介绍”，明晰说明文与记叙文的界限，将真正意义上以阐释抽象事理、关系、因果等为特征的说明文引入教材编排，是统编版教材说明文编写改革跨出的一大步。第二，“物”“理”结合，提升“说明”价值。统编版教材所涵盖的五种类型又可归纳为侧重“说明事物”和“说明事理”这两大类，其中第一至四种属前者，既有介绍同类事物的共同特征、事物的处理法，又有比较某类事物中不同个体的异同、厘清事物之间关系的文本；第五种属后者，以具象的事物或现象为依托阐明抽象的事理。这样，说明性文章编写形成了“事物”与“事理”、具象与抽象互为补充的良好局面。第三，同中有异，彰显“说明”特色。同为“类型的事物”，有的对象是有生命的，有的是无生命的；有的是自然现象，有的是科技现象；有的写得平实，有的写得生动。同属“事物间的关系”，《蝙蝠和雷达》《飞向蓝天的恐龙》《什么比猎豹的速度更快》则分别从仿生学、进化论、运动速度视角阐明事物之间的关系。由此可见，同类型的选文在对象内容、语言风格、说明视角等方面有所差别，各具特色。

站在学理的层面分析，基于文体的教学是第二学段阅读教学的重要内容。依据不同的文章体式，确定相应的教学目标，编排合宜的教学内容，是第二学段阅读教学的重点。由于教学的立足点主要定位在“词句和段落”，对于篇章的概念还未做强化和要求，所以《义务教育语文课程标准(2022年版)》没有明确描述。当然，没有要求不等于不能够提前接触；没做强调不等于不可以提前阅读感知，只是学习的目标定位相对比较浅易、简单，学习的内容基点也主要定位于了解文章所介绍的知识点、所说明的事理，而不在说明方法。直到五年级上册第三单元，教材才明确提出将学习的重心转向对说明方法的习得。

案例正文

一、统编版小学语文教材内容分析

纵观整个统编版小学语文教材我们可以发现，说明文主要出现在三年级下册及之后的学习中，其中又以四年级的说明文为最多，为整个小学说明类文章的学习起到了承上启下的作用。但是，《义务教育语文课程标准(2022年版)》在第二学段并未对说明文做出要求，而是在第三学段中指出：“阅读说明性文章，能抓住要点，了解文章的基本说明方法。”由此可以推测，四年级说明文的教学应做到让学生在三年级的基础上，进一步认识说明文这一体裁，了解课文涉及的说明方法，体会语言的准确性并激发学生的思想情感，为后期进一步学习说明文打下坚实的基础。

从内容来看，我们可以发现，统编版小学语文教材所选说明文篇数较多，篇幅不长，文章内容主要涉及“世界遗产”和“飞速发展的科技”两个方面，具有很强的现实意义，体现了说明文实用的特点。同时，从学生的角度来看，这些内容很好地满足了学生的好奇心和兴趣，四年级的学生正是对未知充满渴望的年纪，同时根据皮亚杰的认知发展理论，此时的学生思维方式已发展到了具体运算阶段，已经开始初步学着用科学的方式定义事物。由此看来，学生通过本册教材说明文的学习，不仅可以初步了解说明文的相关知识，还可以打开通往现实世界以及未知世界的窗口，领略我国“世界遗产”的雄伟神奇，惊叹科学技术发展的惊人速度。

四年级下册《飞向蓝天的恐龙》是一篇科普说明文，主要向人们介绍科学家们根据研究提出的一种假说：鸟类很可能是一种小型恐龙的后裔。20 世纪末，我国科学家在辽西首次发现保存有羽毛印痕的恐龙化石，为人们想象恐龙飞向蓝天、变化为鸟类的演化过程提供了依据。文章既揭示了科学家们在古生物研究方面的重大发现，也向学生开启了一扇探索古生物的科学之门，唤起他们对科学的浓厚兴趣。课文语言准确生动，内容层层深入，环环相扣。本文将以《飞向蓝天的恐龙》为例对说明文教学进行分析。

二、统编版小学语文教材价值取向分析

我国的教材价值取向分析方法主要有两种，一种是从宏观上可以分为人文价值取向和工具价值取向；一种是以培养学生素质为依据可以分为认知取向、审美取向和实践取向。根据这两种方法，分析统编版四年级语文教材中说明文的价值取向，我们不难发现，其工具价值取向和人文价值取向并重，更强调认知取向和审美取向，即思维品质和情感力的培养，而对实际解决问题能力的培养，则要到更高年级才做要求。因此，四年级教材的说明文教学要求教师要更加注意分析文本，让学生了解被说明事物的特点，理解说明的表达方式，激发学生的思想感情。

（一）认知取向

1. 了解被说明事物的特点

被说明事物的特点，是说明文教学的重点，把握被说明事物的特点是理解说明文的关键。从思想内容来看，只有把握被说明事物的特点，方能达到积累文化知识、扩展文化视野的目的。从语言形式来看，只有把握被说明事物的特点，才能领悟文章是如何说明这一特点的。

要把握被说明事物的特点，首先要分析说明对象的类别，即分析该篇说明文是

事物说明文还是事理说明文。在小学四年级语文教材的说明文中，因为事物说明文和事理说明文都有涉及，因此更应该分别分析。事物说明文主要是通过阐释被说明事物的形状、构造、性质和用途，使读者认识和了解这些事物；而事理说明文则是将事物的成因、关系、原理等说清楚。由此可知，《长城》《颐和园》《秦兵马俑》《电脑住宅》《飞向蓝天的恐龙》属于事物说明文；《呼风唤雨的世纪》《飞船上的特殊乘客》是事理说明文。

在判断完事物说明文和事理说明文之后，教师要引导学生了解被说明事物的特点。在事物说明文如《长城》的分析中，教师要引导学生根据“长城全长一万三千多里”了解到长城长的特点；根据“由条石和城砖筑成，城墙顶上铺着方砖，十分平整宽阔，五六匹马可以并行”了解到长城很宽，很坚固；根据“城墙外沿有两米多高的成排的垛子，垛子上有方形的瞭望口和射口，供瞭望和射击用。城墙顶上，每三百多米就有一座方形的城台，是屯兵的堡垒。打仗的时候，城台之间可以相互呼应”了解长城主要用于防御入侵。又如在《颐和园》中，作者根据空间顺序写了颐和园的长廊、佛香阁、排云殿、昆明湖等景观，同时又具体介绍这些景观的构造、形状。以长廊为例，作者写了长廊绿漆的柱子、红漆的栏杆，全长七百多米，分为 273 间，每一间的横槛上又画了五彩的画，学生由此了解颐和园大和美的特点。在事理性说明文如《呼风唤雨的世纪》的分析中，教师要引导学生清楚，人类在 20 世纪是依靠现代科学呼风唤雨的；《飞船上的特殊乘客》中，教师要引导学生清楚，航天飞行带上植物种子是为了使太空蔬菜造福人类。

2. 理解说明的表达方式

说明的表达方式主要包括两个方面：一是说明方法；二是说明语言。因此，理解说明的表达方式就要既理解说明文运用哪些说明方法，又要理解说明文语言准确严密的特点。

理解说明方法是说明文阅读教学的重点，这里以统编版四年级语文教材为例，根据对书中说明文的分析，我们可知，四年级语文教学涉及的说明方法主要有“列数字”“做比较”“打比方”和“举例子”四种。教师通过课文具体教学这四种说明方法时，不仅要使学生了解这几种说明方法，还要了解作者如何使用这几种方法以及这样用的好处。另外，教师在教学说明的表达方式时，还要注意让学生体会语言准确严密的特点，分析说明方法和体会语言表达的准确，这两点往往可以同时体现。如在《飞向蓝天的恐龙》中，“地球上的第一种恐龙大约出现在两亿三千万年前，它和狗一般大小，两条后腿粗壮有力，能够支撑起整个身体”这句话运用了列数字的说明方法。作者用这个说明方法是为了具体阐述地球上的第一种恐龙大约出现在两亿三千万年前，用列数字的方法使恐龙出现时间的久远更加形象直观，便于读者理解，其中作者运用了“大约”这个词，还体现了说明文语言表达的准确性。当然，对于没有运用说明方法但是体现了说明文语言准确严密的句子也要注意分析，尤其是朗读的时候要对表现语言准确严密的词语加以重读。如“二者似乎毫不相干，但近年来发现的大量化石显示：在中生代时期，恐龙的一支经过漫长的演化，最终变成了凌空翱翔的鸟儿”中，“似乎”“在中生代时期”“一支”要进行重读，“漫长”要拖长字音，读出恐龙演化所经历时间的长久。

（二）审美取向

统编版四年级上册语文教材的说明文主要分布在第二单元和第三单元，第二单元有《夜间飞行的秘密》《呼风唤雨的世纪》，第三单元有《爬山虎的脚》《蟋蟀的住宅》。四年级下册语文教材的说明文集中在第二单元，有《琥珀》《飞向蓝天的恐龙》《纳米技术就在我们身边》。四年级上册第二单元的说明文要求学生“阅读时尝试从不同角度去思考，提出自己的问题。”第三单元的说明文要求“体会文章准确生动的表达，感受作者连续细致的观察。”四年级下册第二单元的说明文要求“阅读时能提出不同的问题，并试着解决。”总体上看四年级语文教材说明文着眼于培养学生的提问能力、思维能力、观察能力、表达能力和解决问题的能力，此外还有很重要的一点就是审美能力的培养。《义务教育语文课程标准（2022 年版）》在总目标第 8 条和第 9 条提出审美的要求：第 8 条提出“感受语言文字的美，感悟作品的思想内涵和艺术价值，能结合自己的经验，理解、欣赏和初步评价语言文字作品，丰富自己的情感世界和精神世界”；第 9 条提出“能借助不同媒介表达自己的见闻和感受，学习发现美、表现美和创造美，形成健康的审美情趣”。在四年级语文教材说明文的学习中学生能学习自然世界和科学世界的知识，体会说明文语言的准确美、生动美、形象美，了解自然世界的美妙和科学技术创造的奇迹，感受科学技术的发展。我们可以发现，编者在编选说明文时考虑学生的学段，编选了许多表达方式生动的科普类说明文，并对学生的思想感情的发展做了要求，即希望学生在学习完说明文后，打开通往现实世界和未知世界的窗口，领略自然世界的神奇，惊叹科学技术发展的速度，并且喜爱和保护自然，热爱科学。因此在说明文的具体教学中，教师要根据单元导读的要求，潜移默化、春风化雨地陶冶学生的思想感情，提高学生的审美能力。此外，教师在教学中还要注意培养学生掌握科普类说明文科学、准确、生动的语言特点，培养学生学习说明文的兴趣，激发学生进一步学习说明文的积极性。

三、统编版小学语文说明文教学方法分析

我国义务教育阶段常用的教学方法主要有五大类,以语言传递为主的讲授法、谈话法、讨论法和读书指导法;以直观感知为主的演示法、参观法;以实际训练为主的练习法、实验法、实习作业法和实践活动法;以情感陶冶为主的欣赏教学法和情境教学法;以探究为主的发现法。根据四年级学生的特点和接触说明文的时间长短来看,教学中,教师要依据具体的教学内容选择合适的教学方法,将说明文教学上得科学、生动、有趣,激发学生对此类文章的学习兴趣。

(一)讨论法——掌握被说明事物的特点

讨论法是指教师提出或引导学生提出一个有吸引力、有价值的问题,组织学生进行讨论从而获取知识的一种方法。四年级的说明文教学中,让学生掌握被说明事物的特点是重点,但如果单一地依靠传统的教师讲授,显然不能引起学生的兴趣,而且四年级的学生正是爱动好玩的时候,如果不想办法促使学生深度浸入课堂教学,学生就会被其他的事物分散注意力。因此,在课堂上教师应适时让学生参与课文讨论,从课文中找出说明事物的句子并归纳事物的特点,方能很好地让学生的思维深入发展。但与此同时,教师也要注意讨论法运用的基本要求:1、讨论前要做好充分的准备。讨论的问题要有吸引力,能激起学生的兴趣,有讨论钻研的价值。2、讨论中要对学生进行启发诱导。启发学生独立思考,勇于表达自己的想法,围绕中心议题发言。3、讨论结束时要做好小结。讨论结束前,教师应简要概括讨论情况,使学生获得正确的观点和系统的知识,纠正错误、片面或模糊的认识。对疑难和有争论的问题,教师应尽力阐明自己的看法,但要允许学生有不同的合理见解。例如在《飞向蓝天的恐龙》的教学中,教师在学生熟悉生字词之后,可以让学生将课文完整地阅读一遍,并思考作者是如何对恐龙进行分类的,从哪些语句体现出来的,四人一组进行讨论,然后分小组作答。讨论结束后,教师要启发诱导学生对答案进一步归纳概括,并注意答案的完整性和多元性,最后教师还要对学生的思考回答进行总结。

片段一:

师:作者是如何对恐龙进行分类的呢?请同学们再次阅读课文并进行小组讨论,讨论结束之后请同学们进行分享交流。

(教师留给学生充足的讨论时间,并进行巡视、指导)

师:同学们的讨论已经进行得差不多了,让我们跨越时空,先来见识见识第一

种恐龙。请一位同学代表来介绍一下你们的讨论成果，并说说作者是从哪些方面来介绍的。

生：（读句子）我认为先介绍了恐龙的大小，你们看，“它和狗一般大小”。

（师借助白板笔，当即在“和狗一般大小”边上旁注“大小”）

生：（读句子）我觉得还介绍了恐龙的体形，它们用双脚支撑起整个身体。

（师旁注“体形”）

师：作者从大小、体形这些方面来介绍第一种恐龙，你们也学着老师的样子在书上写一写。……

师：现在请同学们默读课文，想想作者是怎么写这些形态各异的恐龙家族的。试着进行批注。

（生默读，自主批注）

师：让我们一起来交流一下。大家可以按顺序先读一读自己批注的部分，再说说自己批注的内容。

生：“有些恐龙像它们的祖先一样两足奔跑，有些恐龙则用四足行走”，我批注的内容是“行走方式”。

生：“有些恐龙身长几十米，重达数十吨，有些恐龙则身材小巧，体重不足几公斤”，我批注的内容是“身长、体重”。

生：“有些恐龙凶猛异常，是茹毛饮血的食肉动物，有些恐龙则温顺可爱，以植物为食”，我批注的内容是“性格、习性”。

师：同学们的讨论很有成效，作者正是通过形体、行走方式、习性等几方面对恐龙进行分类的。

在上述教学片段中，教师选择了学生能力范围之内的问题作为讨论的主题，引导学生进行交流讨论，使学生形成自己的看法，既加深了学生对课文的理解，又提高了教学效率，锻炼了学生的自学能力。在教学方法上采用了讨论法和批注法，使学生不仅完成了学习，而且掌握了相应的学习方法。

（二）谈话法和讲授法并用，朗读和默读结合——理解说明的表达方式

在理解说明方法时所采用的谈话法主要是启发式谈话法，即通过向学生提出问题，通过谈话一步一步引导他们去深入思考和探索新知识。另外，针对较难的问题或学生尚不明白的新知识，要运用讲授法，以便让学生获得系统、完整、科学的认识。由于此学段的学生对说明文还不熟悉，因此教师主要运用讲授法，让学生对说明方法的种类、说明文的语言特点和表达方式有初步的了解。在阅读课文的基础上让学生理解说明这种表达方式，思考作者是如何使用的以及这样运用的好处，但

这并不意味着教师直接告诉学生答案，而是要基于学生已有的知识设计问题，启发学生进行思考，然后教师归纳引出新知，使学生豁然开朗。以《呼风唤雨的世纪》为例，教师可以先让学生阅读第二自然段和第三自然段，然后在此基础上设问“这两段分别写了什么？作者为什么要将这两段放在一起写？”引导学生理解这里运用了“对比”，接着教师根据说明文的体裁阐述这种方法叫“做比较”，最后联系第五自然段作者认为是科学造就了现代生活，引出作者运用做比较的说明方法是为了突出现代科学技术的先进。

而体会说明文语言的准确严密则主要是通过朗读和默读相结合的方法，比较含有准确严密词语的句子与缺乏准确严密词语的句子，二者在表达上有何不同，以此帮助学生体会说明文语言的科学性。如在《飞向蓝天的恐龙》中，“二者似乎毫不相干，但近年来发现的大量化石显示：在中生代时期，恐龙的一支经过漫长的演化，最终变成了凌空翱翔的鸟儿”与“二者毫不相干，但近年来发现的大量化石证明：恐龙经过漫长的演化，最终变成了凌空翱翔的鸟儿”做比较，教师可以组织学生先默读，然后根据自己默读的理解，用朗读来读出作者的表达与强调，以此来体会作者使用某些词语的用意。两句相比，很明显去掉“似乎”，“显示”改为“证明”，使原文的可能性表达变为了肯定性表达；去掉“在中生代时期”，扩大了原文的时间范围；去掉“一支”，扩大了恐龙的种群范围，很明显作者在此处使用这些词语是为了使说明文的表达更准确、更科学。

片段二：

（出示：在中生代时期，恐龙的一支经过漫长的演化，最终变成了凌空翱翔的鸟儿。）

师：请同学们反复地读一读这句话。读着，读着，你会发现这句话有几个词不可或缺，缺了它，意思就完全不一样了。是哪几个词？

生：“一支”和“漫长的”。

师：为什么？

生：如果少了“一支”这个词，给人的感觉是所有的恐龙都变成了凌空翱翔的鸟儿。而“漫长的”表示经历的时间很长，不是一朝一夕就变成鸟儿的。

师：很好！据老师查找相关资料，从恐龙演化成鸟儿，整整经历了大约9500万年。真可谓是漫长的时间。

师（对发言的同学说）：那么你能通过你的朗读将这个意思表达出来吗？

师：我们大家一起来读一遍。在中生代时期，……

（生读）

师：你看，“一支”能缺吗？

生：不能。

师：“漫长”能缺吗？

生：也不能。

师：可见作者的用词准确呀！（板书：用词准确）请同学们默读课文第 2 自然段，边读边找，你能找到类似的不可或缺的词语吗？找到后，圈起来好好体味一下。

（学生默读，着重围绕“很可能”“应该”“大约”“有羽毛印痕”“其中”等词进行批注、交流、讨论、朗读）

在上述这个教学片段中，教师结合使用谈话法和讲授法，也有机采用朗读和默读，逐步引导，层层深入，拓展思维，不仅使学生了解了说明文语言的特点，还教给了学生分析说明文语言的方法，使学生有效掌握了说明这种表达方式。

（三）情境教学法——激发学生的思想感情

情境教学法是目前小学阶段最常用的教学方法，是在教学过程中，教师有目的地引入或创设具有一定情绪色彩的、以形象为主体的生动具体的场景，以引起学生一定的态度体验，从而帮助学生理解教材，并使学生的心理机能得到发展的教学方法。情境教学法的核心在于激发学生的情感。创设情境的途径可以归纳为以下六种：生活展现情境；实物演示情境；图画再现情境；音乐渲染情境；表演体会情境；语言描述情境。为了让学生能有身临其境之感，情境教学法常用在课堂教学中，用来吸引学生的注意力，引起学生的兴趣，激发学生的思考和体验。

片段三：

师：老师给同学们带来了一种有趣的动物，看看是什么？

（板书“恐龙”）

生：恐龙。

师：在人们眼中，恐龙是什么样子的呢？一起来看看吧。

（展示恐龙视频或者图片）

师：请同学们用一个词形容恐龙给你的印象。

生：笨重，凶猛，庞大，巨型……

师：是呀，说到恐龙，人们往往想到凶猛的霸王龙或巨大沉重的梁龙，那它们怎么会飞向蓝天呢？今天我们就去恐龙城堡里探索它们的秘密吧！

师：同学们已经迫不及待了吧，我们一起去恐龙城堡看看吧。打开书，自由地读课文。

（出示要求：快速读两遍。第一遍：了解课文主要介绍了什么；第二遍：边读边画出生字词，读准字音，读通句子，遇到难读的词语多读几遍。）

（课件展示）

小恐龙说：想要知道我们的秘密必须先闯关。

(1) 谁能读出这些词语？（出示字词）

(2) 谁能猜出藏在课文里这些词语的意思？

(3) 把这些词语放到句子中还会读吗？（出示含有字词的句子，请学生读）

小恐龙说：恭喜同学们闯关成功。恐龙城堡大门打开了，走出来一群凶猛笨重的恐龙。

小恐龙说：它们和轻盈的鸟儿有什么关系呢？请你读读课文第1自然段，找出答案。

在上述教学片段中，教师巧妙地设计了恐龙城堡这一虚拟事物和小恐龙这一虚拟化形象，用课件和图画创设情境，契合了小学生好奇的心理特点，成功激发了学生的好奇心和求知欲，使教学过程更加流畅，课堂氛围更加活跃。

四、统编版小学语文教材说明文教学建议

（一）强化"类"的意识，理解事物的特征

不同类型说明文的指向是有区别的，教学时要紧扣"这一类"乃至"这一篇"的特点来确定教学内容。例如，有关"类型的事物"类说明文的说明对象是一类事物，即作者的说明构建了"同类事物间的一个模型"。教学此类选文，教师需充分认识到说明对象应为普遍的"类"，而非特殊的"个"，避免说明文教学误入"描写文"的歧途；教学重点应落在对同类事物共有特性的梳理上，借助作者呈现的"类的模型"使学生充分了解和认识一类事物及其特点。

（二）把握文章的结构，培养逻辑思维

科普作品的科学性强，层次清楚，过渡缜密，逻辑性强，是学生逻辑思维能力的重要训练载体。教材中的科普作品，大都以逻辑顺序来安排行文，这有利于学生理清文章脉络，把握课文的逻辑结构。针对这种文本的特点，在教学中可引导学生感知语言的精妙，用词的准确，并通过填表格等形式培养学生整体把握、概括文意的能力。如在教学《飞向蓝天的恐龙》第4段恐龙的演化过程时，出示："地球上的（第一种恐龙）大约出现在两亿三千万年前。数千万年后，它的后代繁衍成（一个形态各异的庞大家族）。其中，（一些猎食性恐龙）的身体逐渐变小，最终变成了（鸟

类)。”这样,学生通过找相应的句子,并进行重点词的填写,对恐龙的演化过程就一目了然,也感受到恐龙演化和变成鸟类的过程之漫长。

(三)激发学生的情感,感受科学精神

全国著名特级教师于永正说:“反思我们的语文教学,人文精神确实太少,其中尤其缺的是情趣。我说的情是什么?是情感,或者说感情。它包括两个方面的意思,一是对学生有情,二是对语文教学有情,上课有情。”因此,语文老师应着力挖掘课文的情感因素,指导学生与文本对话,去经历情感和智慧的旅行。《飞向蓝天的恐龙》既揭示了科学家们在古生物研究方面的重大发现,也向学生开启了一扇探索古生物的科学之门。在唤起他们对科学的浓厚兴趣的同时,促使学生意识到科技创新之路充满艰辛,科学成果不可能一蹴而就。教师要引导学生感受科学家们不断探索,不畏艰难,严谨求实的科学态度和锲而不舍的追求精神。阅读科普作品需要有与作者心灵对话的意识,需要热爱被说明的事物,需要鼓励学生主动地思考和求知。如果教师真正尊重学生在阅读活动中的主体地位,就需要重视学生情感的投入。在这一过程中,教师要充分调动情感因素,推动学生穿透内容,触及精神,抓住事物的本质特征。教学中要通过指导学生不断阅读,掌握说明文的语言特点,感受科普类说明文严谨的科学精神。

(四)挖掘趣味点,获得科学知识。

课堂上,教师光有情感的投入,还是远远不够的,还要让学生享受到学习科普说明文的乐趣,这样他们才会喜欢科普说明文。美国心理学家布鲁纳认为:最好的学习动力是对所学材料有内在兴趣。因此教师需要根据科普说明文的特点,精心设计,巧妙实施,将课上得有情又有趣,科普说明文才会焕发其独有的魅力。教师要充分挖掘科普说明文的兴趣点,以学生喜欢的形式来组织教学,这样,学生才有兴趣,课堂才有活力。吕叔湘先生说过:如果说一种教法是一把钥匙,那么,在各种教法之上还有一把总钥匙,他的名字叫作“活”。成功的教师能把课教“活”,最大限度发挥课堂教学的效用。教师教学说明文也要采用灵活多样的教学方式,引导学生积极讨论探究,自主学习,获得科学知识。

结语

小学语文教材中有一定比例的说明文,这些介绍说明性的文字学习起来有一定的难度,教师较难创设和引导学生进入情境,而且在拿捏不准的情况下,稍不留

心很容易上成科学课。语文味丢失，教学了无生趣，枯燥乏味成了通病，无法给学生留下很深的印象，学生也无法产生学习的兴趣，因此教学效率低下。统编版小学四年级语文教材的说明文，在整个小学阶段的说明文教学中处于承上启下的位置，其课程内容主要由事物说明文和事理说明文构成。学习这一阶段的说明文主要是让学生初步了解说明文的相关知识，打开通往现实世界和未知世界的窗口，领略大自然的神奇，惊叹科学技术的发展。为了达到这一目标，教师在教学中要注意运用讨论法、谈话法、讲授法和情境教学法等，让学生了解被说明事物的特点、理解说明方法，并在此基础上激发学生的思想感情，完成情感的升华。

案例思考题

1. 统编版教材说明文的编排有何特点，请说说你的看法。

2. 谈谈你对说明文教学重点和难点的理解。如何确定说明文教学的重难点？

3. 在说明文教学中如何创造性地使用讨论法、谈话法、讲授法等传统教学方法？

4. 本教学案例给你带来了哪些有益的启示？

案例使用说明

1. 适用范围

适用对象：汉语言文学师范专业本科生，学科教学（语文）专业研究生，以及在职语文教师。

适用课程：《小学语文课程与教材研究》《小学语文教学设计与实施》《语文课程与教学论》《教学设计》《语文教学技能训练》等相关章节。

2. 教学目的

（1）掌握小学阶段说明文教学的基本特点，学习进行说明文教学设计与实施的经验，提高教学技能。

（2）学习说明文教学方法，在教学实践中进行应用与创新。

（3）学习创设情境的方法，提高课堂教学的丰富性与趣味性。

3. 关键要点

相关理论

教学设计理论、语文学习心理学、语文课程与教学论、教学实施与评价

关键知识点

说明文基础知识；说明文教学设计；说明文教学方法

关键能力点

研读教材的能力、学情分析的能力、教学设计的能力、教学实施的能力

案例分析思路

使用本案例时，可根据具体课程内容的需求，结合相关的理论与方法，从以下几个方面进行分析。

第一，了解说明文内容与形式的多重价值。在统编版小学语文教材阅读谱系中，说明文有特定的个性特点和独特的阅读价值。首先，"说明性文章可以帮助我们认识事物，获取知识"，可见说明文具有丰富的知识体系。依据不同标准，说明文的类别不同。从语言特色和表达方式来看，可分为平实性说明文和文艺性说明文。平实性说明文平实质朴，如《太阳》，采用多种说明方法，准确而明晰地介绍了和太阳有关的知识，说明它与人类之间有着非常密切的关系。文艺性说明文引人入胜，如《松鼠》，融科学性、知识性与趣味性于一体。不管哪一类说明文，"说明"都是宗旨，且都具有知识性。这些知识，有的来自科学研究，有的来自实践考察。其次，说明文可以培养缜密的逻辑思维。说明文侧重于抽象思维，通过分析、说明来揭示事物的特点，通过科学的表达来表现事物的客观性。说明文教学注重引导学生深度阅读，注重培养学生语言表达的逻辑性和条理性，这有利于培养他们严谨的态度，形成缜密的思维。最后，说明文符合学生的学习需要。当下信息化时代，知识更新不断。说明文就像一扇窗，透过它，我们能真切感受到社会的发展、信息的更替、知识的创新、产品的迭代，能把握时代发展的脉搏，了解科学前沿。统编版小学语文教材中的说明文主题丰富、风格多样。通过一系列的语文活动，可以提高学生认知水平，满足学生发展的需要。

第二，剖析说明内容、说明方法与表达方式之间的关系。学习说明文主要聚焦在说明内容、说明方法与表达方式三个方面。我们主张对学习内容进行深层建构，设计具有高度的认知势能的学习任务，激发思维潜能，增强学习内容逻辑上的关联性、知识上的呼应性以及语用上的带动性。首先，整体阅读，学习说明文结构之巧。说明文的结构值得细细品味。它的语篇结构体现了语言逻辑的科学性与严谨性。在教学中，教师可以运用比较、分类等多种方法，让学生发现不同语段之间的异同，发现文本的结构之美，帮助学生形成结构意识。针对具体的文本，可以抓重点语段感知作者说明问题或阐释意义的结构方式，也可抓住整篇文本，理解作者是如何进行结构安排，体现逻辑层次的。其次，含英咀华，学习语言之妙。用词精准是说明文表达的基本要求。课堂上，教师要引导学生关注说明文不同的表达特色，找准语

言文字训练点，在读中体会语言表达的精确性，理解有时看上去很平常的一个词语往往却是作者的匠心所在。教师可将说明文中表示限制或强调的一些词语，如"约、差不多、好像、只有……才……"等删去，然后让学生与原句比较，体会其表达效果，引导学生发现这些词语的运用能使表达更加科学严谨，也体现了作者的科学态度以及语言运用的准确性。最后，迁移运用，学习表达之精。阅读说明文，不仅要关注文本写了什么，更要品味文本是怎么写的，要深刻感受其精准而又生动的语言，科学而又严谨的表达，以及精妙的结构布局。在提取了说明要点后，再领悟作者是怎样条理清楚、方法贴切地说明对象的特点的。说明方法的习得是说明文学习的重点，教师不仅要引导学生认识说明方法，更要引导学生恰当地运用说明方法。说明方法的运用是由说明对象的特点决定的，因此，教学时要与说明对象的特点相结合，引导学生自己发现说明方法，并在品读中感受表达之精。

4. 教学建议

时间安排：两课时。

环节安排：布置预习，对说明文知识点进行梳理→小组讨论进行初步的教学设计→小组研读案例并进行汇报→小组合作，选择《飞向蓝天的恐龙》进行教学设计→学生在课上进行教学实践→教师点评。

人数要求：50 人以下的班级教学。

教学方法：参与式教学、小组合作等方式，以师生的讨论为主，讲授为辅。

工具选择：多媒体、案例打印资料、录像机、投影仪。

组织引导：教师布置任务重点突出，预习要求明确；
提供给学生必要的参考资料；
给予学生必要的技能训练，便于课堂教学实践的进行；
对学生课下的讨论予以必要的指导和建议。

活动设计建议：

(1) 阅读《义务教育语文课程标准(2022 年版)》在第二学段的目标和教材中《飞向蓝天的恐龙》一文的相关内容，同时查阅相关的教学设计和实施的文献，对《飞向蓝天的恐龙》一课进行初步的教学设计。

(2) 阅读本案例，可以从网络上观看课文的案例视频，独立思考，记录相关问题。

(3) 小组讨论交流，将最终的小组问题列在记录单中。

(4) 小组同学进行交流与汇报，教师点评。

(5) 指导学生对自己的设计进行完善。

5. 推荐阅读

[1] 李冲锋. 读者意识：说明文教学不可或缺的要素[J]. 中学语文教学，2021(8)。

[2] 黄耀红.现代知识观转向与说明文教学的问题审思[J].课程·教材·教法,2021(8).

[3] 张纪海.初中语文说明文教学要把握“三性”[J].语文教学通讯·D刊(学术刊),2021(7).

[4] 宋祥.中学语文课程与教学论[M].长春:东北师范大学出版社,2014.

寓言故事教学设计与实施

——以《咕咚》为例

摘要：寓言故事篇幅短小、语言活泼生动并且包含深刻的道理，是培养小学阶段儿童语文学习兴趣的一种重要的文学样式。纵观统编版小学语文教材选编的寓言故事，我们发现它仅占很少的一部分，但是不可忽略它对于儿童语文素养的提高以及身心发展的重要价值。本案例通过分析小学语文课文《咕咚》的教学设计，呈现该篇课文的教学设计与实施过程，为理解小学寓言故事的教学设计与实施提供借鉴和参考。

关键词：寓言故事；《咕咚》；教学设计与实施

背景信息

自2018年全国范围内正式推行统编版语文教材以来，语文教材进入了“一纲一本”的新时代。该教材不仅以其先进的设计理念得到了广大语文教育工作者的好评，更值得称赞的是该教材以人为本、尊重儿童身心发展的规律，极大程度地解决过去很长时间以来积攒的低年级语文教材难度和坡度设计不合理、部分课文游离于时代发展之外、学生对语文教材兴趣度低等问题。寓言故事作为低年级学生最感兴趣的文学样式之一，以精练的语言、丰富的内涵存在于语文教材之中。统编版小学语文教材精选了几篇寓言故事供广大学生学习，作为未来的语文教育工作者我们也不能忽视寓言故事对学生身心发展产生的重要作用，要在正确领会义务教育语文课程标准的基础上，通过对教材的精准把握正确地引导学生的语文学习。寓言故事具备篇幅短小、语言生动活泼、意蕴深刻的特点，尤其适合小学生学习。纵观统编版小学语文教材，寓言故事的选编集中安排在小学低年级阶段，在这一阶段儿童以形象思维为主要认知方式，而寓言则主要以动物或植物作为故事主体，在保留童真的基础上最大限度地提升儿童的学习兴趣。该教材体现了社会主义核心价值观，将立德树人作为重点培养学生，选入教材的几篇寓言也都遵循这一方针，对于教师来说进行合理地引导和培养学生树立正确的“三观”尤为重要。包括寓言在内的全部小学课文都有意选择了一些与儿童日常生活密切相关的素材，体现了“语文的外延就是生活的外延”，这有利于让学生在生活中感知语文的魅力，在语文中发现生活的真谛。此外，统编版小学语文教材也选择了不少渗透科学真谛的寓言，为学生形成缜密客观的思维打下基础。

统编版小学语文教材中寓言故事的教学基本集中在低年级学段，整体而言在整个教材中所占比例较低。整套教材所选的寓言均篇幅短小、文字精练、语言活泼生动，最大限度地激发儿童学习寓言的兴趣，在神奇有趣的寓言故事中树立正确的价值观，培养学生的语文综合素养。一年级选取了《猴子捞月亮》《乌鸦喝水》《小猴子下山》《咕咚》等典型的寓言故事，故事的主角分别为猴子、乌鸦、小猴子和兔子，课文以趣味性的语言分别向学生阐明深刻的道理，渗透着人生智慧与处世哲学，很好地体现了单元教学目标。二年级上册选取的寓言故事比例有所增加，《坐井观天》《寒号鸟》《狐假虎威》《狐狸分奶酪》都是耳熟能详的寓言故事。此外，二年级下册还首次出现了经典的中国传统寓言《亡羊补牢》《揠苗助长》。可以看出统编版小学语文教材对于寓言的选编，在保证质量的基础上也力求实现体裁的多样化、丰富化。三年级下册在选取了常规形式的《守株待兔》《陶罐和铁罐》《鹿角和鹿腿》等三篇寓言之外，还增添了寓言诗《池子与河流》，用诗歌的语言来讲述故事，寄寓一定的道理，带给学生以全新的感受。四年级选入的寓言故事则直接以“故事两则”的形式出现——《扁鹊治病》《纪昌学射》，不能把它们从寓言故事中割裂开来，要做到仔细辨别，牢牢把握寓言故事教学的要点，引导学生明白其中蕴含的道理。五、六年级作为小学阶段的高年级，学生无论是语言功底还是眼界见识与低年级相比均有了大幅度的提升，因此统编版小学语文教材不再涉及寓言故事文本的选编，而将教学重心放在其他文学样式上。

对统编版小学语文教材中寓言故事教学的分析与研究极为重要，本文以统编版一年级下册语文教材为例进行探究，本册教材共安排了 8 个单元，其中分为 2 个识字单元、6 个课文单元。统编版教材与之前全国各地使用的教材的一个显著区别就在于每个单元采取“双线组元”的方式，双管齐下提高学生的“语言素养”和“人文内涵”。本册教材选取的寓言故事包含《咕咚》一文，课文选取学生喜爱、熟悉的小兔子作为故事主角，降低了儿童的认知难度，增强了他们的学习热情，通过分角色朗读、教师适当引导的方式，让学生明白这样一个简单的道理：做任何事情都要眼见为实，用实事求是的科学精神面对生活中的大事小事，不要放弃独立思考，要有自己的主见，如果只是人云亦云、跟随大流的话，就会离真相越来越远。寓言故事作为低年级儿童喜闻乐见的一种文学样式，兼具趣味性与哲理性，但考虑到一年级学生无论是阅读能力还是见识都处于相对薄弱的环节，因此统编版小学语文教材仅安排少量的自读课文让学生初步接触，为日后深入系统的学习打下基础。

案例正文

《义务教育语文课程标准（2022 年版）》课程目标的第一学段（1～2 年级）的学段要求中阅读与鉴赏部分提出“阅读浅近的童话、寓言、故事，向往美好的情境，关心自然和生命，对感兴趣的人物和事件有自己的感受和想法，并乐于与人交流”。在充分领会新课程标准的基础之上，结合统编版小学语文教材全新的编写理念和本阶段儿童的实际学情，以下案例在分析寓言艺术特征和要素之后展现《咕咚》一文的教学设计和实施。

一、寓言的艺术特征

寓言作为一种文学形态，最突出的特征就是以精练的语言蕴含深刻的道理，它通常以散文体构成简短的故事，偶尔也会以诗歌的形式出现。与其他文学形态相比，寓言具有自己独特的艺术特征，即寓意鲜明、表达生动、篇幅短小。

首先，寓意鲜明。寓言故事存在的价值就是通过虚构的故事来说明一个道理，所以每一篇寓言都蕴含着正面的规劝性或者反面的讽刺性的道理。例如一年级选取的几篇寓言故事，《猴子捞月亮》的寓意是不要被表面现象所迷惑，在生活和学习中要学会多观察，仔细研究，不要轻易做出判断；《乌鸦喝水》告诫人们，遇到困难的时候，要善于思考，动脑筋，再困难的事情也会迎刃而解；《小猴子下山》则用生动有趣的语言告诉人们，做人做事不能贪得无厌，要一心一意，否则将一无所获；《咕咚》是一个简短的幽默讽刺性的寓言故事，通过小兔子和一系列小动物的反应，使人们明白要了解事情发生的原因，要有自己的主见，不要惊慌失措，要坚定自己的原则。寓言故事的主题有时会顺着故事情节自然而然地流露出来，有时会在故事结束的时候点明。小学语文教材中的寓言故事旨在增进学生的语文学习兴趣，故难度较低，学生在认真品读以及教师的帮助下可以顺利地归纳出寓言故事背后的道理。

其次，表达生动。寓言故事之所以能吸引低年级学生，很大一部分原因就在于它往往将动物或者植物拟人化，采取幽默的对话、丰富的情节、夸张的言行以及适当的比喻将一个个活灵活现的画面呈现于纸上，激发了学生的学习热情，也能让学生顺利接收、内化文中潜藏的道理。比如《狐假虎威》这个故事讲述了一只狐狸借助老虎的威风吓走了森林中百兽的故事。故事的写法是以拟人化的动物对话的形式展开，狐狸“眼珠子骨碌一转”“扯着嗓子”“神气活现”“摇头摆尾”，通过形象化的神态描写、夸张的语气动作将狐狸狡猾奸诈的形象写得跃然纸上，通过生动的表达，借助狐狸、狮子以及其他动物的行为反应讽刺生活中那些仗势欺人者。

再次，篇幅短小。无论是教材中选取的外国的《伊索寓言》，还是我国古代经典的寓言故事，它们都无一例外用寥寥数语展现一个意味深长的道理，引导学生形成正确的价值观。寓言篇幅短小很大程度上归功于其精练的语言，但“麻雀虽小五脏俱全”，寓言故事中往往用三言两语展现人物最主要的性格特征，如《扁鹊治病》中，作者仅用“病人很不高兴”几个字就将蔡桓公讳疾忌医的形象描摹得淋漓尽致，为其后来的悲惨结局埋下伏笔。

二、寓言的四要素

寓言具有四要素，分别为故事性、虚构性、寄托性和哲理性。

一是故事性。寓言以故事为载体，这些故事来自作者对生活的细心观察或者是对已有文本进行改编，不管哪种形式都要求故事具有一定的可读性。寓言故事的“人物”范围非常广泛，既可以是人物，也可以是花鸟鱼虫。他们具有鲜明的性格特征，但是在言行举止上由于艺术加工的作用，往往显示出一定的夸张或者荒诞性。在寓言故事中，时间、地点等要素往往被弱化，故事情节以及人物特性被凸显，以揭示文本的主旨。《纪昌学射》的主人公是纪昌，故事情节以纪昌学习射箭的过程来展现人物不畏艰难、持之以恒的优秀品质，值得所有人学习。在本文中，故事的时间、地点等要素被弱化，文本主要是通过刻画人物身上的特性以及他学习射箭的态度启发学生，达到学以致用的目的，引导学生刻苦学习、不畏艰难。

二是虚构性。寓言故事的虚构性体现在人物以及情节两大方面，他们在现实生活中并不是真实存在的，是作者为了凸显某种道理，将人物或者故事情节刻意往某个方面引导而实现的。寓言故事的主人公通常分为两种：一种是为无生命的物体，被赋予动作、语言、性格特征，另一种是借用历史人物的名字，借其品质特征为寓言所要表达的寓意进行必要的虚构。寓言故事的情节则更是为了寓意服务而刻意编造的，一些情节往往经不起仔细推敲，为了体现一些道理，经常性地制造冲突与矛盾以更好地体现人物的品质或者事物的特征。

三是寄托性。寓言故事是一座桥梁，它借助故事表达寓意。我国著名儿童文学家严文井说：“寓言是一个怪物，当它朝你走过来的时候，分明是一个故事，有人有动物，生动活泼，而当它转身要走开的时候，却突然变成了一个深刻的道理，严肃认真。”寓言故事的受众主要是小学生，小学生的思维发展还停留在通过具体形象认知事物的阶段，那如何把深刻的道理向学生讲清楚呢？寓言故事在此刻就发挥了很大的作用。寓言故事必须保证将抽象的道理与生动有趣的故事做到完美结合。寓言的文体特征决定了它不能直接将寓意揭示出来，只能借助比喻、拟人、夸张等修辞方法以及象征的手法完成故事和寓意的连接。例如《揠苗助长》通过一则简单的农夫拔高禾苗的故事，寄托了“违反事物发展规律、急于求成，反而会误了大事”的深刻道理。它通过象征的手法，用直观形象的拔苗助长的故事去表现生活中一些人急于求成的窘境，让小学生轻松地悟出深刻的道理，懂得对待人或事要有耐心，遵循事物发展的规律。

四是哲理性。寓言故事是寓言和哲理的结合体，是文学和哲学结合的表现形式。寓言存在的目的就是讲道理，道理必然包含着或深或浅的哲理，对学生达到点拨或启发的作用。例如三年级的寓言诗《池子与河流》不仅韵味深厚，还富有一定的哲理，耐人寻味。这首寓言诗主要是以悠闲安逸的池子和忙碌充实的河流进行对比，告诉学生“水要流动才能保持清洁，勤奋踏实才是人生的真谛”。这首寓言诗具有很强烈的教育意义和色彩，虽然使用了凝练简单的语言进行表述，但是并未影响它传递深刻的哲理。

三、如何更好地把握《咕咚》的教学

教师在教学前要对《咕咚》一文进行细致深入的分析：本文出现在一年级的语文教材之中，通俗易懂，趣味性强，是一篇典型的寓言故事。此阶段儿童已经可以借助拼音读准字音，比较流利地阅读课文。教师在教学中既要对学生的语言文字运用进行训练，还要使课堂充满趣味性，调动学生求知的热情，进而揭示文本中蕴含的寓意。教师应着眼于培养学生的语文核心素养，在新课程标准理念的指引下结合统编版教材的编写特色，精心设计出通用于寓言故事的教学思路，并且把握住《咕咚》这篇寓言自身的特点，为学生呈现精彩的语文课。

（一）合理编排教学目标，实现知识和能力的有机整合

在编写教学目标时，不能孤立看待文本，既要考虑文本自身的特殊性，又不能忽视单元教学目标。教学目标分为知识和能力两大维度，就寓言故事而言，既要让学生学习语文基础知识，又要提高学生的语文基本能力，这包括：激发学生的学习热情，正确掌握字词，流利有感情地朗读文本，通过文本分析体会到语言的美感，引导学生树立正确价值观，感知各具特色的主人公等；还要让学生在汲取寓言故事丰富营养的基础上，将各种能力内化于心、外化于行，体现语文课程工具性的价值，这

主要表现为:学生可以做到复述文本,分角色表演寓言故事的情节,说出寓言故事蕴含的哲理等。总之,寓言故事的教学目标旨在培养学生的识字写字能力、表达能力和涵养人文价值。《咕咚》一文也不例外,在教学之中,教师应针对性地培养学生的各种能力:设置基础的字词识记环节、个性化阅读环节、文本分析引导环节、故事表演环节、书面和口头表达能力训练环节,实现逐步引导、节节深入、环环相扣的教学模式,最大程度将学生的潜能挖掘出来。

(二) 使用恰当教学方法,提高听说读写的基本能力

使用合适的教学方法,能让语文课堂的教学效率事半功倍。在实际的教学中,教师要根据文本特点以及要达成的教学目标有针对性地选择教学方法。丰富多样的教学方法能够减轻教师教学的疲劳,也能增进学生学习的热情与投入程度。在《咕咚》一文的教学中,可以使用"读、思、议、导"相结合的方式。"读"是课堂教学的起始环节,要想实现流利的阅读,必须扫清字词障碍,需要学生在课前做好预习工作。通过读,学生能整体感知文章表达的大体意思。在读的过程中,老师应采取示范朗读、学生赛读、师生合作朗读等多种方式,使全体学生都能参与到课堂教学之中;学生既能实现投入文本,自主阅读,又能聆听他人阅读,汲取优点。阅读后,引导学生思考文本说了一个怎样的道理,要表达哪些观点。教师应引导学生在独立思考的基础上,大胆表达自己的想法,想一想别人的想法和自己有哪些差别,这样可以实现"思""说"与"听"的结合。此外,还有"议"的环节,就是对"思"这一环节提出的问题进行交流、解答,也可以"议一议"自己喜欢哪个人物,原因是什么。最后,教师针对课堂上出现的问题,进行总结与点拨,实现能力提升与价值引导。此课不仅提升了学生的"听、说、读"的能力,还促进学生进行思考。另外,应布置课后作业,这是为了培养学生"写"的能力。这样,教师的教学设计就完整地贯穿了课前、课中、课后,有利于实现听说读写四结合目标的实现。

(三) 分析文本内容和特点,有效实施教学

《咕咚》讲述了许多动物都盲目地跟着听到"咕咚"声音的小兔逃跑,只有野牛质疑,大家去看了才弄清楚声音来源的故事。本课的教学要点是让学生能借助图画、形声字的特点,联系上下文等方式识字、猜字,借助插图读懂故事内容。低年级学生注意力易转移,要保证给予学生充分的朗读时间。在教学伊始,要设计趣味性的导入环节牢牢抓住学生的注意力,调动学生的积极性。根据低年级学生形象思维占优势的特点,充分利用插图理解课文内容,要求学生能做到看着插图进行文本复述。在朗读环节,强调要抓住重点词句指导学生朗读,理解课文内容。最后,学生理

解文本大意并能说出寓意，教师帮助学生联系实际生活，确立正确对待事物的方式。

四、《咕咚》的教学设计及实施

教学目标：

1. 认识“咕”“咚”“熟”“掉”等13个生字，会写“吓”“怕”等7个生字。
2. 通过猜读和拼音，做到正确、流利地朗读文章，复述主要故事情节。
3. 让学生感悟眼见为实和做人应该有自己的主见的道理。

教学重难点：

1. 教学重点：(1) 正确朗读课文；
   (2) 正确识写课后生字；
   (3) 理解《咕咚》的寓意。
2. 教学难点：学生学习和体会《咕咚》这篇寓言蕴含的道理。

教学方法：

朗读法；情境教学法

教学工具：

多媒体课件

课时安排：

两课时

教学过程：

(一) 趣味导入，激发学生学习兴趣

兴趣是最好的老师，在导入新课阶段，通过激发兴趣，可以调动学生的求知欲，增强自主学习的积极性。

片段一：

师：老师为大家播放一段音频，请大家竖起耳朵来仔细听一听有哪些声音。(播放音频)

生：青蛙“呱呱呱”的叫声。

生：大雨“哗啦啦”的声音。

生：老爷爷咳嗽的声音“咳咳咳”。

师：同学们听得非常认真，回答得也非常正确。老师将同学们的回答“呱呱呱”“哗啦啦”“咳咳咳”都写在了黑板上，请同学们观察一下，它们有什么共同点吗？

生：它们都有一个“口”字。

师:同学们说得不错。老师再来补充一下,这些字都是左右结构,左边都有一个“口”字,右边是它们的声旁,这样的字叫形声字。同学们仔细阅读课文,看看能不能再找到这样的形声字。

生:课文的题目“咕咚”两个字也是这样。

师:没错,同学们找到了。下面老师来给大家播放一下“咕咚”的声音。

师:今天就让我们一起走进课文《咕咚》,看看是谁发出了“咕咚”的声音,又引发了怎样的事情呢?

(板书:咕咚)

通过聆听不同的声音,让学生对“咕咚”有了初步的认识。通过播放音频导入课文,增强了学生学习的积极性、激发了学习的热情,为进一步深入学习做好铺垫。

(二) 学习字词,扫清阅读障碍

小学阶段的识字与写字教学是重要的教学目标,通过识字写字学习能够提高学生的认读能力,为深度阅读课文奠定基础。

片段二:

师:本节课一共要认识13个生字,请同学们自己借助汉语拼音来认识一下。请同学们把不认识的字用笔圈画下来。

师:现在老师来范读13个字的读音,同学们边听边注意不认识的字如何发音,检查自己的发音是否正确。

师:现在同学们互相给同桌读一读,互相检查纠正。

(生读)

师:现在老师出示生字卡片,请同学们来试着认读“咕、咚、突、腿、喊、要、慌、狮、阴、吵、追、转、摸”。

(生读)

师:同学们读得非常好,这些字也都认识了。下面老师来强调课文的一些重点字:

(1) 翘舌音:熟;

(2) 后鼻音:咚、命、象、领;

(3) 整体认读音节:野。

师:下面我们以小组合作为单位,开火车认读生字。

(生读)

师:现在老师出示两幅图片,同学们看一看、猜一猜和哪两个字比较像。

生:“鹿”。

生:“象”。

师:回答正确。“象”和“鹿”都是象形字。这两个象形字出现在3000多年前,人类根据象和鹿这两种动物的外形创造了这两个字。文字一直在发展变化,成了今天的样子。

师:我们已经知道“咕”“咚”都是形声字,同学们来说说这两个字的发音和偏旁有什么特点?

生:它们都是“口”字旁,表示用嘴来发出声音。

师:正确,这叫作形旁表义。

生:它们都用某一部分表示自己的读音。

师:没错,这叫做声旁表音。

师:像这样声旁表音、形旁表义的字就是形声字。同学们试着找一找,课文中还有这样的形声字吗?

生:还有“吓”“拦”。

师:老师再来补充一个“领”字,同学们的回答特别好!

师:接下来,我们来做个游戏,请三位同学上来进行表演,请大家一起来猜究竟是哪三个字。

生:(分别用动作表示“掉”“逃”“拦”)

文字作为阅读的工具,其重要性不言而喻,教师教学过程中精心编排多种活动,激发了学生参与认读的积极性。作为生字基础的汉语拼音也有其巨大的价值,只有稳扎稳打,做好拼音以及生字的识记才能对阅读课文有所助益。在这一教学环节中教师要求学生自行借助拼音识字,培养了学生的自学能力;“拉火车”、同桌小组检查指正以及上台表演都需要学生协同互助才能完成,在不经意间培养了其合作的能力。此外,教师也借助图片、象形字、形声字的特点来开展猜字、认字,力求实现教学方法的最优化,提高学生的识字效率。

(三)初读课文,整体感知

教学采用了自上而下的设计思路,先整体感知,再局部精读,最后总结归纳,符合总分总的教学结构,遵循了学生学习的认知规律。

片段三:

师:在老师和同学们的齐心合作下,我们扫清了字词障碍,现在我们就可以走进课文一探究竟了。

师:请同学们阅读课文,这篇课文和我们之前学习的文本有所不同,你们发现了吗?

生：这篇课文有很多不认识的字。

生：这篇课文只有个别字标了拼音。

师：同学们说得都对，此外，这篇课文还为我们安排了像连环画一样的插图帮助同学们学习。同学们对不认识的字可以利用形声字的特点进行猜读。

（生开始阅读课文）

师：老师来为大家进行范读，大家检查一下自己的猜读是否正确。

（师范读）

师：请同学们来齐读这篇课文，并且思考四幅插图分别对应哪些自然段。

（生读）

师：请同学们以小组合作的形式再次朗读课文，并讨论四幅插图对应的段落，说说原因。

（生读，讨论）

生：我认为第一幅图说的是第1段。

生：我认为第二幅图说的是第2、3、4段。

生：我认为第三幅图说的是第5段。

生：最后一幅图说的就是最后一段。

师：同学们非常积极地表达了自己的想法，别着急，我们在接下来的学习过程中为同学们揭晓答案。

整体感知阶段在课文教学中起着提纲挈领的作用，如何把“读”开展得有趣味、发挥它的实际功效是每位教师都应该思考的问题。教师使用了多样化的阅读形式，学生自读、教师范读、小组讨论三位一体的教学模式对于学生初步感知文章大意很有帮助，消除了学生反复诵读造成的枯燥感。教师引导学生发现课文的特殊之处，并且指导学习方法，使学生真正做到借助形声字、课文插图把段落对应起来，读懂故事内容。

（四）分析文本，提炼寓意

分析文本属于精读教学，教师应组织多元化的教学活动，配合插图将朗读、自由读、师生齐读、讨论等多种方法运用于教学，让学生阅读鉴赏，感悟寓意。

片段四：

师：我们先来看第一幅图，你看到了什么？

（出示第一幅图）

生：水里有一个木瓜。

生：有一只小白兔跑远了。

生:木瓜溅起了很大的水花。

师:同学们观察得非常认真,也把这幅图的主要内容描述出来了。老师提示一下:这个木瓜的个头怎么样?掉落进水里会发出声音吗?

生:这么大的木瓜掉到水里,会听见很大的声音。

师:没错,课文里告诉我们,这个木瓜掉到水里,发出了"咕咚"的声音。

师:同学们去课文中找到写"咕咚"声来历的句子,试着读一读。

师:同学们注意,要在"木瓜"和"树上"后面稍稍停顿一下。

师:这一段中出现的感叹号也需要注意,因为木瓜掉落非常快,所以我们直接连读,直接读"咕咚"。

教师在这个部分采取图文结合的方式,让学生理解故事大意,并且把教学重点放在标点的读法上,让学生在处理好长句、难句的基础上能够形成画面感,为后续学习做好铺垫。

片段五:

师:听到"咕咚"的声音,小动物们都说了什么?自己读2、3、4自然段,画出小动物们说的话。

生:小猴子说:"不好啦,不好啦!'咕咚'来了,大家快跑哇!"

生:狐狸、山羊和小鹿一边跑一边喊:"快逃命啊,'咕咚'来了!"

师:同学们找得很全,大家想一想:小动物们为什么急着逃跑?

生:因为它们非常害怕。

师:没错,一个人只有在害怕一样东西的时候才会急忙逃跑。大家可以用害怕的语气读出你们刚才画的句子吗?

(生自由读)

师:什么是"叫"啊?"叫"就是大声呼喊,老师发现同学们刚才在读的时候没有这种感觉,大家按照老师的提示,同桌两个人互相演一演,看看谁模仿得更像。

(同桌两人进行演示)

师:现在由老师来念旁白,大家读动物们害怕的语言,一定要表现出小动物们害怕的样子。

(师生合作读)

师:老师从同学们朗读的情况发现你们已经可以充分体会到小动物们害怕的感觉了。接下来请同学们看屏幕,仔细观察一下。这三个句子之间有什么共同点吗?

(出示小动物们害怕时说的三句话)

生:三句话里面都有"跟着"两个字。

(板书:跟着)

师:从“跟着”两个字你能看出什么来?看见别人跑就跟着跑,也没有人问,也没有一个人亲眼去看看“咕咚”是什么,老师告诉大家,这样不经思考就跟着别人去做,这种行为叫作“盲从”,明白了吗?

(板书:盲从)

这一环节教师引导学生从重点字词中体会小动物们害怕的感觉,并且让学生有了初步认知的基础上,互相模仿,互相指正,再通过师生合作表演的形式,将学生的学习热情提升到高点,以充分理解文本。学生一旦明白小动物们害怕的心理,就能理解为什么它们无心思考,看见别人跑也跟着跑。通过观察三个句子相同点的方式,引导学生自己找出关键词,找到关键词后教师再轻轻点拨,学生就能挖掘出“盲从”的深刻含义。

片段六:

师:(出示第三幅图)就在这时候野牛也来了,野牛和其他小动物们的反应一样吗?

生:不一样。

师:同学们在小组中分角色扮演一下这幕场景吧。

师:小动物们跟着兔子跑,野牛却拦住大家,他们谁做得好?

生:野牛做得好,它很勇敢。

师:野牛只是勇敢,只是胆子大吗?

生:它很冷静。

……

师:说得好,就像同学们说的一样,这真是一头冷静、勇敢、聪明、会思考的野牛。

片段七:

师:让我们继续跟着作者的步伐。“咕咚”到底是什么呢?请同学们认真看,用心听。

(出示第四幅图)

师:“咕咚”是什么呀?

(播放音频:成熟的木瓜掉到水里的声音)

师:谜团揭开了,大家都笑了。大家都在笑谁啊?

生:笑兔子。

师:还在笑谁啊?

(生困惑)

师(笑着说):难道不该笑笑不爱思考的自己吗?

师：希望同学们都能像野牛一样认真思考，沉着冷静。

教师在本环节通过对比野牛与其他小动物行为的不同之处，赞美了野牛冷静、勇敢、会思考的形象，使学生在互动中切实地体会到野牛身上具备的优秀品质，懂得遇事“要学会思考，不盲目服从”的道理。本节课结束时，教师揭示谜底，在讨论“笑谁”的问题中再次引导学生理解主题。

（五）作业布置

1. 请同学们结合四幅插图给父母讲一讲：这是一个怎样的故事？你学到了什么？

2. 你想对今天故事中的小动物们说什么？请选择一个小动物为他写上一句话。

结语

寓言故事蕴含深刻的道理，是小学语文教学中的重要内容。在本文的教学中教师注重引导、促进学生独立思考，结合实际生活对学生进行了恰到好处的提示与点拨，强化了学生对于寓言故事的感悟，树立了正确的价值观。在作业布置环节，教师以巩固所学、拓展思维为出发点为学生安排了相应的作业，强化了对寓言故事的印象。总之，通过本堂课的教学，可以深刻地体会到，教师须以精妙的教学艺术，在教学中把提高教学质量和培养学生价值观有机结合起来，促进学生的全面发展。

案例思考题

1. 寓言故事在教材中是怎样编排的？除了《咕咚》一文，教材中还有哪些经典的寓言故事？
2. 你认为小学寓言故事的教学重点有哪些？
3. 阅读本案例，你如何看待教师的教学设计？
4. 寓言故事《咕咚》的教学设计对你有何启示？

案例使用说明

1. 适用范围

适用对象：小学语文教育专业本科生，语文课程与教学论专业的研究生，以及在职语文教师。

适用课程:《语文课程与教学论》《教学设计》《教学技能》等相关章节。

2. 教学目的

(1) 掌握寓言故事的艺术特征、四要素以及基本知识要点,知晓教学设计与实施的重点,提升教学能力。

(2) 掌握寓言故事教学的具体步骤,增强教学实施的能力。

(3) 学习寓言故事的教学方法,获得教学经验和教学组织策略。

3. 关键要点

相关理论

教学设计、语文课程与教学论、语文学习心理、教学实施与评价

关键知识点

理解寓言故事的基本要素、文章分析方法;学习寓言故事的教学设计;学会教学实施与评价

关键能力点

研读教材的能力、学情分析的能力、教学设计的能力、教学实施的能力、教学评价的能力

案例分析思路

使用本案例时,可以根据具体课程内容的需求,结合相关的理论,从以下几个方面进行分析:

首先,认真研读文本。通过仔细阅读文本,深入分析与思考如何在营造轻松有趣的课堂氛围的大环境下还能让学生更好地掌握文本精髓。《咕咚》一文配以连环画插图的形式,让学生借助插图这一工具能够顺利地理解文章大意,提升了学生自主学习的能力。这一部分教师的作用被弱化,关键在于如何启发和调动学生的主观能动性。这篇课文的教学实操使我们意识到,一个好的语文老师不仅需要将基本知识与能力教给学生,还应该做到深入挖掘教材背后隐藏的要求,并能根据教学的实际情况和学生的接受程度灵活调整教学目标、内容和方法。

其次,深入分析学情。小学阶段是学生思维发展的关键阶段,他们的思维将由形象思维逐步过渡到抽象思维。寓言对于孩子而言就是二者之间的一座桥梁。教师在指导学生理解寓意的过程中实现了由表层含义到深刻寓意的过渡。对于小学生尤其是一年级的小学生而言,寓意的理解不必过于苛责,只要教师能做到循循善诱,使学生紧跟自己的教学步伐并能思考、体会到思想内涵,也就达成了教学目标。

再次,营造生动的课堂。教师利用学生想象力丰富、活泼爱动的特点,设计出有意思的教学情境,让学生在自由欢乐的学习氛围中体会到寓言故事和语文课带

来的乐趣：形象生动的导入、多样化阅读体验、有趣味的分角色表演都是教师教学成功的关键因素。一节趣味横生的语文课不仅可以得到学生的喜欢，还能潜移默化地提升他们的语文素养，何乐而不为？

4. 教学建议

时间安排：两课时。

环节安排：布置预习，对寓言故事知识点进行梳理→小组研读教案并进行汇报→小组合作，选择《咕咚》进行教学设计→学生在课上进行教学实践→教师点评。

人数要求：40 人以下的班级。

教学方法：教授法、朗读法、分角色扮演法等。

活动设计建议：

（1）阅读《义务教育语文课程标准（2022 年版）》和教材《咕咚》一文的相关内容，查阅相关文献进行构思，初步规划《咕咚》一文的教学设计。

（2）阅读本案例，对于案例中存疑之处进行独立思考。

（3）小组讨论交流，若存在共性问题由教师统一进行解答。

（4）小组代表汇报发言时，其他成员要认真分析，寻找差异，借鉴优点。

（5）教师进行归纳整合，升华成教学理论。

5. 推荐阅读

[1] 吴秋林. 寓言文学概论[M]. 沈阳：辽宁少年儿童出版社，1991.

[2] 吴忠豪. 小学语文课程与教学论[M]. 北京：北京师范大学出版社，2004.

[3] 陈月华. 小学语文教学中寓言教学的有效策略[J]. 天津教育，2021(35).

[4] 樊发稼，少军. 中国儿童文学新经典（寓言卷）[M]. 济南：山东教育出版社，2016.

古诗文阅读教学设计与实施

——以《赠刘景文》为例

摘要:《义务教育语文课程标准(2022年版)》提出热爱国家通用语言文字,感受语言文字及作品的独特价值,认识中华文化的丰厚博大,汲取智慧,弘扬社会主义先进文化、革命文化、中华优秀传统文化,建立文化自信。古诗文是中华优秀传统文化的精髓,研究其教学设计与实施具有重要的意义。本案例通过展示小学语文古诗文教学设计与实施过程,为理解小学语文古诗文教学提供范例。案例凸显了对学科内容本质的理解,对学生学习状况的把握,对创设问题情境、组织深度探究等主要教学环节的精心安排,为统编版小学语文教材的古诗文教学设计与实施提供了有价值的思考路径与实施策略。

关键词:小学语文;古诗文;教学设计与实施;《赠刘景文》

背景信息

统编版语文教材的全称是教育部编义务教育语文教科书,包括小学和初中两个部分,贴合于《义务教育语文课程标准(2022年版)》。这一版本的教材编写立足于语文学科核心素养,并且吸收了往年不同版本语文教材的优点,遵从语文规律,有了很大的创新,体现了时代的特征。在教材选择上,中华传统文化古诗文占据了较大的比重。传统文化是一个民族生命力的象征,具有鲜明的特色。教材选择较多的古诗文,是要让中华传统文化扎根于学生内心,“中国人虽然需要现代化,但是中国人的现代化,得先知道自己才成;而要知道自己还得借位于文言或古书”①。对古诗文教学案例进行分析有利于教师更好地进行教学设计,弘扬中华优秀传统文化,提高学生的语文素养,培养学生的思维能力和审美情趣。

① 中央教育科学研究所.朱自清论语文教育[M].郑州:河南教育出版社,1985:37.

在小学阶段，古诗文主要发挥启蒙作用，潜移默化地增强学生的语文素养，为学生日后的写作与阅读打好基础，这也是小学语文教学的重要任务。在课程新理念与重视核心素养的背景下，教师对古诗文的教学设计与实施要基于语文学科本质，指向语文核心素养，尊重学生个性，体现语文学科的特点与优长。

本案例选取《赠刘景文》一课。该篇课文出自统编版三年级上册语文教材第二单元第一篇课文三首古诗中的其中一首。三年级上册中，《山行》《赠刘景文》《夜书所见》等古诗都是人们耳熟能详的古诗，而古文《司马光》出自《宋史》，也是流传千古的文言文。由此可见，统编版古诗文的选择都具有经典性。这个单元的主题是秋天，而《赠刘景文》描绘了苏轼眼中深秋初冬的多彩景象。这篇古诗与大多数描写秋天悲凉、寂寥的诗并不相同，其着眼于在霜雪中挺立的菊花、黄澄澄的橙子、绿油油的橘子，展现了秋天丰收季硕果累累的多彩景色，表达了诗人对秋天的热爱之情以及对朋友刘景文的勉励。所以这是一首秋天的赞美诗，可以激发学生对秋天、对大自然的向往之情，提高他们的审美情趣，学习中华优秀传统文化。

在此篇诗文的实际教学中，教学的重难点之一就是教师怎样帮助学生突破思维定式，改变学生对描写秋天诗歌悲凉的刻板印象。在教学方法上，传统的古诗文教学是字字落实，解释词句成了古诗文教学的主要任务，结果是把一篇篇充满着深刻意蕴、丰富情感和诗情画意的古诗文肢解得支离破碎。实际上，古诗具有一诗一画的特点。教学古诗首先就要带领学生想象诗人所写的场景，才能由此进入诗的境界，诱发学生的情感。在此基础上，引导孩子们去看，去想，去说，去听，去悟。学生的思维在扩张，认知在深化，每个孩子眼中有画，心中有景，此时此刻他们的情感也在不断积淀，不断升华，对秋天的赞美之情自然溢于言表。新课标指出，在古诗文教学中，朗诵这一环节必不可少。通过朗诵可以激发学生的情感，带动整个课堂的学习氛围，使学生更加投入其中。本案例《赠刘景文》的设计与实施过程，正是在这些问题上有所突破，从而为如何进行古诗文教学设计提供了新的思路，也为古诗文教学的设计与实施提供了范例。

一位优秀的语文老师不仅要具有专业的学科知识，而且要具备教育智慧。学科知识是教师对自身任教学科的知识，反映的是教师对该领域内容的了解程度。在小学语文教学中，教师首先要明确教学中的重难点，在考虑学生的实际情况后，结合自己的教育智慧，设计出适合学生学习、帮助学生发展的课程内容。小学语文教师要掌握《义务教育语文课程标准(2022 年版)》中规定的目标要求和内容体系，深刻理解教学内容，从整体上把握所教内容的本质。

案例正文

一、如何理解古诗文——以《赠刘景文》为例

诗是用凝练、形象、有韵律节奏的语言集中反映社会生活，抒发情感的一种文学样式。《义务教育语文课程标准（2022 年版）》提出要“热爱国家通用语言文字，感受语言文字及作品的独特价值，认识中华文化的丰厚博大，汲取智慧，弘扬社会主义先进文化、革命文化、中华优秀传统文化，建立文化自信。”①文言诗文便是很好的文学形式，新课标也增加了推荐古诗篇目，古诗在语文教材中的地位与作用越来越得到重视。

统编版三年级上册语文教材共有八个单元，第一单元围绕“美丽的校园”这一专题进行编排，在“语文园地”栏目中安排了清朝诗人袁枚的古诗《所见》，要求学生有感情地朗诵并理解积累古诗。第二单元围绕了“秋天的美景”进行编排，安排了古诗三首《山行》《赠刘景文》《夜书所见》，要求学生能够理解诗句的主旨情感，激发学生热爱大自然、热爱秋天的情感。第三、四、五单元的主题分别是“童话和想象”“预测与推想”“观察”，没有安排古诗。第六单元围绕“壮丽山河”这个专题进行编排，安排了古诗《望天门山》《饮湖上初晴后雨》《望洞庭》，并在“语文园地”的“日积月累”中安排了古诗《早发白帝城》，带领学生欣赏祖国大好山河，引导学生感受大自然的美妙。第七单元以“大自然的美景”为主题编排，在“语文园地”安排了王昌龄的《采莲曲》。第八单元围绕主题“美好的品质”编排，该单元没有安排古诗。总的来看，比起以往的人教版教材，古诗在统编版语文教材中的比重得到了提高，同时每个单元都有自己的专题。从古诗的组合形式来看，每个单元的古诗都具有一定的联系，高度契合了单元主题，且教材中的几首古诗大多选自唐朝、宋朝，以七言绝句为主。

研究该册教材中的古诗不难发现，一些作品并不只是简单地描写景物，还运用了咏物言志的艺术手法，流露出作者内心的精神志趣供学生品味学习，给学生带来精神世界的启迪与教育，也贴合了“诗言志”这一理念，《赠刘景文》就是其中典型的一篇。

《赠刘景文》是北宋文学家苏轼创作的一首七言绝句，是送给好友刘景文的一

---

① 中华人民共和国教育部. 义务教育语文课程标准(2022 年版)[S]. 北京：北京师范大学出版社，2022.

首勉励诗。此诗前半首说“荷尽菊残”仍要保持傲然冰霜的气节，后半首通过“橙黄橘绿”来勉励朋友困难只是一时，乐观向上，切莫意志消沉。此诗抒发了作者的广阔胸襟和对同处窘境中友人的劝勉和支持，托物言志，意境高远。苏轼这首诗虽为赠刘景文而作，所咏却是深秋初冬景物，了无一字涉及刘氏本人的道德文章。这似乎不是题中应有之义，但实际上，作者的高明之处正在于将对刘氏品格和节操的称颂，不着痕迹地糅合在对景物的描写中。因为在作者看来，一年中最美好的风光，莫过于橙黄橘绿的深秋初冬景色。而橘树和松柏一样，最足以代表人的高尚品格和坚贞的节操，这也是在向学生传达一种健康乐观向上的心态，体现了古诗的教育性。

在本首古诗的教学中应充分把握学生的年龄特点，发挥朗诵在古诗文教学中的重要作用，以多种形式要求学生读出节奏、声气相连。充分利用统编版教材里的练习系统，帮助学生进行知识的强化与知能的转化。借助短短的古诗，激发三年级学生的想象和联想，深度挖掘古诗内涵。不同的古诗体现的主题思想、情感态度是不一样的，纵观整个小学阶段，教师需要统整古诗词教学，明确每首古诗不同的育人价值，回归本真，用诗来启迪学生，教育学生。

二、如何更好把握《赠刘景文》一诗的教学

（一）充分地读

统编版小学语文教材增添古诗文的举措体现了教育者对于古诗文的重视，也引导小学生养成“常常读诗，常常背诗”的习惯。但学是为了用，“学语文为的是用，就是所谓学以致用。经过学习，读书比以前读得透彻，写文章比以前写得通顺”①。诵读是一种较为简单的帮助学生理解古诗的手段，通过感性的直觉教育上升到提高学生的审美鉴赏能力。《赠刘景文》选入三年级上册，针对三年级这一学段的学生来说，诵读更加重视与强调读出节奏，做到声气相连。读准每个字，字正腔圆，应该是三年级学生在预习中做到的。教师在教学过程中，依据古诗的特点，教会学生找到古诗诵读的节奏。以《赠刘景文》为例，这是一首七言古诗，七言古诗的基本节奏为“××—××—×—××”或“××—××—××—×”，当然这也不是绝对的。学生可以按照以上节奏划分，辅助音乐、图画等其他手段，尽量做到“声断气不断，声断意相连”，给人以完整直观的印象，有助于学生对诗词内容的把握。可见，诵读

① 叶圣陶.认真学语文[A].叶圣陶语文教育论集[C].北京：教育科学出版社，2015：139.

不仅仅是学生学习古诗的手段与方法，更是古诗学习的目的。

值得强调的是诵读不是单一的读，不是一次就能读到位的，而是一以贯之在整个教学过程中的，与理解诗意、体悟情感相结合，从头到尾穿插着。教师要在整节课的教学中，很好地把握课堂的节奏，利用初读、再读、诵读、个人读、小组读、比赛读等多种形式，让学生在本诗的学习中，尽可能地多读。在引导学生读的过程中，不单单是让学生机械地读，同时给学生提出问题，让学生在过程之中，体悟情感，了解作者的思想感情。

（二）创设情境

苏霍姆林斯基说："有意识地创造培养感情素养的环境，这是最细腻的教学艺术的领域，是教育素养的本质。"教学古诗时，创设情境是引导学生理解古诗内涵的重要手段。古诗的语言具有高度的凝练性，在进入课堂情境之前，教师需要给予足够的时间让学生在初读古诗时仔细观察插图，并做适当的基础知识指导，让学生体会"画中有诗"的感觉，培养学生的审美情趣。在教完这首古诗后，教师可以让学生再次观察插图。此时的学生带着对古诗的理解和对意境的想象去看插图，能够更加深切地体悟"诗中有画"之美。如此一来，学生对插图与古诗相融的双重理解，不仅有效地培养了学生对古诗的鉴赏能力，也增强了学生对绘画的审美感受。教师借助联想和想象帮助学生挖掘古诗内涵，通过丰富的想象和联想，丰盈了画面，丰盈了人物形象。教师在解意象、明诗意的过程中，再次利用插图，让学生指出意向后，再结合三年级学生的学习特点与能力，通过联想和想象，创设情境，使学生能够"猜"出意象背后所要表达的意义，从而理解苏轼的《赠刘景文》的意义，掌握托物言志的手法。

创设情境不仅可以在课堂中进行，课后教师也可让学生发挥想象，创设出另一种情境，以画图、写作等形式记录下来。教师可通过这样的方式，检测学生学习的效果。教师总结本课时，也可巧妙地改编诗的最后两句，给学生以学习上的祝福，帮助学生进一步了解托物言志的用法。最后，给学生布置开放性的作业，让学生写写某个时节的景物，表达自己的喜爱之情。三年级的学生，思维跳跃性很大，在他们进行想象和联想时，必须加以引导，让他们步入诗境，体悟诗情，点燃学习古诗的兴趣。

（三）拓展阅读

很多时候，古诗词的教学仅仅停留在扫清字词障碍，理解诗意这个层面。古诗的教学价值往往被人为地缩小了，似乎古诗的教学价值仅仅是背诵积累古诗和理解古诗。久而久之，学生对学习古诗的兴趣下降，学习古诗就沦为考试得分的工具。拓展阅读应该贯彻在古诗教学的始终。《赠刘景文》一课，教师在导入时让学生回顾学习过的赠诗。学生列举出《赠汪伦》《送元二使安西》这两首家喻户晓的古诗。这是以相同主题为链接的拓展式阅读，是一种主题式的群文阅读。进行拓展的目的，不仅仅要从文本出发寻找相似的文本，而是要从众多类似文本中探寻到其中相似的内容和不同之处，从而提升学生阅读古诗的境界。第二学段的学生之前对古诗文的接触较少，古诗文的语言的高度凝练性和文言特征对于他们而言是陌生的，所以群文阅读更适合第三学段的学生进行。教师考虑到这一点，在教学三年级的学生时，仅仅放在了引入环节，适合此阶段学生的发展要求。

统编版语文教材的编者在课后练习和古诗配图上费尽心思，其目的就是为了最大化发挥古诗教学效能。很多教师认为，学生连书上简单的几首古诗都学不好，更不用说课外的了。这是教师在古诗教学中的原有认知，突破这种认知需要每一位教师的努力。换个角度想，学生学不好古诗的原因可能是接触的古诗太少。古诗是区别于现代汉语的语言表达，既然是一种语言，要想学好就需要一个良好的语言环境，因此教师在教学过程中，就要适当进行拓展阅读，给学生创造更多接触古代汉语的机会，并帮助学生建构这样的语言环境。

（四）查找资料

古诗词“文约而意丰”，在短短的几十字中包含大量的文化信息。这方面要求教师在备课阶段要深入细致，查阅与本诗相关的资料，好在课堂上给予更多的知识。教师的境界越高，学生所收获的东西就越多。以《赠刘景文》这首勉励诗为例，教师不应拘泥于课本，而要力求多角度多方位地引入背景资料，向学生介绍作者苏轼和被赠诗者刘景文的经历、时代背景、与诗文相关的典故等。

每一首古诗都包含着作者对人生、对社会的态度与情感，因而从诗人出生的年代、家庭状况、身份地位、生平事迹、后世影响等诸方面来感知、体验诗人独特的内心、情感和思想认识，对古诗词的理解和赏析有重要的意义。其次，许多古诗词都是在特定的历史背景下产生的，不了解这些历史背景，就不能深刻理解古诗词。三年级的学生在之前的学习中，对苏轼有了一定的了解，教师在上课之初可直接介绍苏轼，并在赏析全诗时，介绍苏轼与刘景文的关系以及刘景文的品质，为学生探讨全诗奠定基础。本课的难点之一是了解托物言志的用法，以本诗中“橙黄橘绿”的用法作为重点，教师应补充有关知识，引导学生理解这一意象，体悟苏轼对刘景文的称赞和鼓励。

三、《赠刘景文》的教学设计与实施

（一）知诗人，解诗题

教师在进行古诗文教学时，大多关注古诗文意思的理解与手法的赏析，对题目往往一带而过，不加留意。殊不知，有些诗歌的题目含有丰富的信息。在日常教学或进行综合性复习的时候，我们需要将诗歌进行“对比教学”，而从题目出发，可以找到一些很好的对比材料，设计出精妙的对比点。

片段一：

师：同学们，你们喜欢诗吗？

生：喜欢。

师：老师也很喜欢，因为古诗是我们中国古代文化的精华，今天我们一起来学习古诗《赠刘景文》。同学们知道“赠”是什么意思吗？

（板书课题）

生：是“送”的意思。

师：类似的赠诗我们还学过哪些？

生：《赠汪伦》。

生：《送元二使安西》。

师：那么，我们今天学习的《赠刘景文》顾名思义是谁送给谁的呢？

生：苏轼送给刘景文的。

师：我们先去了解了解苏轼吧。

（多媒体出示）

师：苏轼字子瞻，号东坡居士，四川眉山人，是北宋著名的文学家、书画家，与父亲苏洵、弟弟苏辙同为唐宋八大家之一。苏轼在诗、词、散文以及书法等方面都有卓越成就，是一个多才多艺的诗人。

（生齐读）

师：知道了苏轼，老师来告诉你们刘景文是谁。刘景文是苏轼的朋友，与苏轼友谊很深。有一天，他们在一起饮酒赋诗，苏轼写下这首诗送给刘景文。

师：看了《赠刘景文》这个诗题后你想知道些什么？

生：我们想知道“为什么赠？”“赠什么？”“为什么只赠刘景文？”

这是解题的教学环节，教师在教学开始时结合学生学过的赠别诗《赠汪伦》，引出要学习的《赠刘景文》，掌握题目中的重点词语，让学生对本诗有初步的了解，大胆猜测本诗的内容与情感，让学生带着疑问进行品读，激起了学生的学习兴趣。

（二）读古诗，习生字

古诗文教学意义重大，它不仅传承了祖国的传统文化，而且也丰富了现代汉语，对提高学生的人文素养、增强学生的文化底蕴有着举足轻重的作用。古诗文中字词的教学是教学的重要组成部分，是获得知识的基石，是理解和掌握古文的台阶。教师在教学生写字时，要严格落实新课标中学生课堂要写字 10 分钟的要求，避免啰唆无重点地“说”，给足时间让学生去识字、写字，提高学生的书写质量。

三年级的学生对字词已经有了一定的记忆与理解，但还不能完全独立正确地理解各个汉字，教师需要加以引导。在小学古诗教学中，教师和学生较多学习和掌握的是古诗思想内容上的知识，有时候忽略了古诗结构与形式上的特点，即古诗所体现的韵律美的特点。

片段二：

师：请同学们自由朗读古诗，要求读得正确、流利。同桌相互听一听，听听同学读的对吗？

（生大声朗读古诗）

师：谁愿意把这首诗读给大家听一听？

（邀请两到三名同学，并作评价）

师：找出古诗中的生字，说说你们是怎么记住它们的。

生：霜、刘、盖、菊、残、君、橙。可以从字的结构和偏旁等记住。

师：解决完生字词的问题，让我们大声有感情地齐读课文，注意读出节奏，读出抑扬顿挫的感觉。读完后我请几位同学说说你们认为哪里该停顿。

生：我认为可以这样停顿：荷尽/已无/擎雨盖，菊残/犹有/傲霜枝。一年/好景/君须记，最是/橙黄/橘绿时。

师：这位同学节奏划分得很好！朗读时的停顿要根据诗歌节奏划分，节奏主要根据诗歌的意思去进行断句；诗歌的大意是：荷花凋谢连那擎雨的荷叶也枯萎了，只有那开败了的菊花花枝还傲寒斗霜。一年最好的景致你要记住，那就在橙子金黄、橘子青绿的深秋时节。老师这里给出另一种停顿方式：

赠/刘景文

荷尽/已无/擎雨盖，菊残/犹有/傲霜枝。

一年好景/君/须记，最是橙黄/橘/绿时。

两种划分的方式都可以，请同学们按照老师的划分方式再读读这首诗。

生：荷尽/已无/擎雨盖，……

（生齐读古诗，掌握古诗的韵律美，加深对古诗的理解。）

这个教学环节体现了教师通过自由朗读、单个学生朗读、齐读等多种朗读方式，让学生在读中体会节奏，读中感悟情感，读中学习生字。

（三）解意象，明诗意

在课堂教学中，教师要聚焦意象的价值，转化意象的画面，探寻意象的特征，使学生体会诗词表达的思想情感，理解诗人描绘的社会生活画面，促进学生语言能力的不断发展。学生要理解诗人的情感，就要还原诗歌的意象，体味意境。因此，教师要帮助学生疏通语言障碍，整体了解古诗的大意，将原本机械而生硬的语言转化为立体多维、鲜活可感的画面，去感知文本中所描摹的物象、场景。同时，要引导学生进行拓展与联想，将诗句所描述的内容浮现在脑海中，产生一种身临其境之感，从而经历"言语—意象—意境"的思维转换过程，获得对诗歌的深入体验。

在《赠刘景文》的教学中，教师先帮助学生解决生字词的问题，使学生初步形成整体感知。扫除最基本障碍后，教师引导学生探寻诗歌最为核心的景物，如"擎雨盖""菊残""荷尽""橙黄橘绿"等，即本诗的意象。明确意象之后，教师鼓励学生对这首诗歌进行言语转化："荷花凋谢连那擎雨的荷叶也枯萎了，只有那开败了的菊花花枝还傲寒斗霜。一年最好的景致你要记住，那就在橙子金黄、橘子青绿的深秋时节。"只有深入理解古诗的意象和意境，学生才能对诗歌的意蕴进行深刻体会，对诗歌形成整体感知。

片段三：

师：人们常说："诗中有画，画中有诗。"所以学诗光读还不行，还要边读边想。诗中描绘了哪些景物？请同学说说。

生：擎雨盖。

（师出示多媒体视频，引导学生想象荷花在夏季的样子和作用，指导观察搜集夏季荷叶的图片，体会荷花的生机勃勃）

生：荷尽。

师：为了帮助大家读得更好，进一步感受秋天的美景，老师给你们看这两幅图。请同学说说哪幅图写出了诗意，并说说理由。

（出示两幅图片，指导学生理解"荷尽""擎雨盖"）

师：荷花凋谢了，荷叶枯萎了，诗人为什么还要写这些景物？

生 1：写出现在的季节是秋末。

生 2：虽然现在凋谢了，但在夏季的时候是开得旺盛的、漂亮的。

生 3：为了写下文做铺垫，体现橙黄橘绿的美。

师：很好！大家再看看这张图片，说说图意，理解“菊残”和“傲霜枝”。

师：秋风中，菊枝仍精神抖擞地挺立着。菊花一般在诗中用来表现什么？

生：高洁、不畏严寒。

师：对的！秋天也是一个充满希望的收获季节，诗歌是通过什么意象表现的？

生：橙黄橘绿。

师：读了这几个字，你仿佛看到了什么？

生：秋季丰收的场景。

这个教学环节体现了教师在解意象的过程中，充分发挥古诗亦画亦情的功能。诗画一体就是一种诗画交融的教学方法，将其与当前的小学语文教学相结合，可以构建高效的古诗课堂，在一定程度上可以提高小学语文古诗教学的有效性，提高小学生的古诗学习效果，培养小学生的诗文素养。教师在读诗之中，调动了学生的激情，激发了学生的想象力。三年级的学生对古诗中的意象已经有些许的了解，教师通过引导学生对诗中典型意象进行分析，让学生了解意象背后作者真正想要表达的意思，使学生初步了解全诗的情感基调。

（四）体诗情，诵古诗

让学生读熟一首诗或会背一首诗是很容易的，但要学生读出韵味来就难得多了。因为要读出韵味就要理解诗人所表达的志向、抒发的感情以及告诉我们的道理。同时，这也是双向的，当学生读出韵味来的时候，他们就能更加深刻地理解这首诗背后所包含的深刻意义。教师要指导学生掌握朗诵语调的高低、语速的快慢、语音的长短变化，学会把诗读得抑扬顿挫，韵味十足，把诗中所蕴含的感情淋漓尽致地表现出来。

片段四：

师：就像同学们一开始所提出来的那样，苏轼为什么要写这首诗赠给刘景文呢？

生：他们是好朋友……

师：我来简单介绍一下刘景文。刘景文，北宋时河南开封人，是苏轼的朋友，两人十分投缘，经常在一起饮酒品诗。苏轼很敬佩刘景文大方豪爽的个性，坚强不屈的品格，称刘景文是个“慷慨奇士”。

师：其实苏轼对刘景文的敬佩之情在诗中有所体现，大家来找一找。

生：“君”是对人的尊称。

师：你说得对！“橙黄橘绿”的橘古代称嘉树，树有刺，结的果子却是圆的。因为橙、橘能经受住初冬严寒之考验，不仅枝叶依然，显出盎然生机，而且结出色形俱佳、味道鲜美可作馈赠礼品的果实，是多么难得，多么让人喜爱呀。四个字中，有两个是表示颜色的，呈现出色彩的斑斓！“傲”表现了坚强不屈，就像那傲然屹立的菊枝能经受寒霜的考验，这是苏轼对刘景文的称赞和鼓励。

师：在诗人的眼里，好朋友就是具有这样品格的人。他对刘景文的敬仰之情都包含在字里行间，千言万语都浓缩在这短短二十八个字里，让我们一起有感情地朗读这首诗。

（生齐读）

师：“荷尽/已无/擎雨盖”，凋谢的无奈，语调平直舒缓，声音稍低，表现深秋景色的萧瑟凄清。“已无”要适度强调，与下句的“犹有”形成对比。大家说说为什么要这样读？

生：对比，目的是突出诗人的情感。

师：很好！“菊残/犹有/傲霜枝”，欣喜之情声音稍高，强调“犹有”。重读“傲霜”，表现出菊花高傲不屈的精神。

师：再看，“一年/好景/君/须记”，语调高亢、热烈。重读“好”和“须”，表现出殷勤嘱咐、热烈期望的意思。

师：“最是/橙黄/橘/绿时”，重读“最”和“橙黄橘绿”，读“橙黄橘绿”时速度慢，四个字之间要保持一定的间歇，有想象回旋的余地，可以在脑中想象橙黄橘绿的景象，表现了作者什么样的情感？

生：表现对成熟丰收的秋天的赞美之情。

师：春华秋实，这看似衰败的景象中孕育着勃勃生机，看来同学们不但读懂了苏轼的诗，还读懂了诗人的心。诗人写这首诗想要表达什么？

生：在苏轼的心中刘景文就是具有崇高的品格与节操的人，苏轼把诗赠予好友，同时更是作者的自勉。

师：相信大家都已经理解了，经过这么多轮的朗诵，最后我们试着不看书本，背诵一下。

（生齐声背诵）

在这一教学环节，教师首先通过提问的方式，让学生了解苏轼写这首诗的缘由，并做了适当的课外补充，接着在朗读中体悟诗歌的意象，最后在问题式教学中点明了诗的主旨，上升到情感的层面，赞美了刘景文崇高的品格和节操。教学中，教师带领学生展开了各种形式的读与诵。学生争强好胜的心理很强，都争着背、抢着背，唯恐落后。为了能在诵读中取得好成绩，学生渐渐地把诵读古诗由单纯地记忆转化成有感情地诵读，从而实现了教学目标。

（五）拓角度，展思维

很多时候，古诗文的教学仅仅停留在理解诗意、感悟诗情上，似乎古诗文的教学价值仅是背诵古诗文、理解古诗文，这就窄化了古诗文的教学价值。久而久之，古诗文就沦为了应试考试的工具。这需要教师拓展教学视野，深挖教学资源，发展教学思维。统编版教材编者在课后练习和古诗文的配图上费尽心思，其目的就是要实现古诗词教学效能的最大化，这也为开阔学生的学习视野，培养他们多元思维能力提供了契机。

片段五：

师：同学们，大家看看书上关于这首诗的插图美不美？

生：美！有残荷，有小亭，有树木，还有亭中的诗人，也可能是刘景文。

师：你们观察得很仔细！

师：同学们根据这幅插图，结合诗文来说说这首诗是怎样做到情景交融的？

生：苏轼写深秋残菊，枝干斗风傲霜，表现了它坚强不屈的精神。

生：橘黄桔绿，就是借景抒情，诗人赞美秋天是收获的季节，也是人生最好的时节，激励友人千万不要垂头丧气。

师：亲爱的同学们，你们说得真好！菊有菊不可替代的风韵，荷有荷无法言说的魅力，苏轼赞美了秋天是个丰收的季节，激励朋友乐观向上。老师把这首诗最后的一句改写了一下送给大家：一年好景君须记，正是读书黄金时。希望大家好好读书！下面有个小习作：你认为一年中最好的季节是什么？请你写写你对这个季节的喜爱，注意对景物的描写。

教师利用插图创设情境，指导学生学习这首诗情景交融的特色，在课的结尾，又巧妙地改编了苏轼《赠刘景文》的最后一句，让学生产生喜欢读书的愿望。教师最终的目的是让学生以古诗词为素材，开发古诗词习作的多维作用。多种形式的诗词习作，有助于思维深度、广度的培养。因古诗词本身具有“诗中有画，画中有诗”“景中有事，景中有情”“情景交融”等方面的特点，因此借助古诗词进行写作训练的方式并不少，如根据诗句意思进行的译写、续写、仿写、补写、扩写等等。对于三年级的学生来说，习作能力还处于一个较低的水平，教师布置的任务限定范围较小，给学生自由发挥的空间很大。同时，教师要求学生在写作中注意对景物的描写，该要求结合了《赠刘景文》一文中意象的教学，暗示学生在写作的过程中要突出每个季节中具有代表性景物的特点。

（六）布置作业

背诵这首诗，并说说这首诗用了哪些意象，体现了诗人怎样的情感。

结语

这堂课向我们展示了诗画一体的古诗教学。教师的教学紧跟新课标的要求，朗诵贯穿于整个教学过程。教师把课堂还给学生的同时，有要求但不拘束，有引导但不硬拉，有发挥但不替代。教师充分利用了统编版语文教材的内容，发挥助读系统、练习系统的作用，让学生发现问题、提出疑问、表达观点，教师再接过话题发表意见。几个教学步骤前后联结从容推进，为我们提供了新鲜的教学设计思路和操作方式。

案例思考题

1. 统编版小学语文教材在古诗编排上有哪些变化？除了《赠刘景文》一文，统编版小学语文教材还收录了哪些运用托物言志艺术手法的古诗？

2. 阅读本案例，简述朗诵教学方法的运用。

3. 结合本案例，谈谈你是如何看待“诗画一体”教学方式的。

4.《赠刘景文》一课教学实例给你带来了哪些启示？

案例使用说明

1. 适用范围

适用对象：小学语文教育专业本科生或研究生，课程与教学论专业的研究生，以及在职语文教师。

适用课程：《小学语文课程与教材研究》《小学语文教学设计与实施》《教学设计》《课程与教学论》《教学技能》等相关章节。

2. 教学目的

（1）了解新课标对古诗教学的要求，掌握古诗教学设计和实施的方法，提高教学设计与实施的能力。

（2）学习品读古诗意象的技巧，揣摩和鉴赏经典诗句，品味古诗的韵律美。

（3）掌握小学生学习古诗的心理规律，提高教学实施和评价能力。

(4) 学习导入课文和创设情境的方法，掌握教学结构、教学环节、教学组织方面的知识。

3. 关键要点

相关理论

教学设计、语文课程与教学论、语文学习心理学、教学实施与评价

关键知识点

掌握古诗意象的作用及托物言志的手法；学会导语设计和情境创设；利用学生的认知冲突；学习古诗的教学设计与教学实施

关键能力

研读教材的能力、学情分析的能力、教学设计的能力、教学实施的能力

案例分析思路

使用本案例时，可根据具体课程内容的需求，结合相关的理论与方法，从以下几个方面进行分析。

首先，研读教材和理解教学内容。本案例对《赠刘景文》一课的教材内容进行了深入分析，设计了“诗画一体”的教学。在此基础上，引导学生理解古诗意象，体会诗歌的意境和情感，在这个过程中有要求，有引导，有发挥。充分利用诵读，让学生在读中思考、体会和感悟。教师在教学中，很好地把握了课堂节奏，利用初读、再读、诵读、个人读、小组读、比赛读等多种形式，使学生领会诗歌的韵律，掌握诗歌的情感和主旨。教师在引导学生读的过程中提出问题，让学生在解决问题的过程中，感悟作者的思想情感，充分体现了学生的主体地位，帮助学生树立了自主学习意识。

其次，把握学生的学习特征。当教师理解学生的心理特征，清楚学生学习课文内容时已有的知识水平，了解学生的困惑与疑难时，才能站在他们的立场设计和实施教学。学生在日常的生活和学习中形成了一定的经验，对各种现象与问题都有自己的看法，即使是对从未接触过的问题，他们也会基于自己的生活、学习经验而形成自己对问题的解释。学生已有的对于特定内容的认知是其后续学习的知识基础，如在教学过程中，教师很好地把握了三年级学生的学习特征，明确朗诵的目的不仅仅在于读对字词、读通句子，更是要通过意象的学习，体悟作者的思想感情。同时，这一阶段的学生还做不到群文阅读，教师仅需在导入新课阶段点拨一下，适当地给学生拓展。总之，把握学生的学习特征，这有利于有针对性地进行教学设计和实施，能收到事半功倍之效。

再次，注重朗读训练。韵律美是古诗的一大特色，所以教学中要注重朗读，让学生在读的过程中感受韵律美。无论是配乐朗读，还是学生的个别朗读、齐读、比

赛读都能提高学生的朗读能力，有利于学生通过浸入式学习体验声美、物美、人美、事美、情美。毕竟古诗饱含了作者的真情实感，只有通过读才能更加深刻地领悟和感受。案例《赠刘景文》的教学中教师设计了很多朗读环节，力求通过朗读创设语境，品味诗情，发展学生的语感，促进学生认知、情感和价值观的和谐发展。总之，这种让学生百读不厌、常读常新的“涵泳”的研读策略，能够促进学生更好地体味古诗的韵味和主旨。

最后，巧妙地创设情境。教学古诗时，创设情境是引导学生理解古诗内容的重要手段。古诗的语言具有高度的凝练性，因此在创设课堂情境时，教师需要给予足够的时间让学生在初读古诗时仔细观察课文插图，并进行适当的指导，让学生体会“诗中有画，画中有诗”的妙境，以培养学生的审美情趣。本案例中的教师在指导学生解读意象、感悟意境、体验诗情的过程中利用插图创设情境，组织学生将朗读、讨论、探究结合起来实施教学。教学实施中教师结合三年级学生的学习特点与能力，通过提供支架，引导学生展开联想和想象，创设情境，使学生能够“猜”出意象背后所要表达的意义，从而理解苏轼的《赠刘景文》一诗的意蕴和情感，并掌握托物言志和寓情于景、情景交融的艺术手法。

4. 教学建议

时间安排：一课时。

环节安排：布置预习，对古诗词教学内容进行梳理→小组讨论进行初步的教学设计→小组研读案例并进行汇报→小组合作，选择古诗其他的篇目进行教学设计→学生在课上进行教学实践→教师点评。

人数要求：40 人以下的班级。

教学方法：参与式教学、小组合作学习，以师生讨论为主，讲授为辅。

工具选择：多媒体、案例资料。

组织引导：教师布置学习任务，呈现学习目标；

提供给学生必要的参考资料；

给予学生必要的技能训练，便于课堂教学实践的进行；

对学生课下的讨论予以必要的指导和建议。

活动设计建议：

(1) 阅读《义务教育语文课程标准(2022 年版)》和教材《赠刘景文》的相关内容，查阅相关的教学设计和实施的文献，对《赠刘景文》一课进行初步的教学设计。

(2) 阅读本案例，有条件的可观看案例视频，独立思考，记录思考与问题。

(3) 小组讨论交流，将最终的小组问题列在记录单中。在小组的交流与汇报中，教师进行点评与提升。

(4) 指导学生在课下对自己的设计进行完善,教师给予必要的指导。

(5) 在进行小组汇报交流时,聆听小组要做好记录,便于提问与交流。

(6) 教师对小组的设计进行点评,适时提升理论,把握教学的整体进程。

5. 推荐阅读

[1] 余鳍.《赠刘景文》教学设计[J]. 广西教育,2019(25).

[2] 张萍. 群文阅读教学:概念、范式与价值[J]. 上海教育科研,2016(4).

[3] 付煜. 中学语文课程标准与教材研究.[M]北京:现代教育出版社,2013.

[4] 潘善祺. 诗体类说[M]. 上海:上海古籍出版社,2011.

[5] 陈伯海. 唐诗学引论[M]. 上海:上海古籍出版社,2015.

口语交际教学设计与实施

——以《一起做游戏》为例

摘要:《义务教育语文课程标准(2022 年版)》提出,语文课程应致力于培养学生语言文字运用能力,提升学生的综合素养。口语交际能力正是小学生必备的语文能力素养之一。本案例选取了一个生动活泼且具有特色的口语交际教学设计,通过对《一起做游戏》这篇课文的教学设计与实施过程的分析,为理解口语交际教学的设计与实施提供了范例。该教学设计与实施体现了对学科内容本质的理解和对学生学习状况的把握,在创设情境、合作游戏和拓展训练等主要教学环节方面进行了精心安排。本案例为小学语文口语交际教学设计提供了有价值的思考路径与实施策略。

关键词:统编版;小学口语交际;教学设计与实施;《一起做游戏》

背景信息

语文教材作为一种特殊的出版物,它必须体现明确的国家意志,语文教材的编写理念必须严格按照国家和教育部的指示和要求。2009 年,中央有关领导认为教育部要组织编写德育、历史和语文三科教材;2011 年通过层层审核,教育部组建了三科教材的编写团队;2012 年正式启动语文教材的编写,经过四年时间的不断讨论、修改,终于在 2016 年被批准投入使用;2017 年 9 月,"教育部编义务教育语文教科书"正式在全国中小学使用。从上述语文教材的编写过程我们发现,该教材是经过多年的艰苦打磨形成的,它倾注了我国语文教育工作者的心血,它的投入使用对我国语文教育的发展是一项创新之举。这套语文教材的总体特色:一是体现核心价值观;二是接地气,满足一线需要;三是加强教材编写的科学性;四是具有时代性,贴近学生生活。仔细研究这套教材,可以发现它在很多方面都做出了创新,这里我们重点分析小学语文教材中口语交际的相关内容。

本案例以口语交际为主题,口语交际是语文课程标准中"表达与交流"的重要内容之一，小学语文的教学中明确强调了口语交际教学的重要性。所谓口语交际，就是在人际交往过程中，人们运用有声语言表达思想和传递感情的一种方式。《义务教育语文课程标准（2022 年版）》提出："学会倾听与表达，初步学会用口头语言文明地进行人际沟通和社会交往。"[①]与以往的教材相比，统编版小学语文教材在口语交际教学部分做出了改变，每个年级都有四个单元安排口语交际的内容，平均每两个单元有一篇完整的口语交际课文，口语交际处在阅读与写作之间。如三年级上册的语文教材中，第四单元课文分别是《总也倒不了的老屋》《胡萝卜先生的长胡子》《小狗学叫》，口语交际的内容是《名字里的故事》，习作的内容是《续写故事》，单元主题是"猜测与推想，使我们的阅读之旅充满了乐趣"。单从课文的标题看似乎很难发现口语交际与阅读、写作有关联，但仔细研究可以发现这一单元的口语交际的表达和写作的话题都是和单元主题"猜测与推想"紧密相连的。如口语交际的话题《名字里的故事》是让同学们猜一猜、想一想自己名字所蕴含的故事，本次口语交际的目的是让学生们仔细聆听他人名字里的故事，了解各种新鲜事，而这一单元其他的课文都是围绕"猜测"展开的，可以锻炼学生的想象能力。

在教材中，口语交际的呈现方式主要是插图和文字表述两种形式。对统编版小学语文教材的一至三年级中出现的口语交际进行分析整合，发现一共有 24 个话题，在这些话题中共运用了 56 幅插图，比如《请你帮个忙》这一课，插图一是一个小男孩向一位叔叔问路的画面，插图二是小女孩向她的同桌借水彩笔的画面，通过这样一目了然的图画来传达本课的教学目标。插图借助生动形象的画面，可以锻炼学生的形象思维能力，从而帮助学生深入理解该话题的内容。在文字表述方面需要注意的是，小学阶段学生的阅读能力是有限的，因而句式表达简短明确、通俗易懂。教材中口语交际的表述通常只有两三句话，并且在这简短的话语中能让学生明白要学习的内容。如二年级上册中一个口语交际的话题是《商量》，通过"你想和小丽调换值日的时间，该怎样和她商量呢"这样一个小问题来训练学生"要用商量的语气"和"把自己的想法说清楚"的能力。《商量》一课通过模拟生活场景，使学生身临其境，引发共鸣，增强在不同场合与他人商量的能力。

"口语交际不仅仅是传统意义上的口语表达教学，更应该是口头语境适应教学。"[②]现在的口语交际教学不是机械地要求学生学会口语表达的技巧和方法，简单地对口语交际的理论知识进行学习，而是将口语交际放到生活情境中，帮助学生形成能够适应生活需要的口语能力。教材对口语交际话题的选择来源于学生的日

① 中华人民共和国教育部. 义务教育课程标准（2022 年版）[S]. 北京：北京师范大学出版社，2022.

② 张中原，徐林祥. 语文课程与教学论新编[M]. 南京：江苏教育出版社，2007.

常生活，例如《听故事，讲故事》一课就属于故事类话题，教学目标是让学生学会倾听他人的讲述，锻炼看图说话的能力，以及与别人交谈时学会掌控自己音量的能力。《请你帮个忙》可以归为文明礼貌类话题，让学生学会在生活中使用“请”“请问”“您”等文明礼貌用语，养成在生活中讲文明懂礼貌的习惯。还有生活类话题《打电话》，目标是让学生训练接听与拨打电话的口语交际能力。总之，明确了口语交际教学的要求和重点，才能在吃透教材的基础上进行科学的教学设计和实施，提高口语交际教学的质量，增进学生口语交际的能力。

案例正文

一、统编版小学语文教材中口语交际的特点

（一）精心设计　合理编排

统编版小学语文教材在口语交际部分进行了精心的编排和设计，教材在每个课文教学单元都安排了口语交际内容，将口语交际教学独立起来，成为与识字教学和阅读教学并列的板块。

口语交际安排在“习作”和“语文园地”前，并标注了“口语交际”的字样，让人能一眼识别口语交际的内容，而不是隐藏在不重要的角落，从这些设计中能看到教材对口语交际的重视。

从版面设计上看，口语交际使用了一整页篇幅，色彩鲜艳、图文并茂的课文内容更能吸引学生的注意力。教材中每一个口语交际主题都配有色彩艳丽、情境鲜明的插图，插图与文字的完美结合可以使学生更好地理解课文内容，让学生们看到图片后能够激发兴趣，对教学内容有一个清晰的了解，例如一年级下册第一个口语交际主题《听故事，讲故事》版面设计为八幅图画，分成两列，一列四幅。依据儿童的特性，图片将成为学生关注的重点。他们的注意力被吸引到鲜艳而生动有趣的插图上，很容易就会想到这是一幅连环画，讲的是一个小故事，头脑中马上就会猜想这是一个怎样的小故事，产生好奇心与学习兴趣，这便于教师接下来的授课。图中的语言不仅可以给学生提供学习范例，而且对话式的内容也在潜移默化中为学生营造了交互式的情境，能让学生理解口语交际“说”和“互动”的精髓，有利于促进学生成为交际的主体，增强学生交流的主动性。

从细节设置上看，口语交际部分的学习提示没有汉语拼音注释，这就在无形之

中提高了对识字水平的要求。在一年级下册第四单元《一起做游戏》中，设计了贴鼻子游戏，让知道怎么玩这个游戏的学生教不会玩这个游戏的学生，不单单是让教师讲述游戏规则让学生玩游戏的普通游戏课，而是通过学生之间的交流，提高他们的口语交际能力的实践课。学生在口语交际和实施游戏的过程中，意识到通过口语交际可以提高交流实践的能力，从而获得成就感，重视口语交际。教材中每个口语交际板块都精心地为学生和教师设置了教学“小贴士”，教师可根据“小贴士”明确每节口语课的教学重点，有针对性、有目标地实施教学；学生可根据“小贴士”中的温馨提示解决在学习中遇到的困难，根据提示的要点“顺藤摸瓜”地完成学习。《打电话》中教学“小贴士”提示学生们给别人打电话时要先说清楚自己是谁，没听清时可以让对方重复，这样就让学生简洁明了地抓住了打电话所要注意的两点问题。教师也可顺着这两点问题让学生思考除此之外还需要注意的问题，这样教学内容层层深入，学生融入情境中去思考，一节口语交际课就能收到良好的教学效果。

一年级下册口语交际从《听故事，讲故事》和《请你帮个忙》到《打电话》和《一起玩游戏》，逐渐提高对口语交际水平的要求，从简单地复述故事到能够正确运用口语，完整大方地给他人讲述游戏规则。这样的编排也是根据学生智力和能力的发展规律，关注学生的“最近发展区”，循序渐进地提升教材的难度而做出的。

（二）目标明确　内容丰富

语文教材在口语交际方面有明确的目标，每篇口语交际课文都有其想达到的目标效果，这就是要通过口语交际教学来切实提高学生的语文素养。尽管在第一学段要完成的课程目标与内容是互相融合、没有明确分界的，但在一年级下学期口语交际的重点应该是让学生做到“听故事、看音像作品，能复述大意和自己感兴趣的见闻”。

教材中每一个口语交际课程安排一到两个课时，课文主题安排十分丰富，不仅给学生提供说话的内容而且给学生提供交流的场景，并设计许多环节和可能出现的情况，在口语交际的礼仪和形式表达方面也有要求。每个学生在口语交际过程中都是独特的，他们的生活环境和个人习惯使其在面对不同情境时做出的反应也不相同，教材只给予情景和形式的要求，而不是规定说话的内容，所以学生做出的反应和学习到的内容都是适应性的。例如，一年级下册的口语交际课文的第一篇《听故事，讲故事》中，设置了八张漫画，要求在教师讲述故事的时候学生根据漫画内容进行学习，最后要达到流利地讲述故事的程度，这明显地体现了第一学段语文课程在口语交际方面的目标。将听教师讲故事与看漫画结合起来理解故事内容，借助图片辅助交流，以循序渐进的方式来培养学生的理解能力。在学习提示中有“讲故事的时候，声音要大一些，让别人听清楚”的要求，这是对学生口语交际过程中形式方面的规范。在第三篇口语交际《打电话》中，设置了“打电话约同学踢球”“打电话向老师请假”“与找爸爸的叔叔对话”三个场景，可以看出对学生口语方面的要求再次提高了，要求学生不仅仅要会打电话，还要会应对可能出现的各种情况。在学习提示中要求学生“给别人打电话时，要先说自己是谁”，对学生口语礼仪方面提出了要求。而在第四篇口语交际《一起做游戏》中，内容安排更加丰富，想要学生达到的目标水平也更高。先由教师讲解游戏，再让会玩游戏的学生教不会玩游戏的学生，最后再一起做游戏。一共有三个环节，每个环节的教学重点也不一样，首先要提高学生的理解能力，听懂教师所讲的游戏方法；然后是提高学生之间交流互动的能力，值得注意的是学生在双方理解能力都不够成熟的情况下的交流会更困难，但因为是熟悉的小伙伴，他们的紧张感会减少，交流起来更加自如；最后通过相互交流成功完成游戏，获得成就感。学生在学习当中得到的训练从简单的口语交际到较为复杂的人际交往，难度逐步提升。

（三）贴近生活　互动性强

全面提高学生的语文素养要求提高学生适应实际生活需要的能力，养成好的行为习惯，提高道德修养。这就需要语文教材内容贴近学生生活，统编版小学语文教材一年级下册口语交际的设置贯彻了语文课程基本理念，训练多在生活情境下进行，真正做到了提高学生适应实际生活的能力，以《请你帮个忙》和《打电话》为例。“打电话”是生活中经常会发生的场景，现在很多人都通过电话来交流，如何正确表达自己的想法和用语言传达自己的意愿是学生在口语交际训练中要获得的能力，这就需要通过在生活场景中演练来提高学生口语交际的能力。“请你帮个忙”也是生活中经常出现的场景，课文中给出了三个常见场景，“问路”“借笔”“拜托别人帮忙捡球”都是生活中经常出现的情况，如何用恰当的语言寻求帮助是这一课要求学生掌握的内容。学习提示中要求学生学会礼貌用语，善用“请”“请问”“您”“您好”“谢谢”“不客气”等词语，这是在提高口语交际能力的同时提高学生的道德素养。

语文课程的基本理念还要求促进学生自主、合作、探究学习。教材中口语交际板块增加了很多学生互动内容，不是单纯的教师教学生学的过程，而是在互动中提高学生的口语交际能力。教材规定形式，教师教会方法，学生互动学习，各部分相辅相成共同作用。除了在互动学习之外，口语交际活动还要富有一定的趣味性，以学生感兴趣的活动作为教学内容。在富有趣味的活动中提高学生的自主、合作、探究学习的能力，这是当代语文教学理念所倡导的学习方式。在《一起做游戏》一课中，设置了适合一年级学生玩的“贴鼻子”游戏。这个年纪的学生好动喜玩，用玩游戏的方式让学生学会如何在集体中活动，如何用语言相互交流相互帮助，这能增强教学的互动性和学生学习的自主性。

语文课程的基本理念需要在教学过程中正确把握语文教育的特点，语文课程对学生的思想情感和价值取向的影响是巨大的，要注意教材中社会主义核心价值观的体现。例如在《请你帮个忙》一课中，学习提示对学生语言中“请”“您”等礼貌用语的要求体现了中华民族的传统礼仪要求。“教材要体现时代特点和现代意识，要适应学生的认知特点和身心发展水平，密切联系学生的经验世界和想象世界”，“教材选文要体现正确的政治导向和价值取向，文质兼美，具有典范性，富有文化内涵和时代气息。”①小学是学生形成世界观、人生观、价值观的重要阶段，如何在语文 4 中对学生形成正确的价值观导向，特别是在日常生活的口语交际中体现正确的价值观，这是教材编写时应该注意的事项。

小学一年级下册教材口语交际内容为口语教学提供了优质的教学材料，教师要真正重视学生口语交际能力与态度的培养，将口语交际作为语文教学的重要组成部分，切实发挥好口语交际教学在提升语文素养方面的重要作用。

二、如何正确进行小学口语交际教学

语文教材的编写以及教师的教学主要依据语文课程标准，《义务教育语文课程标准（2022 年版）》中提出了教学的总体目标，对“口语交际”提出了整体要求：“学会倾听与表达，初步学会用口头语言文明地进行人际沟通和社会交往”②。在小学的不同阶段，儿童心理发展也不相同，因而语文课程标准规定了小学各学段口语交际能力的要求。

口语交际教学主要应在具体的交际情境中进行，应努力选择贴近生活的话题，采用灵活的形式组织教学。统编版小学语文教材很好地体现了这一要求，该套教材中的口语交际活动，首先在情境选择上多是安排校园和家庭这两个学生熟悉的场所，这样学生能够更好更快地融入情境教学中，熟悉的情境与话题可以使学生们更好地表达与交流。其次，更加注重互动性，口语交际顾名思义强调的是双方口头语言的互动，课堂中既包括师生之间的互动，也包括学生之间的互动。口语交际注重对话双方的交流，主要应设计学生熟悉的主题，开展口语交际活动，学生应是口

---

① 中华人民共和国教育部. 义务教育语文课程标准（2022 年版）[S]. 北京：北京师范大学出版社，2022.

② 中华人民共和国教育部. 义务教育语文课程标准（2022 年版）[S]. 北京：北京师范大学出版社，2022.

语交际活动的主人公、课堂对话的主体，教师主要扮演的是引导者、组织者和评价者的角色。

小学语文教师如何进行口语交际教学呢？笔者认为，主要有以下一些方面：首先教师自己要清楚了解语文课程标准以及教材的相关理念。国家编写语文课程标准和相关教材体现了主流意识形态和价值观，同时语文教材也是落实语文课程标准培养目标的有机载体，对于学生价值观的塑造有着不可忽视的作用，因而教师要熟练掌握口语交际教学传递的价值理念。其次，教师要具有主体意识，积极发挥“平等中的首席”作用，倡导自主、合作、探究的学习方式，切忌把口语交际课上成讲解口语交际原则的理论课。教师可以根据班级学生的相关情况选择口语交际的主题，有效组织学生开展口语交际活动，应营造口语交际的氛围，生动活泼地去吸引学生，指导他们在游戏活动中学习口语交际，形成倾听、表达和交流的能力。

在明确了小学语文教材口语交际的特点和如何正确地进行小学口语交际教学的基础上，本文选取了《一起做游戏》口语交际活动的案例。本案例选择的是一年级下学期的口语交际主题，一年级是儿童身心发展的关键期，是学习能力和学习习惯的重要养成期，也是学生口语交际能力发展的关键期。这个时期的学生活泼好动，对新鲜事物十分感兴趣，向师性很强，他们比较倾向于寓教于乐的授课方式。教师只要抓住这个年龄阶段学生的特点，选择适当的上课方式，就能顺利实现口语交际的目标。

三、《一起做游戏》的教学设计与实施

（一）创设情境，巧妙导入

创设情境是教师进行有效教学的关键一环，它关系到整体教学进程的推进和展开，影响学生的学习内容和过程体验。对于小学口语交际的内容，教师要在总结以往教学经验的基础上，通过分析学习内容的本质和学生的学情，经过多次的调整与修改，创设合适的情境来巧妙导入。

片段一：

师：上课！

生：起立！

师：同学们好！

生：老师好！

（互行鞠躬礼）

师:请坐!

师:上课铃声已经响了,请同学们从课间休息状态中回到课堂,这节课老师保证同学们会很开心。首先请大家集中注意力看PPT上面出现的画面,大声告诉老师这些小朋友在做什么。

生:他们在做游戏呢。

生:这不是老鹰捉小鸡吗?

生:我玩过这个丢手绢的游戏。

(学生兴趣满满,踊跃发言)

师:看来同学们很了解这些游戏呀,幼儿园的老师是不是经常带着你们做游戏呀?现在我想请同学们仔细回想一下,谈谈你对哪个游戏的印象最深刻。

生:老师,我最喜欢玩丢手绢啦,幼儿园的时候我们常玩。

师:很好!这位同学你可以告诉其他同学这个游戏怎么玩吗?

生:所有的小朋友围成一个圈,有一个小朋友拿着手绢在大家身后跑。

师:还有呢?

生:她把手绢悄悄放在一个小朋友的后面,那个小朋友要起来追她。

(学生们大笑)

生:老师,我也玩过丢手绢,但我们男生更喜欢玩老鹰捉小鸡。

(学生踊跃发言)

师:同学们真棒!玩过的游戏能清清楚楚记得,还能跟其他同学讲出玩游戏的要领。今天呢,老师也想和同学们一起玩游戏,大家开不开心?

生:开心!

(学生不停鼓掌)

这堂课的开始阶段教师并没有直接宣布本节课的教学内容,而是先播放了关于做游戏的视频。学生通过直观的游戏画面,一下子激起了兴趣。紧接着教师让学生回想以往玩过的游戏,在回顾的过程中,学生想起来以前的快乐时光,津津乐道地畅所欲言。这样教师通过激趣的教学语言不仅拉近了与学生之间的距离,活跃了气氛,而且能让学生怀着浓厚的兴趣走进口语交际的情境。这一段教学流程,并不是花里胡哨的开场,而是以师生真实的生活体验为基础,用生动活泼的画面、有趣的导入让学生参与到课堂教学活动中,为口语交际教学做好了铺垫。教师轻松地引导学生,并不刻意凸显主题,这激发了学生参与游戏、乐于表达的愿望。学生在自由自在的状态下进入了游戏活动的情境。

(二)互相合作,寓学于玩

在巧妙导入之后,教师与学生进入一起做游戏的学习情境中。教师把学生分成三个小组,依据课文中口语交际活动的要求,指导学生相互合作,寓学于玩,达成口语交际的目标。

片段二:

师:我们班一共有30位同学,老师想把大家分成三个组,通过小组合作一起做游戏好不好呀?

生:好!

师:今天老师也要教大家一个新的游戏,看看谁能最快学会这个游戏,现在把书翻到第97页。大家看书上这幅图上,这个咖啡色的可爱的动物是什么呀?

生:是熊。

(学生们纷纷回答)

师:这只熊多可爱呀!但是这个小熊太贪吃了,它去偷吃小蜜蜂的花蜜被叮了鼻子,现在它的鼻子又红又肿,我们需要给它换个新的鼻子。

师:看这幅图,同学们能从图上看出什么来呢?这个游戏到底是怎么玩的呀?有没有同学来猜一猜这个游戏的玩法?回答的同学声音要响亮一些,其他同学也要认真听回答的同学讲了什么,要是回答的同学说得不够完整你可以来补充。

生:把一个同学的眼睛蒙上,然后给小熊贴上鼻子。

师:这位同学观察得真仔细,很棒哦,还有其他内容吗?

生:其他同学在旁边指挥看不到的同学。

师:同学们的观察能力真是太棒了!看样子大家已经掌握了这个游戏的要求。这个游戏呀,就是一个人蒙着眼睛,另外的同学在旁边指挥他,看看在同学们的指挥下他能不能成功地帮贪吃的小熊换一个新的鼻子。

师:现在我们一起来玩这个游戏吧,三个小组同时来玩贴小熊鼻子的游戏,如果有还不熟悉游戏规则的同学,其他已经学会的同学来帮帮他,好吗?看看哪一个小组玩得又快又好。

(要求:必须合作完成,态度要端正,声音不要过大以免影响其他班级上课)

生:好!

(学生们跃跃欲试,游戏中,教师观察三组学生的表现)

师:好了,游戏结束了,老师看到大家都玩得很开心。刚刚游戏的时候同学们都有什么样的感受呀?

生:我蒙上眼睛啥都看不到,但我的队员一直在指导我去贴鼻子。

生：一开始怕怕的，但是过了一会，我和同学们玩得很开心。

师：哈哈，看来同学们的游戏体验感很好哟。下面请同学再来回顾这个游戏的规则和方式，如果以后让你来组织其他不会的小朋友玩这个游戏，你要怎么说呢？可以分步说哦。

生：第一是要蒙上眼睛，第二在其他同学的帮助下去贴鼻子。

师：真棒！在通过和其他同学之间的交流和真正试玩过这个游戏之后，同学们真的了解了这个游戏，成功地给我们贪吃的小熊换了新鼻子，并且老师发现，在游戏过程中，同学们做到了互相帮助，真为你们开心！

教师带领学生玩贴鼻子游戏的过程中，将全班分成三个小组，让学生亲身参与到游戏中。在这期间，学生可以互相交流游戏方法，通过口语交际活动加强合作，在做游戏的过程中学会倾听、表达和交流。同时这样的游戏方式略有一些竞技意味，让学生能够意识到自己是集体的一员，懂得合作的重要。游戏结束后，教师要求学生再次复述游戏规则，这有利于锻炼学生准确表达自己的想法和感受的能力。

（三）拓展训练，再玩游戏

这一教学环节中师生角色互换，学生教老师玩游戏，充分调动学生做游戏的积极性和主动性，凸显了学生在游戏活动中的主体地位。

片段三：

师：刚刚老师教给大家一个新的“贴鼻子”游戏，看着你们玩得那么开心，老师也想玩游戏。之前同学们说了好多游戏，能不能也教教老师，让我们大家一起再玩一个游戏。

生：好呀！好呀！

师：老师没有同学们那么聪明，所以呀，你们要把规则仔细讲给老师听哦。请同学们注意条理清晰，声音适当，让我能听懂你讲的游戏到底是怎么玩的。可以用上“先……再……然后……最后……”这样的提示词哦。

生：那我们来玩“你比画我来猜”的游戏吧。

师：好呀，具体怎么玩呢？

生：老师，这个很简单的，我和你面对面，有一个同学在你后面出一个题目，然后我来表演题目中的内容，最后你来猜猜是什么。

师：哇！小明同学讲得真清楚，老师一下子就明白了游戏规则，真棒！那我们赶紧开始吧。

（师生一起游戏中，同学们小大人的模样真可爱）

在这一教学环节中教师让学生自己设计游戏，并且亲自参与到游戏中，一下子拉近了与学生之间的距离，学生会感到教师像朋友一样陪他们玩，因而更加喜欢该教师的课。教师让学生自己解释游戏的规则和要求，引导他们学会用一些提示词，这样的做法也体现了口语交际的目的，既让学生体会到游戏的乐趣，也锻炼了他们的口语表达能力。

片段四：

生：老师好厉害，这个都猜对了。

师：不是老师厉害，是同学们表现得太好了。大家很好地运用了自己的肢体语言，声音洪亮，能够一边介绍游戏，一边做动作，让老师能一目了然，你们做得太棒了！

生：老师你以后还会陪我们玩游戏吗？和你做游戏真开心！

师：当然会啦，老师希望同学们能在游戏中快乐地学习语文，提高口语交际的能力。现在哪位同学自告奋勇给我们总结一下刚刚的游戏呢？

（同学们争着回答）

生：刚刚这个游戏讲究默契，两个人要配合好。

生：猜的人要很聪明。

（学生大笑）

师：哈哈哈，同学们说得很好。老师还记得刚刚同学们详细地给老师介绍了这个游戏的规则，要不是同学们明确地示范，老师肯定搞不明白怎么玩，你们都是棒棒的！刚刚同学们还提到默契、配合这样的词，老师想告诉大家，同学之间要学会合作，大家要一起进步，一起成长，知道了吗？

生：知道了。

（全班鼓掌）

游戏结束后的这段对话，充分表现了学生对教师的喜爱。每个学生都喜欢做游戏，尤其是刚入学的低龄儿童，他们很向往教师像朋友一样对他们，因此这位教师的做法深受孩子们的喜欢。但教师不光带他们玩游戏，在游戏结束后，再次跟同学们强调表达和合作的重要性，让学生又一次在玩中接受了知识和技能，这样的方式值得小学语文教师学习。

（四）教师总结，学生分享收获

片段五：

师：今天我们一共玩了两个游戏，老师觉得大家表现得非常好。同学们对于这节课有什么感受呢？

生:非常开心!

生:很快乐!也学到了很多知识。

师:这节课,同学们通过自己的讲解,让不了解游戏规则的同学也能和你一起玩游戏,是不是特别有成就感?是不是意识到了“说话”的重要作用呢?“说话”真的是很神奇的事情呢,通过交流,大家有没有觉得上了一堂愉快的语文课?

生:有!

师:希望同学们也能和自己的爸爸妈妈还有好朋友们一起玩游戏。平时学习感觉累了,就和家人一起玩玩游戏聊聊天,感受“说话”的神奇魔力。下面呢,就请同学们畅所欲言,谈一谈本节课的收获或者感受。

生:我知道了做游戏时要向他人讲清楚规则。

生:刚刚做游戏时是我的同桌帮了我,他人真好。

生:在别的同学说话的时候,我们要认真听。

生:我很喜欢老师给我们上课,这节课我很开心。

(每一个同学都谈了自己的感受)

师:老师希望同学们记住我们今天的学习内容,课后把今天在玩游戏活动中你觉得有趣的、印象深刻的环节记录下来,写一篇小日记,下节课来读一读。

教师留时间给学生谈一谈自己的感受,这种做法值得提倡。学生经过一节课的学习,会有各种各样的想法,教师应该及时让学生说出来。课堂的主体是学生,因此教师一定要留给学生足够的时间去表达自己想说的话,这样做既尊重了学生的主体地位,又锻炼了学生的口语表达能力,同时也进一步拉近了学生与教师的距离,对进行教学反思也有很大的帮助。

结语

这堂口语交际教学课向我们展示了教学的科学性与艺术性的统一。课堂应该是学生的学习场域。也是教师的教学场域,教师要善于创设口语交际的情境,引导学生按照学习主题充满自信地进行口语交际活动,提高表达与交流的能力。教师在口语交际教学过程中要重视运用寓教于乐的教学方法,指导学生在玩中学,这样学生学得开心,没有心理压力,他们才乐意进行口语交际。这个案例显示在教学过程中,情境导入、互相合作、拓展训练、分享收获四个教学步骤前后联结,有序展开,从容推进,彰显了教师的教学艺术,提供了新鲜的教学设计思路和操作方式。

案例思考题

1. 统编版小学语文教材是怎样编排口语交际板块的？如果你来执教《一起做游戏》一文，你会怎样进行教学设计？

2. 阅读本案例，简述教师是如何引导小学生在游戏中提高口语交际能力的？

3. 阅读本案例，评价教学中所设计的问题情境？

4.《一起做游戏》一课的教学给你带来了哪些启示？

案例使用说明

1. 适用范围

适用对象：小学语文教育专业本科生或研究生，教师教育相关专业的研究生，以及在职语文教师。

适用课程：《小学语文课程与教材研究》《小学语文教学设计与实施》《教学设计》《课程与教学论》《教学技能》等相关章节。

2. 教学目的

（1）掌握口语交际教学的要求，提高小学语文口语交际教学设计与实施的能力。

（2）掌握寓教于乐的教学方法，让学生在游戏中快乐地学习。

（3）学会在小学语文口语交际教学中运用情境教学法，获得有关教学结构、教学环节、教学组织方面的经验和策略。

3. 关键要点

相关理论

教学设计、语文课程与教学论、语文学习心理、教学实施与评价

关键知识点

对小学口语交际内容的本质理解；导语设计和情境创设；学生的认知冲突；教学设计与实施

关键能力

研读教材的能力、学情分析的能力、教学设计的能力、教学实施的能力

案例分析思路

使用本案例时，可根据具体课程内容的需求，结合相关的理论与方法，从以下几个方面进行分析。

第一，教学内容的理解与教材的研读。在本案例中，教师对《一起做游戏》一课

的教学内容进行了深入分析，思考了如何设计“在玩中学”，将语文教学的预设与生成统一起来。在教学过程中，教师积极引导学生理解课文内容，让学生成为学习的主体，尽情发散学生的思维。口语交际教学的目的是要锻炼学生的口语表达能力，并且能将所学知识运用到生活实践中，因而教师要通过情境的创设引导学生学习，使他们能亲身体验口语交际的魅力。整个教学过程，教师充当引导者的角色，带领学生步步深入，击破了各个学习难点。此外，教材只是一个例子，教师要在抓住例子的同时去挖掘更多的学习资源，要意识到研读教材并非局限于简单的浏览或讲解教材内容，而是要抓住教学内容的本质，根据教学的需要灵活调整。

第二，把握学生的学习特征。教师理解学生并清楚学生在学习某一内容时已有的认知水平，了解学生学习的困惑与疑难，才能站在学生学习的立场设计和实施教学。学生并不是空着脑袋走进教室的，他们在日常的生活和学习中形成了丰富的经验，对各种现象与问题都有自己的看法，即使是对从未接触过的问题，他们也会基于自己的生活和学习经验而形成对问题的看法。教学要重视学生已有的前概念，学生对于特定内容的前概念既是其后续学习的知识基础，同时也可能成为理解新内容的障碍。如在教学过程中，学生能回答出很多玩过的游戏，并且能完整讲述游戏内容和规则。因此，教师应当正视学生的感受和体验，认识到学生一开始学习就会将他们的信念、理解、文化带进学习，并且在学习的过程中建构自己的意义。同时还应认识到学生处于小学一年级学习阶段，活泼好动，对新鲜事物充满好奇心和求知欲，因此采用“玩中学”的教学方式更有利于提高口语交际的教学效果。

第三，教师要善于创设情境。情境教学法是很重要的一种教学方法，教师要为学生创设不同的学习情境，改变学生被动接受的学习观念，激发学生的主人翁意识，对语文学习产生兴趣，以便主动去看、去听、去读、去写。在语文教学实践中，教师可为学生创设丰富多样的学习情境让学生在情境中完成学习任务，比如《一起做游戏》中教师以游戏作为导入，让学生在游戏情境中完成本节课的学习任务。也可在班级里建设语文学习小组，指导各小组创设口语交际情境，让学生在小组内分工合作，交流互动，进而更好地完成口语交际的学习任务，更有效地促进学生在口语交际情境中进行知识和能力的迁移。

第四，留给学生充分的交流与讨论时间。一堂课学习结束后，学生肯定会有许多想说的话，这些话可能是他们在这一节课的收获，可能是他们不太理解的学习问题，也可能是他们对教师的一些建议和评价。总而言之，课堂的主体是学生，教师一定要留给学生足够的时间去表达他们想说的内容，这样做既尊重了学生的主体地位，锻炼了学生的口语表达能力，也进一步拉近了学生与教师的距离。对教师而言，结合学生对自己的评价进行反思，在今后的教学中不断改进教学设计和实施，能促进专业发展。案例中的这位教师把这节课的最后时间留给了学生，让他们畅所欲言，表达想法。学生也积极活跃，争先恐后地谈自己的收获和体验，他们的表现足以说明这节课是成功的。

4. 教学建议

时间安排：一课时。

环节安排：以游戏激发学生的兴趣，展开本课内容→观察图画内容，明确交际要求→学生自主设计游戏，感受口语交际的魅力→师生一起做游戏，享受游戏的乐趣→课后分享游戏体验，交流收获→教师点评。

人数要求：40 人以下的班级。

教学方法：情境教学法、小组合作法、直观演示法、游戏教学法等。

工具选择：多媒体、录像机、黑板、做游戏需要的贴纸和布条。

组织引导：教师布置任务清晰、预习要求明确；
提供给学生必要的参考资料；
给予学生必要的技能训练；
对学生的讨论予以必要的指导和建议。

活动设计建议：

（1）阅读《义务教育语文课程标准（2022 年版）》和教材中《一起做游戏》的相关内容，查阅相关的教学设计和实施的文献，对《一起做游戏》进行教学设计。

（2）阅读本案例，独立思考，记录相关的思考与问题。

（3）小组讨论交流，将最终的小组问题列在记录单中。在小组的交流与汇报中，教师进行点评与总结。

（4）指导学生在课下对本节课的收获进行总结，教师给予必要的指导。

（5）在进行小组汇报交流时，聆听小组要做好记录，便于提问与交流。

（6）教师对小组的设计进行点评，适时的提升理论，把握教学的整体进程。

5. 推荐阅读

[1] 陆苗. 合理把握目标，提升交际能力——以部编《语文》一年级上册“我们做朋友”为例[J]. 教学与管理，2017(29).

[2] 曹炜佳. 小学语文一年级上口语交际课教材及其使用研究——基于人教版和部编本教材更替的比较[D]. 杭州师范大学，2017.

[3] 温儒敏. 部编义务教育语文教科书的七个创新点[J]. 小学语文，2016(9).

[4] 倪文锦，谢锡金. 新编语文课程与教学论[M]. 上海：华东师范大学出版社，2006.

写话教学设计与实施

——以《我最想养的小动物》为例

摘要:写作一直以来都是语文教育中公认的难点问题,也是众多一线语文教师与语文教育工作者期待解决的问题。写话与习作教学是小学阶段语文教育的重要组成部分。写话是写作的启蒙阶段,小学语文教师肩负着提高学生写话水平的重要职责。《义务教育语文课程标准(2022年版)》提出了对低年级写话的具体要求:第一,对写话有兴趣,留心周围事物,写自己想说的话,写想象中的事物。第二,在写话中乐于运用阅读和生活中学到的词语。第三,根据表达的需要,学习使用逗号、句号、问号、感叹号。万事开头难,对于第一学段的小学生来说,写话的确是一个比较困难的学习内容。对此,统编版语文教材进行了新的编排和设计。本文主要以统编版二年级下册语文教材中的写话《我最想养的小动物》为例进行探究。

关键词:统编版;二年级写话;教学设计与实施

背景信息

培养学生的语言文字运用能力是语文课程责无旁贷的使命,这是学生学好其他课程的基础,也是提升学生的综合素养的重要途径。而语言文字的运用主要体现在口头语言和书面文字上。写话和习作就是书面语言运用的重要形式,也是运用语言文字进行表达和交流的重要方式。小学是学生语言发展的关键期,是学生从识字写字、阅读到学会运用文字来表达自己思想感情的重要阶段。要提高学生的写话和习作能力,还要从小学时期的写话和习作教学抓起。而写话是习作的前奏和基础练习,要想打牢根基,夯实基础,就要重视小学低年级的写话教学,让学生从小就喜欢写话,掌握遣词造句的基本规律,这样才能为后续的习作教学作好铺垫。

一、第一学段写话现状分析

写话属于表达，能够文从字顺地通过书面语表达自己的思想是小学语文低年级教学的任务。从实际情况出发，小学的写话教学确实取得了不错的成绩，积累了写话教学的宝贵经验，提高了小学低年级学生的表达能力，但是写话教学还存在一些问题，主要包括以下方面：

（一）缺乏写话兴趣

第一学段的小学生还处于幼龄化阶段，想法比较单一。对他们来说，母语的学习才刚起步，很多字还不认识，更不会写。他们对写话的概念比较陌生，缺乏这方面的积累，例如他们的知识储备、技能比较薄弱，表达完整意思的能力不足等。再者，小学生在这个年龄阶段的思维形式主要是形象思维，书面表达能力远远达不到形象思维和说话能力的发展程度。所以，如果学生不具备写话的能力时，往往就会失去写话的兴趣，甚至可能出现畏惧和厌恶的情绪。当低年级小学生“对所学内容没有兴趣时，是不可能充满热情地去完成学习任务的。”[①]这就需要教师为低年级小学生设计熟悉的事物作为写话的素材，为他们提供一个欢快的写话环境和空间。因此，认清低年级学生写话的客观现实，找准切入点，以此激发学生对写话的欲望，以兴趣为牵引来帮助他们建立写话的信心，是引导学生写话入门的第一步。

（二）缺乏写话能力

所谓写话，就是把别人说的或者自己说的话写下来，由动态的口头语言变为静态的书面文字。而学生是需要某些特定训练才能生成书面文字的表达能力的，虽然课程标准提出了写话的目标之一是写自己想说的话，但也不能毫无规则地畅所欲言。书面表达涉及写话材料、语言组织等多个方面的要求。第一学段的学生刚刚步入校园，还没有接受过系统的语言训练，即使能够写话也往往是词不达意。另外，由于学习时间较短，学生所掌握的词汇是极其有限的，有的词语即使学过，他们仍然不知道如何使用。这就造成了学生有话可说、无话可写的困境。

（三）教学策略不当

第一学段的学生年纪尚小，正是爱玩的时候，不能做到细心观察生活，也没有

---

① 曹爱卫. 低年级语文这样教[M]. 上海：上海教育出版社，2018.

心思去阅读课外书。他们的视野有限，经验较为缺乏，因此他们在写话的时候没有太多素材。教师教学时往往忽视学生的认知水平，任意拔高写话要求，加之缺乏有效指导，学生写话不尽如人意。有时，教师写话教学缺乏方法指导，情境创设不足，脱离学生生活和能力。要改变教学策略不当的情况，语文教师就应该发挥引路人的作用，从学生的生活入手，鼓励他们养成多观察多思考的好习惯。同时，也应该注重培养学生爱阅读的习惯，为他们选择合适的课外书，让他们从书中发现自己不了解的世界，以此来增加写话的素材和内容。教师积极地引导学生在日常生活中仔细观察事物，养成认识事物的观察力和洞察力，也是增进思想沟通和社会交流的重要基础。① 心理学研究表明，儿童的行为大多是从模仿开始，在鼓励学生阅读的时候也可以要求他们仿造自己喜欢的句子。所以，“教师要善于根据儿童的心理特点，创设情境，激发学生的写话欲望。”②总之，对于一位语文教师而言，提高学生的写话能力是责无旁贷的。一位合格的语文教育工作者应该合理地创设写话情境，在学生发展的现实基础上拓宽写话渠道，改善自己的教学策略，不可揠苗助长。

二、统编版小学语文教材写话的编排特色

（一）依据学生学习阶段的特征进行编写，符合学情

考虑到第一学段学生的学习情况，统编版语文教材一年级上下两册都没有安排写话的训练。二年级的两册书一共有七次写话，其中上册三次，下册四次。下册共有八个单元，安排的四次写话分别为：第二单元习作——介绍自己的好朋友；第四单元习作——看图写话（小虫子、蚂蚁和蝴蝶用鸡蛋壳做了哪些事情？它们有什么有趣的经历？）；第六单元习作——写出心中的问号；第七单元习作——我最想养的小动物。之所以没有每个单元都设置写话，是遵循了循序渐进的原则，考虑到了学生的语言掌握情况，也是为了避免学生因任务过重导致兴趣的丧失。从人类的语言发展顺序来看，口头语言的发展先于书面语言的发展。虽然第一学段学生能够进行说话，但是还较难通过写话来表达一个完整通顺的意思。所以，统编版低年级语文教材在设计写话时并没有在数量上强行要求，而是展现了一个鼓励的态度，鼓励学生尝试写自己想说的话，没有给他们强加写话的压力。依照语文课程标准，第一学段的学生在写话时需要正确掌握和运用基本的标点符号，了解作写话的基本格式的要求，统编版教材顾及了小学生语言学习的真实情况。例如二年级下册

---

① 倪文锦．欧阳汝颖．语文教育展望[M]．上海：华东师范大学出版社，2002.

② 郑溪梅．谈小学语文低年级写话训练．读与写[J]，2017(03).

第七单元习作设置的写话主题“如果可以养小动物，你想养什么？写写你的理由，试着多写几条”①，没有硬性的规定，而是以尝试的口吻激起学生写话的积极性。在这次写话的安排中，学生可以根据自己的想法能写多少就写多少。

同时，统编版教材注重对儿童思维的培养。二年级下册第四单元习作中安排的写话内容是看图写话，给学生展示了四幅图，另外给出了“早上”“过了一会儿”“到了下午”“天黑了”等词语，要求学生在写作时用到这些词汇。时间顺序是生活中最为简单的，也是此时的学生最容易理解的一种顺序。有些学生看不懂图片所传达的意思，也搞不明白四幅图之间的关系，那么，以时间为切入口，就相当于给了学生提示，能够帮助他们找到写话的头绪，也有利于培养学生书面表达的连贯性。

（二）写话内容贴近儿童生活，激发学生写话兴趣

写作内容的确立有三个维度：就地取材；过往追忆；未来畅想。② 艺术来源于生活，也高于生活，写话也是一样的。处处留心皆学问，真正走进生活，从现实取材，才能让写话变得有真实感，学生们才有可能乐于写话。但是巧妇难为无米之炊，第一学段的学生生活阅历少，对事物的见解有限，这往往对他们写话造成困扰，导致写话内容枯燥、单一、流于形式。而统编版语文教材针对此类问题做了重新审定，力求把写话放在真实的情景中，让学生参与其中，从身边的生活积累素材。如果写话的对象是学生从未接触过的，那么写话就毫无眉目可言，变得无从下手。只有写话的内容是熟悉的或是可接近的，学生们才愿意完成，才愿意把心里话说出来并且写下来。

例如二年级下册的第二单元习作和第七单元习作的写话设计分别是介绍自己的朋友和喜欢的小动物。二年级的小孩子们是比较贪玩的，不管是在学校还是校外，他们都有自己亲近的小伙伴，彼此是非常熟悉的。因此，对方的姓名、年龄、长相、爱好、优点以及自己和他们之间有趣的故事都可以成为写话的内容。如果学生能从各个角度都写一句话，那么几句话连贯起来便是一段话，写话也就水到渠成了。同样，在写关于小动物的主题时，也可以这样串联，比如写动物的名字，在哪儿见到的，有几只脚，头和嘴巴的形状，有没有羽毛，为什么喜欢它等等。教师也可以鼓励学生模仿动物，以游戏的方式带领他们进入情境，让学生产生一种参与感，进而就会激发兴趣。如果没有东西可写，写话就很难进行，甚至在刚开始阶段学生就会出现苦写、畏写和厌写的不良情绪，这将不利于为以后的写作打下基础。只有当

---

① 中华人民共和国教育部．二年级下册语文[M]．北京：人民教育出版社，2017.

② 何捷．何捷老师的作文教学设计[M]．福州：海峡文艺出版社，2017.

学生有机会表达自己的真实想法，他们才会对写话保持兴趣。

（三）满足学生求知欲，注重能力的培养

除了以生活内容作为写话的素材，统编版教材也注重满足学生的求知欲和对学生思考能力、探索能力的培养。统编版教材鼓励学生从小大胆提问，写出自己心中的问号。低年级的儿童大多对世界充满好奇，他们的好奇心是与生俱来的。他们总是通过提问来满足自己的求知欲，这就要求教育者在教学中要鼓励学生善于思考，发现新问题。儿童的天性是好问的，他们会对周围的事物感到新鲜有趣，即使是看起来很不起眼的东西他们也能从中发现新的世界。但是以往教师对学生的问题不够重视，有的甚至认为是废话，这就很容易导致学生不愿意再思考，就算是有想法也不会提出来，更不可能去探索。统编版教材针对这种现象特地设计了第六单元习作《写出心中的问号》，注重培养学生不懂就问和勤于思考的好习惯。同时，在本单元的写话中，教材编者也提倡学生将自己的问题做成卡片，与小伙伴们交流，鼓励他们通过自己的努力和别人的帮助来获得答案。这样的编排不仅可以让学生敢于思考，更是训练了他们独立学习和探索的能力。由此，学生将更加愿意思考问题和写出问题的答案。这样，学生成了自己的小老师，当他们提出的问题是通过自己的力量解决的，他们的成就感就会油然而生，从而大大增强信心，写话的兴致也会高涨。总体来说，统编版语文教材不仅符合《义务教育语文课程标准（2022 年版）》，也突出了自己的特色。它的出现给众多语文教育者提出了挑战和思考，是语文教育的一个新起点。

写话教学既是低年级教学阶段的重点也是难点，是语文教育界的热点话题。统编版语文教材从当前写作存在的问题，从学生学习的需要出发重新审定编写。只有以学生学习为中心的教材才会引起学生的注意，才能逐步激发他们学习的兴趣，使他们爱上写话。这样才能练好基本功，才能真正地为学生以后的写作打下基础，避免出现“花拳绣腿”。

三、注重写话与习作的有效衔接

低学段的写作称为写话，即要求小学生写一句话或者几句话，是写作的尝试期。到了第二学段和第三学段，写作则被称为习作，它是写话的进一步延伸和提升，也是学生写作过程中的发展期。人的学习总是一个由简单到复杂，由容易到困难的循序渐进的过程，写作也是如此。不论是在教学目标上还是写作内容和要求上，中高学段的习作都在低学段写话的基础上做了进一步的加深。

例如,《义务教育语文课程标准(2022年版)》对于习作的要求主要集中在以下几个方面:一是注意培养观察周围事物的习惯,尝试在习作中运用平时积累的语言材料。二是乐于写作,懂得习作的目的是自我表达和与人交流。三是注重对习作的自我修改。四是对习作速度和次数提出了新的要求。从写话向习作的转化,是书面文字表达由片段性逐步趋向完整性。例如,在统编版三年级上册语文教材中,每一单元都设置了习作,每次的习作训练都是给出了既定的题目。除此之外,还增加了新的习作形式:在第二单元习作中,学生开始接触日记;在第四单元习作中,续写故事对于三年级的学生来说同样是一个比较新颖的习作样式。不论是写日记还是续写故事,再或者是第三单元编童话的设计,都强调了习作成品的完整性。在编写指导思想方面,第一与第二两个学段还是一脉相承的,做到了写话和习作的有效链接。习作的内容都是贴近学生实际生活的,也是和该单元所学习的主题紧紧相扣的。这样的安排就像二年级的写话一样,不会使学生产生倦怠感和疏离感。

写作的过程是螺旋上升的,由写话开始,经过习作的训练和提升,最终形成有效作文能力。所以,如何做好写话和习作的无缝对接,如何使学生从写话到习作的过程中持续激发兴趣是一项全新的挑战。面对这种情况,教师应该充分发挥统编版语文教材的特色,真正地引导学生在写话与习作之间做到平稳衔接。

案例正文

一、小学二年级写话指导方法初探

——以《我最想养的小动物》为例

(一)写话教学的依据

1.《义务教育语文课程标准(2022年版)》的要求

总目标:能根据需要,用书面语言具体明确、文从字顺地表达自己的见闻、体验和想法。

阶段目标:第一学段(1～2年级)的要求:

对写话有兴趣,留心周围事物,写自己想说的话,写想象中的事物。在写话中乐于运用阅读和生活中学到的词语。

根据表达的需要,学习使用逗号、句号、问号、感叹号。

2. 教材内容的安排

语文义务教育分四个学段：第一至第三学段为小学阶段，第四学段为初中阶段。第一学段(1～2 年级)每册编排 8 个单元，每个单元一般包括识字、课文、思考练习题和语文园地。识字写字，学词学句，是写话的基础。教材识字写字部分遵循“多认少写、识写分开”的原则，使低年级学生尽可能地多认字，提前阅读。

此外，统编版教材的词句选择体现了在理解中运用与在积累中运用的教学思想。例如，二年级上册语文园地五“字词句运用”第一题是带有“言、语”的成语集合。教学时，可引导学生根据字面意思来猜测成语意思，如“甜言蜜语”，可先让学生理解“甜蜜”的意思，再猜成语的意思，就是指像蜜糖一样甜的话，比喻为了讨人喜欢或哄骗人而说的好听的话。可以创设情境帮助学生理解，如“乌鸦禁不住狐狸的甜言蜜语，把衔在嘴上的肉给弄丢了”。依此类推其他成语的意思，不仅教给学生理解词语的方法，还给学生具体翔实的例子。如此积累了成语，从而为写话和习作打下基础。

学生的口语交际能力与写话水平相辅相成。统编版语文教材的口语交际部分遵循学生口语发展的规律，由浅入深，有层次、有梯度地编排。在平时的课堂教学和语文活动中，要引导学生有意识地运用口语交际课中学习的原则和方法。通过创设真实丰富的交际情境，激发学生的交际兴趣。如教学二年级上册《有趣的动物》时创设“动物王国开大会”的情境，让学生在生动有趣的情境中展开交际活动。这样一来丰富了学生的想象力，为写话插上了翅膀。

小学低年级语文的书面表达是以写话的形式呈现。教材在内容的安排上提出了一些关于写话的基本要求。要充分发挥教材的示例作用，落实这些基本要求，为养成良好的写话习惯打下基础。但在教学中，除了基本的行文和格式规范，其他不作具体规定，让学生自由发挥，多少不限。

3. 学生的发展需要

小学二年级的学生对于所学习的内容知识没有太深刻的感知和认识，所以经常用口语化的文字来表现对事物的理解。在这个阶段培养起学生良好的写话习惯和兴趣是必要的。教师必须根据学生交流与表达的需要培养学生的写话习惯，营造良好的写话环境，确立科学的写话评价标准，提高学生的写话能力，使其成为学生核心素养的有机组成部分，为以后的习作教学奠定良好的基础。

(二) 写话教学的原则

1. 明确要求：写话要做到真情实感，准确表达

在小学二年级写话教学中，不仅需要教师明确写话的基本要求，让学生学到基

本的写话技巧，而且还要求学生在写作中做到准确表达。也就是说，在教师引导和学生的努力下，才能真正取得写话教学的效果。

从教师角度来看，一方面要准确地解读写话的基本要求，比如要做到手写脑想、手脑一致，语句连贯通顺，标点符号符合基本规范等；另一方面要解读传授写话的基本技巧，比如告诉小学生要善于观察生活中的事物，善于思考，善于讲所见所闻，用笔记录下来等。通过详细的解读，确保学生能够掌握基本的写话基础知识和写话技巧。

从学生角度来看，需要在教师的引导下逐步地做到准确表达。学生在进行写话训练时，不仅要文从字顺地表达，还要学会反思，弄清楚每一个句子的含义，并用心深刻地体会。通过教师的细心指导，可以使小学生掌握写话的基本知识和技巧；再通过教师的科学引导，可以使小学生在获得一定写话技巧的基础上准确表达，培养自己在写话中的真实情感。

2. 深度拓展：写话要做到逐步培养小学生的能力

除了做好基本的写话训练，还需要教师深度拓展，一方面要深度拓展小学写话的教学方法，另一方面，还要深度拓展小学生的写话能力。对于小学写话而言，一是教师要具备一定的执教能力，这种执教能力包括教材运用能力、知识掌握能力、教学方法运用能力、课堂控制能力等。教师一旦具备了这些能力，就可以有效地开展写话教学。二是教师要具备相应的研究能力，特别是要研究新型的教学方法，还要善于研究小学生的心理素质、学习状态等各方面的因素。

拓展小学生的写话能力，一是要深刻了解小学生的学习特点。小学二年级学生是低年级学生，如果教师在写话教学中讲得过难，学生听不懂；讲得太简单又起不到提升小学生写话能力的目的。因此，必须要根据小学二年级学生的基本情况来制定相应的培养学生写话能力的计划。二是制订先说后写，从单字到词语再到句子的写话训练方法，也可以制订由简单句子开始，再到较难句子的训练方法。通过逐步的训练，让小学生的写话能力得到一定程度的提高。

（三）写话教学的方法

1. 由易到难，循序渐进

结合小学二年级学生的年龄特点，要想教会他们写话，需要从简单入手，先说后写，就是训练学生先会说话，能够用口语准确表达，然后再把自己的话写出来，觉得不妥的地方再修改。如果给他们的学习起点过高，超过了他们的最近发展区，容易使学生写话的底子不稳，对他们以后写作能力的提升不利。本案例中在进行《我最想养的小动物》的写话之前，可先从造句入手，让学生自己说说“我最想养的小动物是什么？它是什么颜色的？长得什么样子？”帮助学生纠正说得不好的地方，然后让学生把自己说过的话写下来，再以扩句的形式来训练学生写话，由浅入深，循序渐进，逐步提高学生的写话能力。

2. 加强阅读，重视积累

在义务教育阶段的语文教学过程中，培养学生的语言文字运用能力是一大重点，其中培养学生的写话能力就是重要的方面。对于小学二年级的学生来讲，首先应提高他们写话的学习兴趣。写话是学生综合运用文字的能力，提高学生的写话能力有助于学生在以后学习过程中书面表达自己感知到的事物。写话是小学二年级学生精神世界的表达，也是他们对于外部世界充满好奇，向外界展示他们对生活和社会初步理解的重要方式。同时，写话能力的提高，也为他们进一步的学习奠定了基础①。想要学好写话，就必须加强对文章的阅读，重视积累。虽然小学二年级的学生没有很好的理解能力，但是他们乐于接受新鲜事物，所以教师更应帮助学生形成正确的学习习惯，强化他们的阅读，提高他们的认知水平。例如，统编版二年级下册语文教材 19～22 课都描写了小动物：《大象的耳朵》告诉学生大象的耳朵与众不同，是耷拉着的，这样可以防止飞虫的进入；《蜘蛛开店》通过生动有趣的想象，让学生认识了勤劳爱织网的蜘蛛；《青蛙卖泥塘》让学生侧面了解青蛙的栖息地；《小毛虫》辛苦蠕动，不骄不躁，最后破茧成蝶。每一课刻画的小动物都不同，描写的侧重点也不一样。有的从动物的外观入手，有的从动物的习性入手，有的展示了动物的栖息环境，有的描写了动物的品格。学生在学习的过程中，不仅积累了语言，还能为写《我最想养的小动物》铺路。

3. 联系生活，大胆想象

二年级的学生在看图写话的时候，往往能够很好地表达图意，也能够有条理地描写，尽管语言很简单，但所表达的内容比较完整。相比于看图写话，主题写话对于学生来说困难一些。二年级的学生对外界的事物充满着好奇心，所以对于他们而言，发挥想象更能为写话增添色彩。统编版二年级下册语文教材中第七单元习作的写话教学《我最想养的小动物》不一定要引导学生描写小动物的外貌和形态，反而可以引导学生大胆想象和小动物对话、一起冒险等所带来的快乐。

4. 利用图文影音，开展主题写话

由于小学生年龄尚小，普遍缺乏生活经验，课外阅读量也不足，所以，在写话时经常会遇到无从下笔、无话可说的现象，以至于他们的写话内容总是苍白无力。基于这一现状，教师可借助多媒体等教学手段，来激发学生的写话兴趣。针对《我最

---

① 傅梅. 浅谈小学二年级语文写话教学的提升[J]. 读与写，2019(9).

想养的小动物》这一主题，教师可以用多媒体展示小学生喜爱的很多小动物的图片。这些小动物有天上飞的、地上走的、水里游的，教师可以通过多媒体把这些小动物的外形放大，让学生观察特点，并介绍这些小动物的生活习性。这样就能使小学生明白应该如何抓住小动物的外形特点和习性等进行描写，这将有效地帮助小学生积累写话素材，提高写话能力。

5. 赞美鼓励学生，增强教学效果

低年级的学生天性活泼，易受老师评价的影响。老师随口一句表扬都能令他们心花怒放，学习热情大涨。虽说学生具有明显的个体差异性，但每个学生身上都有值得挖掘的闪光点。教师要在日常的教学中发现学生的优点，因地因时制宜地进行引导。在写话教学中，教师可先组织学生进行自评、互评，主动纠正错字和语句不通问题，并且相互之间进行学习，取长补短，共同提高。同时，教师也要积极批改学生的写话，看到学生使用的恰当词语和优美的句子，都可以用波浪线标出，并写上一些激励性的评语。例如“在你的写话中我看到了可爱的大熊猫，特别是大熊猫的一些动作描写得很细致，但下回写话时请注意写字整齐端正”，这样的评语既肯定了学生的点滴进步，又向学生提出了明确的要求。在这样的激励下学生的写话积极性会更加强烈，也能够收到良好的教学效果。

二、《我最想养的小动物》的教学设计与实施

教学目标：

1. 激发学生写话的兴趣。
2. 留心观察事物，把自己想说的话写下来并且能写通顺。
3. 在写话中运用文本中和生活中学到的词语并学习使用逗号、句号、问号、感叹号。
4. 督促学生养成认真听别人讲话的习惯并积极发言。
5. 培养他们喜爱和爱护小动物的情感。

教学重难点：

1. 教学重点：(1) 正确使用基本的标点符号。
   (2) 观察仔细，写话做到准确通顺。
2. 教学难点：激发学生的写作兴趣，逐步培养其习作能力。

教学方法：讨论法、游戏法、图片观察法。

教具：多媒体课件。

课时安排：一课时。

教学过程：

（一）围绕写话主题，游戏激发兴趣

围绕写话主题“如果可以养小动物，你想养什么？写写你的理由，试着多写几条”，教学设计贴近学生生活，让他们说说自己养的小动物，有利于营造写话的情境。用游戏活动激发学生参与课堂教学的积极性。

片段一：

师：小朋友们，大家有没有去过动物园啊？

生：去过！

师：同学们家里有没有养宠物的？

生：我家里有一条狗。

生：我家里有小金鱼。

……

师：嗯，老师知道同学们一定认识不少的小动物，它们是我们人类的好朋友，我们一起生活在同一个地球上，世界变得更有趣了。你们喜欢小动物吗？

生（齐答）：喜欢。

师：最近，老师听说动物园的大象先生想要举办一场动物模特秀，它打算邀请咱们班的小朋友参加这个活动，而且每个人都必须带上自己最喜欢的动物朋友。大家愿意参加吗？

生（齐答）：愿意！

师：那小朋友们最喜欢什么小动物呢？

生A：熊猫

生B：猫咪

……

师：看来同学们都有喜欢的动物朋友，既然这样，我们可以先来介绍一下自己喜欢的动物朋友，然后告诉大象先生我们很乐意参加这次活动。

师：在这之前呢，老师先和大家一起做个游戏，来考考大家究竟认识哪些小动物。游戏的名字叫作“你比我猜”。

（教师与同学一起合作向大家展示游戏的规则，给学生分小组共同参加游戏，调动学生参加游戏的积极性）

教师以开门见山、溢满童趣的导入，为学生营造轻松愉悦的学习氛围，潜移默化地把他们带入学习情境中，激发学生以饱满的热情参与其中，从而将学生的情感活动与认知活动紧密结合起来，点燃学生写话的激情。

（二）细心观察，分组讨论

运用多媒体教学，提供可视化教学资源，组织学生细心观察和讨论，要求学生先学会说话，为写话打好基础。

片段二：

师：通过刚才做游戏的活动，老师发现同学们表演得很好，我们已经了解到动物世界真实有趣，小动物们的特点也是各不相同。其实，老师也喜欢小动物，也有自己的动物朋友，而且今天老师还把它们带过来了，希望你们能成为很好的小伙伴。同学们想看吗？

生（齐答）：想看！

师：但是呢，它们提出了一些要求，只有小朋友们同意之后它们才肯出来呢。（要求：①仔细观察。②能说出它们的名字。③说出它们有什么样的特点，例如外形、几只脚、羽毛、嘴巴、翅膀等。④尽量使用以前学过的相关词语进行表述。）大家能做到吗？

（播放多媒体课件，展示各种动物的图片）

（生分组讨论，推荐小组代表介绍所观察到的动物）

小组A：我想要说的是小猫，它有圆滚滚的脑袋，四只脚，毛茸茸的，嘴巴很小，看起来非常可爱。

小组B：我们小组想要介绍的小动物是小鸟，小鸟有两只脚，嘴巴尖尖的，整体是蓝黑色的，翅膀有一块小小的黑色，眼睛又黑又圆。

小组C：小乌龟，它有着一块坚硬的“厚盾”，可以用来抵御其他动物的伤害。它的脸蛋是红色的，像打了深深的腮红似的，脸上还镶嵌着两颗无杂质的黑珍珠。

本环节是基于看图写话部分的指导，即观察要有顺序，表达才会清晰，既要学会从整体上观察，把握全局，又要学会从局部观察，厘清层次，更要学会从细节上观察，把握要点，这样描写才会生动。教师基于文章写作要素的指导培养学生对图画观察的敏感性和准确性，也为学生写话构建基础。

（三）由说话到写话，明确教学要求

循序渐进，先说后写，说可以让学生尽量使用学过的词语，训练学生的发音器官，提高口语表达能力，在说的基础上写话，可以使学生表达有条理，思路清晰，语句通顺。同时，教师呈现教学要求，学生学习写话才能有的放矢。

片段三：

师：刚才听了大家的介绍，老师觉得大家说得很棒！你们都把自己想养的小动

物描述得很可爱，很讨人喜欢。可是，还有一部分小朋友没有介绍呢，老师很想了解全部人的想法。大家有没有啥办法呢？老师来想一个办法（做思考状），如果大家愿意把自己的想法写下来的话，就更好了。老师也可以把同学们写的东西寄给大象先生看，让它提前了解要参加活动的动物们，顺便拜托它准备一些好吃的，大家觉得这样可以吗？

生（齐答）：可以！

师：大家可以把自己想说的话写下来，就像刚刚介绍的那样（想养的动物，它的特点，为什么想养它，自己和动物之间难忘的故事；鼓励写其他想说的话）。而且刚刚老师发现一个问题，有不少人都喜欢同一种动物伙伴，那么为了方便称呼，我们每一个人可以给自己的动物起一个好听的名字。如果同学们会画画，能够把小动物的样子画下来就更完美了。

（提醒学生在写话时注意要求——标题：我最想养的动物朋友；写话的格式：段前空两格；标点符号：逗号、句号、感叹号；不会写的字可以用拼音代替；最好利用书中学过的有关词语）

（巡视并进行指导）

教师设置“我手写我口”这一实践环节，既锻炼了他们的口语表达能力，又降低了写作难度。

（四）分享写话内容，鼓励性评价与修改结合

设计分享环节有利于学生之间围绕写话主题交流对话，鼓励性评价可以激发学生写话的积极性和主动性，在此基础上要求学生精细修改，学生就会欣然接受，精益求精。

片段四：

师：我看同学们已经写好自己的动物朋友啦，下面我们请几位同学来展示一下好不好？

生：今天，我想要介绍我的朋友——小兔子。小兔子有一个毛茸茸的身体，耳朵长长的，竖得高高的，就像一个雷达；红色的眼睛就像一对红玛瑙；它的嘴巴成“人”字形，就像是被刀子划了一条裂缝。它的四肢非常灵活，前腿短，后腿长，一跳就有三尺远。除此之外，还有一条绒球似的短尾巴，可爱极了。

师：听了这位同学的描写，大家的脑海中是不是已经浮现出小兔子的形象啦？这位同学描写得非常成功，从小兔子的外形方面进行了细致的描写。“红色的眼睛就像一对红玛瑙”，老师觉得这句话生动极了，真棒！我们再请接下来的同学为我们分享他的动物朋友。

生：我介绍的是我的小狗嗷嗷。嗷嗷毛茸茸的特别可爱，我最喜欢和嗷嗷玩扔玩具的游戏。我把一个布娃娃扔出去，它就会马上跑去捡回来，跑到我的脚边上对我摇头摆尾，好像在说："姐姐，姐姐，我把布娃娃捡回来了，有没有狗粮给我吃啊？"我一看到它滑稽的样子，我就哈哈笑了！它跑的时候毛要飞起来的感觉，真好笑。

师：嗯，这位同学为我们介绍了小狗嗷嗷，与上一位同学不同的是，这位同学主要讲了和小狗的趣事，从另一个角度刻画了自己的动物朋友，写了自己的故事，也很棒！大家还要注意，写这些小动物还可以从它们的活动、神态、爱好等方面着笔，可以把它们写得活灵活现。

师：听了同学们的分享，老师觉得同学们写的小动物各有特点，相信大象先生一定会非常欢迎我们的动物朋友们。但是呢，我们给大象先生介绍动物朋友的时候一定要语句通顺，不能有错别字，可不能被大象先生笑话。那么剩下的时间里，同学们再仔细读读自己的文章，把老师指出的病句改过来，再好好检查有没有错别字。

教师采用鼓励性评价，重点关注学生语言的连贯表达、写话的快速入题和内容的完整叙述，同时向学生传授使用动作、神态等描写会使文章增色的方法。该环节鼓励学生趁热打铁，一气呵成，先写后改。"好文章不是写出来的，而是改出来的。""文章不厌百回读，文章不厌百回改。"教师注重教学生自主修改，学习推敲。"写"永远是语文学习的落脚点，教师需要多花费时间和精力培养学生的语文写作能力。

结语

看图写话是低年级作文练习的重要形式，语文教师应创设情境，优化写话教学设计，并注重结合教材内容和要求指导学生通过观察日常生活中的事物，加以深入智慧的思考，先说后写，循序渐进，逐步达到提升学生语言表达能力的目的。

案例思考题

1. 如果你来进行《我最想养的小动物》的写话教学设计，你会如何设计？
2. 如何更好地激发低年级学生的写话兴趣？
3. 针对二年级的学生，你觉得写话评语应该怎样写？

案例使用说明

1. 适用范围

适用对象:小学语文教育专业研究生或本科生,教师教育相关专业的研究生,以及在职语文教师。

适用课程:《小学语文教学论》《语文课程与教学论新编》《语文教学技能全程训练新编》《教学设计》《课程与教学论》《教学技能》等相关章节。

2. 教学目的

(1) 学习小学低年级写话教学设计,掌握写话教学原则及方法。

(2) 了解小学二年级学生的身心特点,考察教师如何培养他们的写话能力。

(3) 依托案例学习写话教学的课堂实施,提升师范生或教师的专业素养。

3. 关键要点

相关理论

教学设计、教育心理学、教学实施与评价、语文课程与教学论

关键知识点

利用学生的认知发展规律;小学低年级写话教学设计与实施

关键能力

研读教材的能力、学情分析的能力、教学设计的能力、教学实施的能力

案例分析思路

使用本案例时,可根据具体课程内容的需求,结合相关的理论与方法,从以下几个方面入手分析。

(1) 挖掘教材内容,正确引导学生写话

教师对教材内容要有深刻的认识和准确的把握。在此基础上,结合学生的实际,进行教学设计。另一方面教师可以在挖掘教材的基础上结合生活实际向外拓展,让学生观察身边的人或事物都有哪些特点,指导学生善于发现身边的话题,从而更好地引导学生写话,并对学生进行适当的指导。

(2) 把握写话特点,强化教学中的师生互动

小学语文教材习作单元内容设置符合学生的认知发展规律,教材的编排特点独具特色。《义务教育语文课程标准(2022 年版)》蕴含着教师角色的变化:教师是学生学习的引导者、合作者、促进者和评价者,教学过程是师生交往与发展的互动过程。在教学活动中,首先,教师要突出指导地位,把握写话内容的特点和要求,指导学生进行写话,然后学生进行相应的练习。其次,对学生的分析到位,教学中沟

通顺畅，富有教学机智，对学习问题要对症下药，因材施教。最后，加强与学生的互动，做学生学习的倾听者，尊重学生的想法。

（3）适当创设情境，激发学生写话的兴趣

创设情境就是要为学生创设"乐学"的环境与氛围，以促使学生主动积极地参与到教学中。为小学生的写话创设情境，让学生在情境中学习，不仅可以激发学生的学习动机，还可以提高学生解决问题的能力。激发学生写话的兴趣十分重要，19世纪俄国教育家乌申斯基说："没有任何兴趣，而被迫进行的学习，会扼杀学生掌握知识的意愿。"兴趣是最好的老师，培养学生的兴趣是写话的第一步。在这一过程中，学生能够轻松自由地将自己感兴趣的人或事物用口语表达出来，用文字记述下来，与大家进行交流。

（4）引导学生关注现实生活，重视积累写话素材

陶行知提出："生活即教育。"在生活中教育，在教育中学会生活。生活就是写话最好的例子，在写作的过程中如何运用生活中的例子是值得探究的，特别是对小学生而言，生活中的例子很多，但他们很难表达出来。学生只有积累了丰富的词语和语句，才能很好地表达。

4. 教学建议

时间安排：一课时。

环节安排：游戏导入→多媒体展示动物图片→创设情景，引导写话→教师提出写话要求，巡视指导→学生展示→师生评价→课外拓展。

人数要求：30 人左右的班级。

教学方法：参与式教学、讨论法、游戏法等。

工具选择：多媒体。

组织引导：教师明确写话要求；
展示动物图片，引导学生写话；
过程中给予指导；
及时跟进评价；
课外拓展。

活动设计建议：

（1）阅读《义务教育语文课程标准（2022 年版）》和教材中写话"我最想养的小动物"的相关要求，查阅相关的教学设计和实施的文献，对"我最想养的小动物"进行初步的教学设计。

（2）阅读本案例，学习与反思。

（3）学生展示，教师评价，以表扬为主。

（4）教师指导，学生落实课外拓展学习

5. 推荐阅读

[1] 吴春来. 语文教学技能九讲[M]. 上海：华东师范大学出版社，2020.

[2] 陈琦，刘儒德. 当代教育心理学（第 3 版）[M]. 北京：北京师范大学出版社，2019.

[3] 曹爱卫. 低年级语文这样教[M]. 上海：上海教育出版社，2018.

起步习作教学设计与实施

——以《我来编童话》为例

摘要：义务教育初始阶段的“写作”目标，第一学段（1～2 年级）定位于“写话”，第二学段（3～4 年级）之后定位于“习作”。三年级正是写话向习作过渡的关键期，很多学生在此关键期陷入了困境。统编版小学语文教材的习作根据《义务教育语文课程标准（2022 年版）》的课程目标编写，在主题、构思、修改和交流方面对学生提出了新的要求，指明了新的方向。每个单元的习作都结合本单元课文和习作目标，为学生设计一个或多个生活化的场景，并围绕一定的主题安排。教师实施习作教学应根据语文课程标准的要求，结合学生的身心特征，把握教学目标、教学重难点、教学内容等，并使用恰当的教学方法和教学媒介，制定切实可行的教学方案，为学生的习作生涯开好头、起好步。

关键词：统编版；三年级习作；教学设计与实施

背景信息

一年级的写话，文字内容方面只要求学生能够完整通顺地写一句话；二年级的写话，文字内容方面只要求通顺连贯地写几句话；而三年级的习作，不仅文字内容方面要求通顺连贯，字数方面也有了 300 字的要求。经过两学年的写话积累，大部分学生有所进步，但由于一二年级没有经历整篇文章的写作，不少学生对刚刚接触不久的习作有畏难情绪，觉得自己没话讲。2019 年 5 月，笔者对 H 市一城镇小学共 20 名三年级学生进行《猜猜他是谁》的半小时当堂习作训练。从字顺角度考察，其中 9 人写了夹杂着汉语拼音的三句话；5 人写了 150 字左右；4 人写了 200 字左右；只有 2 人完成了 300 字要求。这反映了学生的习作能力有待提高，习作教学需要提质增效。

张志公先生曾说过：“语文教学在普通教育工作中恐怕算得上一个‘老大难’，而作文教学恐怕又是语文教学工作中的一个老大难，换言之，作文教学是老大难的

'老大难'。"[①]张志公先生又进一步阐发道："阅读教学中重视语言教学，不但能够有效地提高学生的写作能力，同时也能更好地完成思想教育的任务。"由此可见，在小学阶段的起步习作中，教师就应引领学生在阅读文本时，分析文本的构架、手法，品味作者的情感，为学生习作打下基础。因此，如何挑选文本就成为教师进行习作教学的第一任务。范本应以母语文字为载体，符合学生身心发展特点，典范性与时代性并重，展现人间真善美，而统编版语文教材中的选文正是编者们大浪淘沙后奉献的经典。

统编版义务教育语文教材，以《义务教育语文课程标准（2022年版）》为编写依据，吸纳语文课程改革的最新成果，沉淀课程改革的先进理念和成功经验，注重培养学生的创新精神和实践能力，积极倡导自主、合作、探究的学习方式，加强语言文字运用，加强语文和生活的联系，致力于构建开放的、富有活力的教材体系，全面提高学生的语文素养。统一使用统编版教材之前，全国各地的教材编撰情况参差不齐。语文教材是母语教材，对人的一生影响深远，因此统一编订教材成了一件极为慎重的事情。统编版语文教材的选编强调经典性、文质美、宜教学、连续性的特点。它起到了示范作用，有助于统一教育思想、统一教学导向、统一考试蓝本。

统编版三年级上册语文教材关于习作部分的专门安排是每个单元安排一次习作，但同时在课文中穿插小练笔，例如在本册教材第18课《富饶的西沙群岛》的课后习题部分安排了看图写话的小练笔。更值得一提的是，在统编版三年级上册语文教材中专门设立了第五单元——以想象为主的习作单元，这表明统编版教材的编写更加重视培养学生的想象力。

总之，统编版三年级上册语文教材的习作类文本的优势在于：单元安排合理，将读、说、写科学结合，顺应儿童的身心发展规律。

一、以读带写，以说促写

统编版三年级上册语文教材中每个单元安排一次独立的习作，且与本单元主题十分契合，可借助课文阅读帮助学生有话可说。以读为本，让学生充分地读文本，边读边想象，在读中感受与欣赏，在读中培养语感，积累语言材料。

统编版三年级上册语文教材习作内容及教学目标如下：

---

① 张志公.语文教学论集[M].福州：福建教育出版社，1981.

单元	习作内容	目标要求	类型
第一单元	《猜猜他是谁》	习作真有趣	纪实
第二单元	《写日记》	记录事件	纪实
第三单元	《我来编童话》	发挥想象	想象
第四单元	《名字里的故事》	介绍自己名字	纪实
第五单元	《我们眼中的缤纷世界》	观察世界	纪实
第六单元	《这儿真美》	记录生活	纪实
第七单元	《我有一个想法》	记录想法	想象
第八单元	《那次玩得真高兴》	记录事件	纪实

本册的八篇习作，在编排上努力为学生自由创作提供方便，一般是提出一个大范围，让学生都有内容可以写。这八次的习作内容包含广泛，囊括人事、景物，包含纪实、想象。纪实类的习作，要求学生描写真人真事，抒发真实情感，话题由自己到他人，再由自己亲身经历的到所闻所感，范围逐步扩大；想象类的习作，则要求学生发挥自己的想象，锻炼他们的思维能力。

“语文”说到底是语言，叶圣陶先生将其定义为“口头为语，书面为文”，因此再深究，语文教育便是学习语言的教育，所以习作中应该多给学生提供说的机会，实现从说到写的转变，多鼓励多表扬。本册中，不是每个单元都安排了口语交际，但是只要是在单元中有口语交际，它的位置必然在习作之前，这一安排符合以说促写的观念。因此除了单元中的阅读课文为习作做准备之外，习作开始之前的口语交际也为习作做了铺垫。

例如第一单元口语交际以“我的暑假生活”为内容，在这一部分中提出了“选择别人可能感兴趣的内容”这一建议，这对于本单元习作《猜猜他是谁》具有参考价值。这是一篇写人的习作，要求介绍班上某个同学，不能在文中出现他的名字，但是要让别人读了你写的内容，能猜出你写的是谁。作文有字数限制，要求在有限的字数之内，说清楚这位同学的外貌特征与性格特征等，而口语交际为学生提供了语言实践的机会，能有效促进学生在有限的时间或者字数内，表达出有效的信息。

每单元习作中，教材总有与他人分享交流相关的要求，包括动笔之前你想写什么的讨论和习作完成之后的分享。例如第二单元《写日记》中有“和同学交流：写日记有什么好处；日记里可以写什么；日记的格式是怎样的”；第四单元《续写故事》最后有“和同学交流习作之后，说说你更喜欢谁写的故事”。

二、科学安排，迎合儿童

本册教材对于习作内容的安排，如《猜猜他是谁》《写日记》《我来编童话》等，先是具体的人物，接着是抽象的想象，这是因为学生的形象思维发展早于抽象思维。许多人以为形象思维是艺术，高于抽象思维，这是误解。英国思想家科林伍德列出了人类五种精神生活及其思维方式的序列：艺术，其思维方式是形象；宗教，其思维方式是崇拜；科学，其思维方式是实证；历史，其思维方式是过程；哲学，其思维方式是逻辑。由此可以看出，人类发展中形象思维出现最早。所以，本册教材对于习作内容的安排顺序从容易到复杂、由形象到抽象是十分合理的。

除了每个单元习作内容的顺序符合这一特征外，习作中的指导要点也符合这一特点。例如第七单元《我有一个想法》中，由哪些问题引起关注到对于这些问题有何想法是循序渐进、逐步引导的。

教材插图及色彩的运用更是吸引了学生的注意力，激发了他们的兴趣。三年级学生还处于孩童时期，教材中有趣的插图更容易吸引学生的视线。例如习作《我们眼中的缤纷世界》中出现三幅插图，借此开阔学生的视野，由此展开想象，帮助其完成写作。教材中习作部分的色彩安排总是在三种以上，这样有助于给学生以视觉的刺激，激发其兴趣。同时，多种配色的教材能给学生营造一种轻松愉悦的学习氛围。

三年级处于低年级阶段，学生所见所闻有一定局限性，这也必然导致学生思考的东西十分有限。本册教材的习作内容符合学生实际，确保每位学生有话可说，有话可写。同时在习作要求方面也没有做过多的要求，这在一定意义上有助于培养学生的习作兴趣，帮助学生消除习作的畏难情绪。并且本册教材在第二单元安排《写日记》十分合理，在帮助学生了解日记的基本格式的基础上，建议学生准备日记本、坚持写作，培养学生写日记的好习惯，这对于学生的习作水平的提高大有裨益。同时本次习作不给命题，让学生自由发挥，畅所欲言，这一做法有利于学生感受到习作的乐趣。

习作主题和要求都是拟定好的，这样安排，对于刚刚接触习作的三年级学生来说降低了难度，同时既定的习作主题一目了然，防止学生出现跑题的现象。这种科学的安排有助于学生提升习作的信心，满足学生习作的心理需求。

案例正文

一、小学三年级习作起步指导方法初探

——以《我来编童话》为例

(一) 习作教学依据

1. 依据课标要求

总目标:能根据需要,用书面语言具体明确,文从字顺地表达自己的见闻、体验和想法。

阶段目标:《义务教育语文课程标准(2022 年版)》在第二学段(3～4 年级)要求:

(1) 乐于用口头、书面的书面方式与人交流沟通,愿意与他人分享,增强表达的自信心。

(2) 观察周围世界,能不拘形式地写下自己的见闻、感受和想象,注意把自己觉得新奇有趣或印象最深、最受感动的内容写清楚。

(3) 能用简短的便条、书信等进行交流。

(4) 尝试在习作中运用自己平时积累的语言材料,特别是有新鲜感的词句。

(5) 学习修改习作中有明显错误的词句。根据表达的需要,正确使用冒号、引号等标点符号。

(6) 课内习作每学年 16 次左右。

这些要求具体明确,贴合了三年级学生的身心发展特点和生活实际,也交给教师引导学生认识世界、整理思路、锤炼语言的任务。

2. 依据教材安排

所谓"习作"是运用语言文字进行表达和交流的重要方式,是认识世界、认识自我、创造性表述的过程。习作能力是语文素养的综合体现。习作教学应贴近学生实际,让学生易于动笔,乐于表达,应引导学生关注现实,热爱生活,积极向上,表达真实情感。统编版小学语文教材的习作,是根据《义务教育语文课程标准(2022 年版》中的课程目标编写的。每一课都对本课的教学目标以及教学顺序提出了大体的要求,为本单元习作教学提供了生活化的场景。教学前,教师应该对照《义务教育语文课程标准(2022 年版)》,认真研读教材,仔细领悟教材的编写意图,这对于

用好教材，有效地进行作文教学，培养学生写作的基本能力是大有裨益的。教材每个单元不仅有单独习作部分，每篇课文后面都设有“写一写”类的习题，不仅要求学生阅读课文，并且在阅读课文的同时还要对词汇语句进行积累，多方面加强学生语文素养。

在编排上，习作板块力求细化，使学生一课一得，增强活动性和指导性，让学生有话可说，有字可写，有律可依，避免说空话。作文内容与单元主题紧密相关，与口语交际、语文园地紧密联系。例如第三单元，习作的题目是《我来编童话》，而第三单元的几篇文章《去年的树》《那一定会很好》《在牛肚子里旅行》《一块奶酪》和语文园地、快乐读书吧这几个部分都是围绕童话故事来展开的，很好地将阅读、口语交际、习作等内容有机结合，做到听说读写并重，这种安排有利于更好地发展学生的语文素养。

统编版三年级上册语文教材单独为导语开辟了版面，不光借助导语揭示了单元主题，并且在左下角位置点明单元习作的相关内容，这有助于教师更加明确地把握每单元的习作教学。例如第二单元的导语版面于右上角部分写了“金秋的阳光，洒在树叶上，洒在花瓣上，也洒在我们的心上”，点明了本单元主题——金秋时节，左下角给出了两点要求，第二点“学习写日记”即本单元习作；第三单元导语版面给出了“编童话、写童话”的单元习作内容；第四单元导语版面给出了“续编故事”的单元习作内容；第五单元导语版面给出了“留心观察周围事物，把观察所得写下来”的单元习作内容；第六单元导语版面给出了“习作的时候，试着围绕一个意思写”的单元习作要求；第七单元导语版面给出了“留心生活，记录生活”的单元习作准备；第八单元导语版面交代了本单元的习作是“学写一件简单的事”。

除了导语，教材中还安排了跟本次习作相关的好词好句。例如第六单元《这儿真美》中，教材给出了“盛开、飞舞”等好词，这一做法有利于为语言积累还未完善的三年级学生的习作增加亮点，让学生积累了优美词语，方便下次用到别的习作中；第五单元是专门设立的以观察为主的习作单元，安排了两篇课文与两篇习作例文，不但课文的课后习题与此息息相关，例如“观察了什么”“读课文，将作者观察的内容填写在横线上”等，而且在两篇课文之后安排了以观察为主题的交流平台与初试身手两个板块，由说到写，以此一步一步，循序渐进地指导学生进行观察作文的学习。在此之后，教材还安排了篇幅短小的观察性例文，同时用与例文不同颜色的文字做了批注，简洁明了地告诉学生好在哪里。这种安排有助于学生通过模仿学习写作，降低学生写作的难度。

3. 依据学生发展

三年级学生大约 9～10 岁，根据皮亚杰的认知发展阶段理论，他们处于具体运算阶段(7～11岁)。这一阶段的儿童接受了学校教育,认知能力显著发展,他们能分辨事物或依靠事物获得表象,进行具体性的思维分析。但这些思维分析都必须建立在具体事物或生活场景上,他们还不能脱离实物进行抽象思维。皮亚杰建议对这一阶段的儿童多进行具体性或技能性的训练。所以,教师应结合实际,类比范本进行习作指导。

三年级学生虽然口头语言已经有了一定的发展,但是对于一部分学生来说要求用文字的形式写到本子上准确表达自己的意思还是有些困难。为此,教材习作部分均安排了习作提示,便于学生从中受到启发,清晰地知道习作有哪些内容可写。例如第三单元《我来编童话》中,教材给出了哪些角色、什么时间和地点、在那里做什么、发生了什么事的习作提示。

(二)习作教学原则

1. 文道结合原则

当今社会发展迅速,儿童比以往一代更加早熟,也更早地沉浸于网络世界,因此在学校生活中就更要强调塑造他们的世界观、价值观和人生观。《我来编童话》的习作正式开始之前,教师可以先列举一个正面的具有规劝意味的故事进行引导,借助童话的形式,生动地向他们讲述道理。

2. 听说读写并进原则

加强阅读方法的迁移和运用,重视阅读、习作、口语交际等几方面的横向联系,体现由读到写,读写并进的教学序列。鼓励学生运用阅读中积累的语言材料和表达方式,提高自己的表达能力。同时,注意好的作品对习作的引导作用。教材中不少地方的"口语交际"和"习作"的安排本身就是有机的整体,教学时不要机械地把它们割裂开来。有些话题,如《我来编童话》,可以先习作,后口语交际;也可以先口语交际,后习作。总之,教学过程中要尽量做到听说读写并进,要重视利用各种语文活动的机会,指导学生的习作。

3. 联系实际原则

写作内容的确立有三个维度:就地取材,过往追忆,未来畅想。艺术来源于生活,也高于生活,习作也是一样的。处处留心皆学问,真正地走进生活,从现实取材,才能让习作变得有真实感,孩子们才有可能乐于习作。但是巧妇难为无米之炊,第二学段的学生生活阅历少,对事物的见解浅显,这些往往对他们造成困扰,导致习作内容枯燥、单一、流于形式。而统编版语文教材针对此类问题做了重新审定,力求把习作放在真实的情境中,切实地让学生参与其中,让他们从现实生活积累素材。如果习作的对象是不存在的或者是学生从未接触过的,那么习作就会变得无从下手。因此，在教学想象类习作如《我来编童话》时，教师就应先明确童话与故事的区别，赋予童话角色人格，联系实际，编写故事情节。

4. 循序渐进原则

《我来编童话》正式习作前，教师应先出示范本，引导学生发现童话类写作的特点和技巧，再联系教材文本挑选出所编童话的角色，然后按照习作提示和要求，请同学们尝试着编出几个小故事。编出的童话故事可以先让学生说，教师帮助指导，最后进行真正的习作、交流和修改。这种由浅入深、稳扎稳打、循序渐进的训练方法符合人类螺旋上升的认知规律。

（三）习作教学方法

1. 积累习作素材。刘国正先生曾说："我国的传统作文教学，大多是注意指导学生怎么写，不大注意指导学生向生活去探究写作的源泉。"重视培养学生观察周围事物的习惯，培养学生对素材的选择和积累，养成写日记的好习惯十分重要。要指导学生观察和记录周围事物，精心选择和积累习作素材，培养这种再现生活的能力。在指导时要注意让学生如实表达，事实是什么样的，就写成什么样，不要写走样。培养学生能够把看到的事物写准确，这是很重要的表达能力。不要瞎编，不要说假话，更不要异想天开。纪实作文和想象作文应该相互配合，相辅相成，因为想象作文建立在纪实作文基础之上，学生必须根据现实生活中的人和物进行合理的想象习作。

2. 凝练中心思想。在写作教学中，文章反映了学生的思想道德水平和写作能力，是文与道的结晶。三年级学生写作不求高大全，只求真实和积极向上。因此在进行想象类习作时，应教会学生童话的写作方法，更要使学生能够表达出文章所蕴含的道理，准确地凝练中心思想。

3. 巧妙布局谋篇。三年级学生思维和认知能力还有待提高，因此他们在习作时的逻辑顺序也不太明晰，这反映在写作时语序混乱、句式颠倒等问题上。因此教师必须引导他们明白习作的顺序，围绕要表达的中心思想，选材剪裁，巧妙地布局谋篇。比如在《我来编童话》的习作中，教师出示范文，指出角色、时间、地点、事情的原因、经过、结果等简单的童话框架，让学生进行模仿训练，经过训练，学生慢慢就学会了布局谋篇。

4. 认真评价修改。在正式写作之前，组织学生进行交流互动，让他们讲述自己所编的童话，在讲述过程中打磨语言，完善逻辑。还可以让学生比一比谁讲得最好，增加他们的自我认可度，提高他们的写作自信心，满足他们的展示欲。然后再让学生把口头习作的内容写下来，反复读读，再次修改打磨。在这一过程中，教师要耐心指导，给予积极认真的评价，激发学生习作的热情，提高学生的书面表达能力。

二、《我来编童话》的教学设计与实施

教学目标：

1. 掌握童话的特征，能根据给定的词语编创童话，并将词语融入。
2. 把握童话编创的要素，初步懂得如何把故事写得生动有趣。
3. 通过编创童话，培养学生丰富的想象力和习作的兴趣。
4. 创作童话的活动中，进一步体验童话的魅力，感受童话带来的快乐。

教学重难点：

1. 教学重点：培养学生的想象力，将故事编创得具体、完整，体现童话故事的特点。
2. 教学难点：能够将童话故事编创得生动、有趣。

教学方法：讲授法、小组讨论法、读写结合法。

教具：多媒体。

课时安排：一课时。

教学过程：

（一）创设情境，激趣导入

师：同学们以前学过或听过哪些童话故事？比如这个单元我们学习的《卖火柴的小女孩》《那一定会很好》《在牛肚子里旅行》《一块奶酪》等等这些都是童话故事。你们能挑其中的一个童话，说说故事发生的时间、地点、人物和事情的起因、经过和结果吗？

生：《卖火柴的小女孩》是安徒生写的童话，讲述了一个卖火柴的小女孩在下着雪的大年夜，赤脚在街上卖火柴，最终没有卖出去，想要擦火柴温暖自己，当她第五次擦亮火柴想留住祖母时，在看着火柴光亮的幻想中冻死在街头的故事。

师：讲得很好！还有谁说一说。

生：《在牛肚子里旅行》讲的是：一天早上，两只蟋蟀玩捉迷藏，其中一只叫红头的蟋蟀不幸被牛吞进肚里，在牛肚子里“旅行”了一次，最后在青头的帮助下逃脱。它告诉我们一个科学小知识：牛有四只胃，牛吃食具有反刍现象。这个故事告诉了我们，遇到困难的事情，要想办法动一下脑筋，红头和青头这两只蟋蟀，让我感受到真诚友谊。

师:讲得太好了！他把这个童话蕴含的道理也讲出来了。

（学生踊跃发言，老师相机评价）

师:童话中的动物可神奇了，能像人一样会说话，也会做事，它们会思考，高兴会笑，伤心会哭。你发现童话故事有什么特点？

生:童话是虚构的故事，它用拟人化的手法；童话的故事性强，而且富有浓厚的趣味性。

师:这位同学回答得很棒！童话还包括时间、地点、人物、故事情节这些要素。童话作家们发挥丰富的想象力，为我们写出了那么多生动有趣的童话故事，让我们的心灵在神奇美妙的童话世界里飞翔！为了帮助同学们也练就一双想象的翅膀，老师带着大家走进童话世界，学习下面的范文。

（二）出示课件，学习范文

勇敢的花花

海洋无边无际、一望无垠，是个取之不尽的大宝库。那里生活着许许多多或美丽或恐怖的生物，比如五彩斑斓的水母、懒洋洋的翻车鱼、耀武扬威的龙虾、龇牙咧嘴的鲨鱼……

澳大利亚的珊瑚礁附近就生活着一群活泼可爱的海豚，两岁的花花是其中的一员。还是小宝宝的他经常趴在母亲的背上冲浪，现在也到了去上海洋乐园的年纪了。海豚非常亲近人类，他们经常救助不小心落水的伤员，将人推向沙滩。在他很小的时候就亲眼看见母亲救人的英勇身姿，海豚弯弯的背在天空划出优美的弧线。所以花花也立志要做一个小小海豚救助员，因此他要上的第一课就是由芳芳老师带领的海洋救助课，他听得可认真了。下课了，他还和邻居家的弟弟欢欢一起模拟救援呢。住在大堡礁对面的龙虾威威路过他们，哼道："你们这些天真的家伙，人类只会抓你们，等着瞧吧！"

周末在大堡礁旁沙滩玩耍的人变多了，花花和欢欢也趁机溜出来在海面撒欢。突然，花花看到远处海面有一只小船上跳下来一个人，激起了好大的水花，他立马过去查看情况，只见那个人挣扎着想要往船上爬。花花扎个猛子冲上去用自己的背部顶住那个人将他往岸上运，可是他脑袋一痛就什么也不知道了。欢欢看了都要吓哭了，他立马回头往家里奔去，想让大家想想办法。

等花花醒来已经是夜晚了，天上挂着星星，而他被困在一方浅浅的游泳池里。花花呜呜地哭起来，他想回家，想妈妈，他再也不要相信人类了。大堡礁的居民们听到了这个消息都急得团团转。海龟奶奶活了很久了，见多识广，她带上可以在陆地行走的螃蟹们和两个膘肥体壮的儿子向岸上进发。"花花，我们来救你了，你小声一点！不要吸引坏人。"花花停止了哭泣，狠狠地点了两下头。海龟奶奶指挥着螃蟹们扛着水管向泳池里冲水，再让两个儿子在泳池边等着。等水溢上来后，花花游到泳池边用力地往上跃，落到了海龟叔叔的背上。

花花得救回来了，龙虾威威落井下石道："早跟你说了，实话不听是要吃大亏的。"花花妈妈抱住儿子："宝贝，我们不听他的。下个星期天你跟妈妈出去，海底的邻居有好有坏，岸上的人也有好有坏，我们不能把他们混为一谈，对不对？"于是，又一个风和日丽的周末，妈妈领着花花躲在岩石的背后："我们不能因为看到了一个坏人，就认为所有人都是坏人，我们要用心去观察。"花花围绕着妈妈游了两圈："妈妈我知道啦，上一次是我太急躁，没有看清楚情况就往上冲，现在我不会了。"海岸上的小女孩看到了花花，她指着花花大声地叫道："小海豚！小海豚！"

女孩的妈妈抱着她下了水走到花花面前，还把手上漂亮的花环挂在花花的背上。花花羞涩地回到了妈妈的身边，心满意足地回到了海里。以后他上课更认真了，还加入了海豚救助队，成了小队长，妈妈很为此骄傲。

师：现在请同学们在下面自由朗读这篇文章，围绕文章的题目"勇敢的花花"，思考：

（板书：(1)什么原因让花花勇敢了？(2)发生了什么事？(3)结果怎样？）

（师指名回答，并在板书问题的对应处填写故事情节，完成情节图）

(1) 什么原因让花花勇敢了？花花目睹母亲救人的英姿，他也想救助人类。（起因）

(2) 发生了什么事？　他救助人类却被抓进了游泳池。（经过）

(3) 结果怎样？　花花在母亲的开导下，重拾勇气。（结果）

(4) 一个完整的故事一般包括事情的起因、经过和结果。（小结）

(5) 不能随便下定论；做事不要鲁莽。（道理）

师：在学习了范文《勇敢的花花》后，我们了解了童话的基本结构和写法，下面请同学们结合本次习作的内容学习编写童话。

（三）自主审题，明确内容

（师出示课件：国王、黄昏、厨房；啄木鸟、冬天、森林超市；玫瑰花、星期天、小河边"三组词语与图片）

（让学生自由读读教材关于本次习作的要求，小组讨论这次习作要求有几方面的内容）

（师提示：(1)人物，(2)时间，(3)地点；并随机抽取其中的人物、时间、地点，编一个故事：以啄木鸟、国王、黄昏、厨房为例，可能是啄木鸟太饥饿，黄昏时偷偷飞进

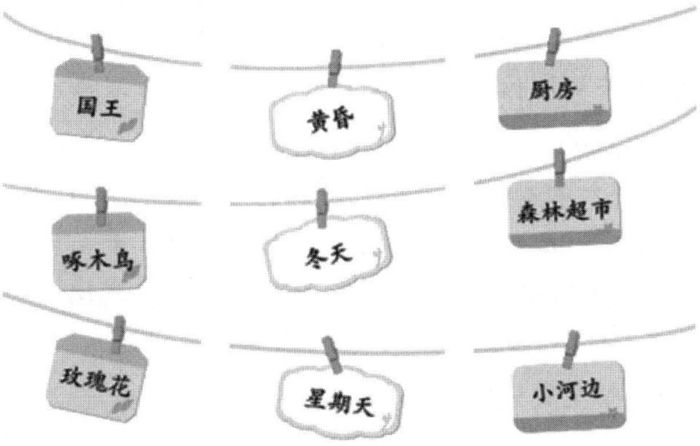

了国王的厨房，国王可怜它，给了它一些食物；以啄木鸟、冬天、森林超市为例，也可能是啄木鸟由于冬天太寒冷，飞进了森林超市避寒，森林超市的老板收留了它，让它在森林超市做一位超市收银员，在冬天有个避寒的地方等。）

师：看到图片上的这些词语，同学们的脑海里浮现出了怎样的画面？故事里有哪些角色？（可以从上面任选一个或几个。如果有需要，也可以添加你喜欢的其他角色，如“小公主”“月亮”。）事情发生在什么时间？是在哪里发生的？他们在那里做什么？他们之间发生了什么故事？写完以后小声读一读，看看句子是否通顺。你还可以试着给故事加一个题目。

（选一位学生回答）

师：现在老师就最后一位同学的回答，选取了“啄木鸟、玫瑰花、冬天”一组词，根据刚刚××同学的故事，请同学们跟老师一起来编写故事情节图。

故事起因：玫瑰花在寒冷的冬天瑟瑟发抖，即将在这严寒中死去。

故事经过：她的小伙伴啄木鸟不顾严寒，为她叼来了枯草、枯叶，帮助她御寒。

故事结果：玫瑰花顺利度过了冬天，来年春天，玫瑰花与啄木鸟在春风中歌唱。

（四）组织学生，明确要求

（师出示课件：

（1）故事人物不宜选太多，可以从教材中选取，也可以自己添加。

（2）编写故事要注意说清楚是在什么时候、什么地点、怎么发生、怎么发展、结果怎样。

（3）你想通过这个故事告诉大家什么道理，关于道理建议在三年级这个阶段直接在最后一段写出来，当然，如果有人说不清这个故事的道理，也可以不写，蕴含在故事里面）

师:请同学们看习作要求中出示的几组词语“国王、黄昏、啄木鸟、玫瑰花、冬天、星期天、厨房、森林超市、小河边”,你的脑海里浮现出了怎样的画面?你想到了什么样的故事?发挥想象把你的故事写下来。写好以后读给大家听,看谁编的故事最有趣。编故事时,为了把故事编得条理清楚,我们除了要想好这个故事发生的时间是什么时候,在哪个地方,有几个小动物,在干什么事情之外,注意,还要按照事情发生的顺序把事情说清楚,最好能说明一个道理哦。最后,我们要抓住人物的语言、动作、神态、心理等进行描写。下面我们就沿着这条思路去编,看谁编的故事别人最喜欢听。

(明确习作要求,学生做好准备)

(五)点拨引路,学习写法

1. 指导命题

师:好听的故事题目最能吸引读者,让人产生强烈的阅读欲望。谁来说说,你看到过的童话故事题目是怎样取的吗?

生:可以用故事的主人公为题。

师:很好!我们也可以用故事的主要情节和受到的启发教育拟题。

2. 自由选择主人公

师:编写童话,首先必须确定故事中的主人公,思考故事里有哪些角色?我们可以根据教材的习作内容安排角色,如果有需要,也可以添加你喜欢的其他角色,如小公主、月亮等。

(生交流讨论)

3. 想象故事情节

师:在这些可爱、聪明、淘气的童话人物之间会发生一些什么事情呢?请同桌互相说一说。比如故事发生在什么时间?什么地点?是怎样发生的?之后又发生了什么呢?结果怎样了呢?

(生交流,相互说童话)

师:请同学把你编的童话的起因、经过、结果连起来说一说。

生:星期天的早晨,国王带着他心爱的啄木鸟离开了城堡,来到了大森林。森林的深处有一条小河,河水结了一层薄薄的冰。在小河边有一排木制的小屋,那是国王在森林里的厨房和卧室,平时有一个胖胖的厨师住在那里,国王来了,他会给国王制作美食。中午时分,国王到达了那里。国王说:“胖厨师,有什么吃的?”厨师拿出一大块面包和一罐黄油:“尊敬的陛下,现在就这些吃的了。”国王看了看:“这怎么行!晚上我要吃上丰盛的晚餐。”啄木鸟也附和:“晚餐要丰盛。”胖厨师恭恭敬敬地说:“尊敬的陛下,我要到森林超市去采购食材。”啄木鸟赶忙说道:“给我带一些玫瑰花的种子回来。”国王说:“啄木鸟啊,你要那做什么?”啄木鸟故作神秘地说:“回头你就知道啦!”胖厨师就骑上马出发了,直到黄昏,胖厨师才赶回来,马背上的布袋里装满了各种各样的食物。厨师把玫瑰花种子交给了啄木鸟。国王说:“现在可以说了吧?”啄木鸟笑了:“明天我们去厨房周围和河岸边松土,然后把玫瑰花的种子种到土壤里,明年的春天这些种子就会发芽,夏天就会鲜花怒放,花香扑鼻的。”第二天一早,国王和胖厨师就起来松土,啄木鸟用它长长的尖嘴把玫瑰花种子种在土壤里,辛劳了一天,他们都很快乐。第二年的夏天,玫瑰花果然开了,一片片就像花的海洋,国王来后高兴极了,啄木鸟也哆哆哆地卖弄清脆的歌声,胖厨师笑着说:“这可是我们辛勤劳动的成果啊!”

师:这位同学的童话编得好!也告诉我们勤劳才会有收获。

4. 写清故事内容,力求生动有趣

师:交代清楚了故事的背景、经过、结果只是搭了一个框架,怎样才能把这个故事写得生动有趣呢?(出示范文《大树和啄木鸟》)请同学们自由读一读这篇童话故事,你从中体会到了什么?这篇童话故事是怎样把故事写生动有趣的?

(生读后自由谈体会)

师:编故事时要展开丰富的想象,这样故事才能生动有趣,才能吸引读者。

(六)编写故事,个别指导

要求:

(1) 忘我地写:此时,你就是你自己笔下的童话人物,你要以他们的身份、口吻和心理去驰骋想象,落笔成文。

(2) 动情地写:在你的童话人物中,要注入你自己的思想情感,要感悟他们的开心和快乐。

(3) 大胆地写:要让想象尽可能丰富,情节尽可能生动,形象尽可能丰满。

师:请同学们写完以后小声读一读,看看句子是否通顺,然后小组交流各自写的故事。

(师引导学生根据对范文的感知,尝试自主修改习作,重点放在故事中体现人物动作、神态以及语言等的细节描写)

(七)团结互助,合作修改

1. 同桌读,初次修改。“好文章是改出来的”。请同学们把写的童话与同桌交流交流,小伙伴之间合作修改。重点从词语、句子等方面评价修改。

2. 全班交流，再次修改。怎样修改才能使童话故事具体生动呢？大家一起来出谋划策，想想好点子。针对同学提出的问题再次进行修改。

师：同学们的精彩发言，让老师看到了你们丰富的想象力。你们修改时的互帮互助让我相信大家编出的童话故事一定会很精彩。

(八) 总结

师：同学们，这节课是你们圆了老师的童话梦。美好的童话能开拓视野、启迪智慧、发人深省，让人一看就爱不释手。欢迎你们经常走进童话世界，多听一听，多看一看，多写一写，让你们五彩的梦在童话中尽情展现，让你们美丽的童年在童话中更加绚烂。

(九) 板书设计

习作：我来编童话

童话四要素：时间　地点　人物　情节

选取某一形象做主人公

合理想象故事的起因、经过、结果

语言清楚、流畅

讲明道理

案例思考题

1. 根据展示的《我来编童话》的教学设计，写一写你自己的教学方案。
2. 谈谈你对小学语文习作教学过程和方法的感悟。
3. 面对三年级学生，你觉得习作评语应该怎么写？

案例使用说明

1. 适用范围

适用对象：小学语文教育专业本科生或研究生，教师教育相关专业的研究生，以及在职语文教师。

适用课程：《小学语文教学论》《语文课程与教学论》《语文教学技能训练》《教学设计》《课程与教学论》等相关章节。

2. 教学目的

(1) 获得对小学三年级语文想象习作教学设计与实施的知识与经验，提高教学设计能力。

(2) 提高对小学三年级语文习作规律的理解与把握。

(3) 掌握学生习作的心理规律,理解三年级学生是如何进行习作的,如何利用学生的实际生活经验进行教学。

(4) 学习导入、创设情境的方法,获得教学结构、教学环节、教学组织方面的经验和策略。

3. 关键要点

相关理论

作文教学心理学、教学设计、语文课程与教学论、语文学习心理、教学实施与评价

关键知识点

想象类习作特点;文章结构和语言风格;学生的认知发展规律;习作的教学设计;教学实施和评价

关键能力

研读教材的能力、学情分析的能力、教学设计的能力、教学实施的能力

案例分析思路

使用本案例时,可根据具体课程内容的需求,结合相关的理论与方法,从以下几个方面入手分析:

(1) 精选习作内容,激发习作动机

动机是最好的良药,只有激发学生的习作动机,他们才会真正地用心去写,而不是应付。在习作课的教学中,不仅要帮助学生理解习作的要求,还应该引导学生进行语言积累,指导学生学习观察事物、分析事物、遣词造句、布局谋篇的方法。统编版三年级上册语文教材中习作内容丰富,人、物、事、景都有所涵盖,有利于学生全方面的发展。

(2) 创设写作情境,提高习作兴趣

在习作课创设情境前认真研读教材例文,利用插画、课件等多媒体引导学生进入习作情境,创设孩子们感兴趣的教学情境,教会他们从日常生活中选材。争取让习作指导课充满欢声笑语,在轻松愉悦的氛围中,不知不觉地提高习作兴趣,感悟习作技法,提升表达能力。

(3) 加强过程指导,避免畏难情绪

习作中学生感到很难表达,尤其在不知道“怎么写”的时候,教师应该进行积极的引导,给出习作例文,关注好词好句,避免学生产生畏难情绪,以后害怕习作。一旦畏难情绪产生,习作将会很难成功,因此教师应加强过程指导,消除学生的畏难

情绪。

(4) 实现双向互动,鼓励积极表达

现在的教学并不是一味地由教师传授,更应该以学生为主体进行探究式教学,鼓励学生积极表达,所以师生之间的双向互动是十分重要的。在互动中教师可以发现学生不足之处,及时补救,这有利于教学质量的提高。

(5) 以例文为样式,进行片段练习

根据每次习作的要求和例文的特点,选择适当的角度,让学生从句式、段落、立意和写法等方面进行模仿。

(6) 培养修改习惯,养成自主意识

习作完成以后,学生之间进行自评、互评,相互之间借鉴学习,有利于学生自我提高和养成自主意识。学生持之以恒地养成修改习作的好习惯,保持作文簿面整洁,也可培养学生的自信心和责任心。

(7) 增加实践机会,丰富习作素材

在日常生活或课堂教学中多给学生实践的机会,让他们多去观察感受周围的世界,有利于丰富学生的习作素材。学生积累了大量活生生的习作素材后就有了更多的选择,语言表达也更加丰富多彩。

4. 教学建议

时间安排:一课时。

环节安排:布置预习,学生对童话类文本进行回想梳理→小组讨论童话的文体特色→教师归纳并给出范文→小组合作,分析范文的行文框架→教师归纳并给出词组,让学生自由组织,编写童话→学生互评→正式习作前,组织学生交流→正式习作→评价修改。

人数要求:40 人以下的班级。

教学方法:参与式教学、小组合作、讨论式教学、讲授式教学等。

工具选择:多媒体、案例打印资料。

组织引导:教师布置任务清晰,预习要求明确,环环相扣;

提供给学生必要的童话范文;

给予学生必要的指导、总结;

对学生课下的讨论予以辅导。

活动设计建议:

(1) 阅读语文教材中《我来编童话》一文的相关内容,同时查阅相关的教学设计和实施文献,对《我来编童话》一课进行初步的教学设计。

(2) 阅读本案例,有条件的可观看案例视频,独立思考,记录思考与问题。

(3) 小组讨论交流,将最终的小组问题列在记录单中。在小组的交流与汇报中,教师进行点评与提升。

(4) 指导学生在课后对自己的习作进行完善,教师给予必要的指导。

(5) 在进行生生汇报交流时,聆听的学生要做好记录,便于对方修改。

(6) 教师对小组推荐的习作进行当堂点评,把握教学的整体进程。

5. 推荐阅读

[1] 汪凤炎,燕良轼. 教育心理学新编(第四版)[M]. 广州:暨南大学出版社,2016.

[2] 汪潮. 小学语文课程与教学论(第2版)[M]. 上海:华东师范大学出版社,2016.

[3] 王依晴. 童话故事在小学写作起步教学中的运用[J]. 作文成功之路,2022(08).

下篇

统编版初中语文教学设计与实施案例

散文阅读教学设计与实施

——以《散步》为例

摘要：在初中的语文阅读学习中，记叙文是学生接触的主要文章体裁之一，是初中语文教学的重点，同时也是学生学好其他文体的基础。只要是以记叙为主要表达方式的文章，都可以归入记叙文。在这个大前提下，叙事性散文也可归入记叙文的范畴。本案例通过《散步》的教学设计与实施过程，为理解叙事性散文的教学设计与实施提供了范例。本案例对散文教学的主要环节进行了精心安排，为散文教学设计提供了有价值的路径与实施策略。

关键词：叙事性散文；记叙文：教学设计与实施；《散步》

背景信息

“教育部编义务教育语文教科书”是由人民教育出版社出版的义务教育阶段的语文教材，温儒敏提出“以前我们习惯以出版社来简称各个版本的教材，比如，‘人教版’‘苏教版’‘粤教版’，等等。这套新教材，则可以叫‘部编本’。”[①]编写“统编版”语文教材是党中央做出的决定。以前的教材遵循的是“一纲多本”的编写原则，导致各个版本教材质量与水平参差不齐，影响了教育质量，也不利于实现学生全面发展。在2009年，党中央做出指示，要统一编写德育、历史、语文教材，并把这项艰巨的任务交给了教育部，从2012年正式启动了语文教材的编写工作，到2016年通过批准使用，经过了四年曲折复杂的编写道路。统编版语文教材是实实在在按照党中央的有关指示编写，经过不断打磨而完成的。统编版语文教材加强了教材编写的科学性、系统性、导向性，它的发行使用起到示范、统一的作用，对教学弊病也起到纠偏作用。

统编版初中语文教材不论是封面外观，还是内容结构都是专家学者精心设计、打

① 温儒敏.“部编本”语文教材的编写理念、特色与使用建议[J].课程·教材·教法，2016.

磨而成的，具有重要的研究价值。统编版七年级上册语文教材共有六个单元，22 篇课文。课文是教材的最重要的组成部分，它在教材中的地位不言而喻，而七年级上册中的课文，一半以上是记叙文，从课文数量可以看出，记叙文是初中学生学习的主要文体，由解读记叙文文本所形成的阅读理解能力也成为学生在学习与生活中其他能力的重要基础。作为常见的文体之一，记叙文在初中语文教学中贯穿始末，并且历来都是教学的重点。“记叙文是语文课程特有的概念，与一般文体分类不在一个层面上。只要是以记叙为主要表达方式的文章，都是记叙文。因此，一般文体分类中叙事或写景为主的散文、人物传记、人物通讯甚至小说均可列入记叙文的范畴，如鲁迅的《藤野先生》《孔乙己》、朱自清的《春》、魏巍的《谁是最可爱的人》等均可看作记叙文。”①记叙文可分为写人、叙事、写景、抒情等类型，它又有叙述、描写、议论、抒情、说明这五种表达方式。这五种表达方式既是写好记叙文的基本功，也是写好其他文体的基础。

在了解了记叙文文体特点的基础上，我们可以把《散步》这一叙事性散文划进记叙文的大范畴。叙事性散文以写人叙事为主，抒发了作者某种特定的感受和情思。其在人物的刻画和事件的描述上近似于小说，可以称之为“小说化散文”，但又不像小说讲求人物形象的典型化和情节营构的完整性。叙事性散文中的事情都是真实的，这也是其不同于小说的特点之一。它的艺术特点和基本特征是通过某些生活片段、生活场景和细节的艺术描写，以及人物最突出的个性特征的“散点式”刻画，来表现人物的形神风貌，揭示事件的审美意义，从而抒发作者特定的感受和情思。针对叙事性散文的特点和中学生的学情，参照《义务教育语文课程标准（2022年版）》中关于散文教学的要求，本文将以《散步》为例对初中语文中叙事性散文的教学策略进行探索与思考。教师在进行叙事性散文的教学时，除了要教会学生生字词、修辞等语文基础知识，能正确理解课文中作者的情感，并能引导学生共情，还要通过学习大量的叙事性散文，帮助学生提高阅读水平、语言技巧和写作能力。同时因为叙事性散文具有叙述与感悟的特点，学生可以对不同内容的叙事性散文进行更深层次的分析理解和思考感悟，从而培养叙事的条理性，提高逻辑分析能力。

叙事性散文是文学性很强的文体，初中语文教材选了很多篇目，例如《春酒》《背影》《老王》《散步》等。这些叙事性散文语言优美，结构紧凑，感情细腻，不但可读性极强，而且对学生的写作有很强的借鉴作用。随着教育改革进程的不断加快，初中语文记叙文阅读教学需要追求有个性、有见解的教学模式和教学方法。通过这种模式和方法有助于活跃记叙文阅读课堂教学的气氛，培养初中生自主阅读的

① 徐林祥. 中学语文课程标准与教材研究[M]. 北京：高等教育出版社，2016：163.

能力，使初中生由被动阅读逐渐变为主动阅读。而七年级的学生正处于发展独立思维的重要阶段，他们的主动性和求知欲都已大大提高，但同时又缺乏良好的观察生活的品质，对生活缺少体验，而且由于年龄不大，许多学生尚未形成正确的成熟的道德伦理观念。因此，教师需引导学生去自读自悟，运用自主探究的方法学习，通过朗读、想象、小组讨论、拓展强化，既重视创设与文章情感相符的情境，又努力引导学生鉴赏文本，指导学生揣摩文本语言，感受作者的情感，进行拓展训练，使学生对文章有深入的理解，体会课文中浓浓的亲情。

案例正文

一、如何理解叙事性散文——以《散步》为例

在初中语文阅读学习中，记叙文阅读是阅读其他文体的基础。记叙文是以记叙为主的文章，它以写人、记事、写景、抒情为主，以记叙、描写为基本手段。记叙文的主要特点是以情感人，按照分类，它可以分为记事、写景、写人等不同的类别。

在"只要是以记叙为主表达方式的文章，都是记叙文"这个大前提下，偏重记事且具有散文"形散而神不散"特征的叙事性散文也可以划入记叙文的大范畴。叙事性散文以记人叙事为主，同时也洋溢着浓厚的抒情气氛，有着"散文"的特殊韵味。

莫怀戚的《散步》便是一篇叙事性散文。这篇课文是七年级上册语文教材第五单元的一篇自读课文，记叙了一家三代人在初春的田野上散步的"生活细节"，渗透着浓郁温馨的亲情，表达了互敬互爱、珍爱亲情、肩负家庭重任的主题。第五单元的学习要求是要在整体感悟课文内容的基础上，注意语言的积累和运用，并学习朗读和圈点勾画。所以，教学这篇《散步》，要求学生在教师的启发指导下，合作探究，运用科学的学习方法，达成单元的要求。

二、如何更好把握《散步》一文的教学

（一）完善阅读教学模式，改变"单篇"教学形态

教学《散步》一文，教师要抓准教学核心，突破单一的讲授法，不断创新教学方式。比如采用情境教学法，教师可以通过创设与课文内容相关的情境，营造学生参与教学活动的氛围，让学生代入情境，实现具身认知，使学生与作者和作品真正产

生精神上的沟通交流，且不局限于课堂上的教学，将语文课堂与学生生活相结合，真正做到贴近学生生活，让学生随时随地进行语文学习。实施教学要贴近学生实际，询问学生对亲情的感触，将这种真实的体验和对话引入阅读教学，辐射出情感的热度，感化学生的心灵。这样孩子们就会被教师与课文双重的真挚感情感染和激发，在美好的阅读氛围里幸福地漫步，体验真善美的人生真谛和文学风采。

除此之外，教师不能只根据单篇课文的内容进行讲授，要打破课与课相互独立、逐一分析每篇课文的教学模式，要将课文放置到它所在的单元进行思考，考察它与单元主题、习作、综合性学习等板块的结合，甚至与其他单元相整合，发现其共同之处，进行拓展学习、知识迁移、情感互通式教学。

（二）理清文章脉络顺序，把握文章结构

叙事性散文侧重记事，理清文章的脉络顺序，把握好文章的结构就显得格外重要。教师应引导学生理清文章的记叙顺序，整体感知课文大意，并在此基础上让学生进行归纳整理，从而把握文章结构，最终使学生学会知识的迁移。《散步》一文通过一次一家三代四口人的散步故事，引发了作者对“生命的感慨”，描绘了一种交织在母子、父子、祖孙三代之间浓浓的亲情。文章脉络清晰，“散步”是本文的中心事件，表明了本文选材的角度和范围。“散步”还是全文的线索，以“散步”为线索把祖孙三代互敬互爱的几个特写镜头连缀起来，构成了一个有机整体。文章结构严谨，可分为两大部分：第一部分（1～2 段），交代散步的地点、人物和散步的缘由。第二部分（3～8 段），写散步的过程。把握文章的脉络和结构有利于整体感知文本，也有利于进一步精读理解和拓展学习，符合布鲁纳的结构主义教学原理。

（三）品味语言，从语言中感悟作者情感

品味语言应该是散文教学的重点，这是由散文的文体特点所决定的。叙事性散文是记录已经发生或正在发生的事情的文体，它所体现的应该是作者的真情实感，这就要求叙事性散文的语言生动，富有感染力。教材所选的课文，文质兼美，都是编者精心挑选的，每个字每个词每句话都包含了作者浓浓的情感，我们需要细心阅读体会。如《散步》一文的第一自然段“我们在田野上散步：我，我的母亲，我的妻子和儿子。”开头虽然只有短短的 20 个字，却很美，美在开门见山点明题目，美在一开始就展现了一幅“我们在田野散步”的温馨画面，就如同温情而又有诗意的电影镜头，并且作者连用两个“我的”，强调了一家人之间的挚爱之情。

教师在进行教学时，应注重让学生通过品析语言来感受作者的情感。由学生“自由品读”，要求提取“妙词佳句”，体会“情趣”和“意蕴”，教师随机点拨、引导，或

者组织演练活动,教与学双方配合得自然和谐,就能洋溢散文教学的魅力。

三、《散步》的教学设计与实施

(一) 创设情境,巧妙导入

创设情境、导入课文是教师进行课堂教学的第一步,它关系到整体教学进程的推进和展开,影响学生的学习内容和过程体验。教师在和学生的对话中,以真实的生活和情感为基础,巧妙设计导入,有利于激发学生的学习兴趣。

片段一:

师:上课!

生:起立!

师:同学们好!

生:老师好!

(互行鞠躬礼)

师:请坐下!

师:刚才,有同学问我,为什么要选择上散文《散步》。现在,我告诉大家。我年纪大了,越来越感受到亲情、家庭的温暖,越来越意识到在我们成长的过程中一直都沐浴着亲情,只不过它常常被我们忽视了。

师:现在我想请同学们好好想一想,谈谈你什么时候感受过亲情的温暖。

生:每天我的妈妈都会来接我放学,回家后立马给我做饭。我特别感谢妈妈。

师:说得很好!这位同学从日常生活的小事中意识到了妈妈很辛苦,没有觉得妈妈的付出是理所当然的,具有一颗感恩的心。

生:每周回老家,我的奶奶都会给我买很多好吃的,吃饭的时候也会把大鸡腿留给我吃。

(学生笑)

生:我哥哥会把他的游戏机分享给我玩。

生:每天晚上,我们一家人坐在一起吃晚饭,其乐融融,特别温馨。

(学生踊跃发言)

师:同学们真棒!大家都从生活的点点滴滴中感受到了家人带给我们的温暖。哪怕是一家人一起吃饭、一起散步这样平常的小事,也能体现出浓浓的亲情。

师:同学们想想,散步时心情如何?

生:轻松,愉快。

师:和家人一起散步呢?

生:更是自由、温馨、幸福……

师:让我们带着幸福上路,阅读《散步》。

这堂课开始,教师没有直接进入文本而是先与学生进行日常生活的谈话:说一说生活中的哪些小事体现着亲情的温暖。通过极平常的几句话,教师不仅拉近了与学生之间的距离,活跃了气氛,还能为他们走进教材做好铺垫,同时与学生一起体会幸福,接近角色。这一段教学流程,并不是花里胡哨的开场,而是以师生真实的生活和情感为基础的课堂教学导入,让学生参与到课堂活动,为文本的情感解读作铺垫。教师浅浅地引导学生,并不刻意凸显主题,学生便在自由自在的状态下进入了文本的主题,这样由"放"到"收"进入文本,没有斧凿之迹。

(二) 幸福阅读,艺术点评

在通过巧妙导入之后,教师与学生进入到文本的阅读。教师通过请学生范读课文并对学生的朗读进行点评指导,引导学生进一步熟悉课文。

片段二:

师:课前读过文章了吗?

生:读过了。

师:那好,我想请两位同学范读一下课文,向大家展示一下我们班同学的朗读风采。读的时候想象你就是作者,深情朗读自己的文章,好像在欣赏自己的作品一样。谁来?

(同学举手)

师:请这位男生读。

(生范读课文)

师:这位男同学朗读时有点紧张,但读出了文章蕴含的责任感。如果放松些,幸福感就出来了,老师提一点改进的意见,就是把有些地方的重音稍微地加强一点,有些地方读得舒缓一点,体现出它的语调。哪位同学再来?

师:请这位女生来读。

(生范读课文)

师:这位女同学读的水平很高,字正腔圆,轻重缓急拿捏得准,很有幸福感,也饱含深情,富有感染力。特别是"整个世界"体会得很好,她没有高声地读,这叫举重若轻。对于课文主要的段落读得意味深长,非常好。

师:同学们,大家齐读一遍课文。

(生齐读课文)

师:大家读得都这么有感情,让老师也忍不住想为大家读一段,与大家"一较高下",好不好?

生:好!

(师范读最后一节,生热烈鼓掌)

师:谢谢同学们的表扬和鼓励,你们让我感受到了幸福。

师:我们现在回味一下,这篇文章的朗读,要注意这样一些地方:速度、情感、重音、意味——这样的写景、写事、写人的散文,它的结尾往往含有深刻的意味。读它们的最后一段,就要特别把握好。

在这段朗读教学中,教师主动地点拨、引领、安排美读,引导学生体验《散步》的情感,并对学生的朗读加以肯定,用精准的语言艺术地点评和褒扬,使学生树立自信心的同时也注意到朗读的要点。在读的过程中,教师指导学生方法,注重对速度、情感、重音和意味的把握。教师通过设计反复品读,让学生对文章的语言品味不断深化,以达到体会与积淀的最佳效果。

(三)自由品读,深度思考

教师随机点拨、引导,或者组织演练活动,教与学双方配合得自然和谐,洋溢着语文教学的魅力。教师对学生的阅读要解开镣铐,进行非指导性教学,引导他们自由品读,对文本进行充分的个性化解读,以促进学生深度思考,深度学习。

片段三:

(大屏幕展示:自由品读　妙词　佳句　情趣　意蕴)

(生读,师巡视)

师:可以开始交流了吗?谈谈你感受最深刻的词语或句子。

生:可以。

生:我觉得第三节"今年的春天来得太迟,太迟了,有一些老人挺不住,在清明将到的时候死去了。但是春天总算来了。我的母亲又熬过了一个严冬。"这里"太迟,太迟了"用了反复的修辞手法,与"总算"照应,表达了"我"盼望冬天快点过去,春天早些到来的急切心情,说明"我"很担心母亲的健康。

生:"挺""熬""严"三个词很有表现力,很生动。母亲身体状况的糟糕、冬日的严寒、儿子为母亲的担忧跃然纸上。

师:讲得很透彻。还有哪位同学也说一说?

生:我找的是"我蹲下来,背起了母亲;妻子也蹲下来,背起了儿子"。这里两个"背"和两个"蹲"写出了"我"和"妻子"尊老爱幼,表达了"我"对母亲的尊重和使命感,表现了"我"和妻子都有一种责任心;同时也强化了亲情。

师:嗯！真是蹲得“坚如磐石”,背起的是生命的昨天和今天,一“蹲”一“背”,构成了一幅美好的充满亲情的画面。

教学中,教师引导学生体会作者运用反复的手法写春天来得“太迟,太迟了”,并且与“总算”相照应,生动地写出了为母亲担忧的儿子的心情。学生还能够抓住关键的字词进行赏析。另一个学生谈到“背”与“蹲”两个字,表现出一种亲情的温暖。对于这两名学生的感触体会,教师及时地进行了点评称赞,但并不做过多的分析,而是将课堂交给学生,让学生做个性化的解读,教师只是适时引导。这样类似的短评穿插在师生对话交流的全过程。教师善于运用鼓励的语言激发学生积极思考,大胆发表见解,把课堂还给学生,让课堂保持潜心品读的教学温度。教师主动点拨、引领,将语言品析和美读相结合,使语言品读不断深化,让学生感悟语言之美。

片段四:

生:我找到一句,“小家伙突然叫起来:‘前面也是妈妈和儿子,后面也是妈妈和儿子。’我们都笑了。”这里很有意思,“我们都笑了”是在笑小家伙的天真、聪颖,表现了家庭的幸福、温馨,并且语言也很生活化,就像我们平时说的话。

生:我觉得这句话不仅是生活的语言,在句式上也很有特点,读起来朗朗上口,非常对称。文章中像这样对称的句子还有:“有的浓,有的淡”“我和母亲走在前面,我的妻子和儿子走在后面”“母亲要走大路,大路平顺;我的儿子要走小路,小路有意思”“我的母亲虽然高大,然而很瘦,自然不算重;儿子虽然很胖,毕竟幼小,自然也轻”。

师:这位同学提到了这样的句子是对称的,那这样的句式在表达上有什么特点?

生:形式整齐匀称,和谐流畅,相互映衬,富有情趣,充满语言美,并且强调了表达的内容。

师:对！我们一起读读看,体会句式、韵律的美,加深对内容的理解。我读前一句,你们读后一句。

(师生读)

有学生注意到前一个同学所举的语句具有对称的特色(“前面也是妈妈和儿子,后面也是妈妈和儿子”),便指出这一点,并接着举出若干例子。教师随即追问对称语句的特点,并加以指点,组织美读,让学生深入思考体会该文句式和韵律的美,加深对内容的理解。在学生感受到文章语言特点时,教师能够紧紧抓住这个切入点,因势利导,在美读中品读,在品读中感受语言美。学生和教师交替引领课文局部语句的品读并逐渐深入,教与学相随相伴,其乐融融。

片段五：

生：我认为最后一句话含义深刻，写出了中年人的责任感。“我和妻子都是慢慢地，稳稳地，走得很仔细，好像我背上的同她背上的加起来，就是整个世界。”

生：老师，我还有补充。因为“我们”在散步，而且走的是小路，背上还背着“我们”最亲爱的人，所以责任重大，每一步都很小心、很稳当。文中用了“慢慢地，稳稳地”“很仔细”，这些词语不仅能表现出这家人的温暖体贴，也能够照应他们背负的是“整个世界”。

师：真是个细心的孩子！请问你是如何理解“整个世界”的？

生：母亲是老人，是上一代，儿子是下一代，“我”和妻子是中年人，“我们”三代人，就是这个家的全部。世界是由一个个家庭组成的，所以家庭就是中年人要顾及的整个世界。

生：我觉得除了对家庭的责任感，作者还对生活有一种使命感。“母亲”代表过去，“儿子”代表未来，说明“我”和妻子意识到自己肩负着承前启后的重任，这表现了“我”对于生活的一种使命感。

师：大家说得真好！母亲代表老去的生命，孩子代表新生的生命，“我们”中年人代表成熟的生命。整个世界也就是由老年人、中年人、孩子组成。一个家庭是这样，整个世界又何尝不是这样？所以说背起的是整个世界。中年人承前启后，既关爱老去的生命，又呵护新生的生命，使命感油然而生，责任重大。这样大词小用，透露出作者大有深意，他想说的意思，超出了事情本身。“我”背母亲，妻子背儿子，从表面上看，“我”害怕他们摔着，其实也就是对老的尊敬，对小的爱护。

（板书：责任感）

师：当“我”和妻子背着母亲、儿子的时候，除了责任感，“我们”一家人还会有什么体验呢？

生：我认为还有幸福感，还有亲情的美好。

师：站在不同的人物的角度，设想一下。比如站在母亲的角度想想，她会说些什么？

生（思考，举手。模拟老奶奶的口吻）：这孩子，他小的时候我没少背他。现在，我老了，他这么孝顺，我这个儿子没有白养啊！

师：这位老奶奶，母慈儿孝，您老有福啊！

（众大笑）

师：谁能用书面语言把这一段描写出来？

生：贴着儿子厚厚的背，听他一步一步前行时的呼吸，甚至可以感受到儿子有力的心跳，母亲心里热热的，甜甜的。伏在儿子背上，才感觉到自己曾经年轻过的生命仍然在延续，于是生命有了从来没有过的实实在在的踏实的感觉。

师：太棒了！从亲情与生命的角度阐发感悟。

（板书：亲情美、生命美）

师：我提议，我们带着责任感，带着对亲情和生命的感悟把这一句朗诵一遍。

（师生齐朗诵）

教师根据学生对重点词语的感受，拎出凝聚着要义的词语（“整个世界”）重点探究，提出问题引发学生思考，安排富有趣味的演练促使学生积极主动地融入课文的理解中，并借助美读进一步体会作者抒写的情感。教师让学生根据自己的生活积累演绎文本，模仿母亲的语气对“我”这个儿子说一番动情的话，促使学生与作者在情感上产生共鸣。学生也进入了角色，说得那样率真，他们在想象中自然地进入情境，理解文本蕴含的感情，同时又进行个性化的解读，这是对文本的合理补充和延伸。这一部分教学，教师主动提出学生尚未关注的细节，扫除阅读的盲区，顺势引导，使学生恍然大悟，强化了阅读兴趣。

片段六：

生：我注意到走小路的原因是这一段路的景物描写特别美。作者描写了充满诗情画意的田园风光，充分展现了母亲理解孙儿愿望的内心世界，还渲染了一种和谐美好的氛围。

师：哦，这一段景物描写有这么多作用，那请你讲一讲这条小路哪里美？

生：金色的菜花，色彩美；整齐的桑树，行列美；水波粼粼的鱼塘，活力美。

师：的确有意思，三美。厉害，出口成章！这是文章写到的美，同学们可以联系自己的生活经验，发挥想象，南方初春的田野，除了金灿灿的菜花，还有——

生：桃红、梨白、杏粉……

生：还有绿油油的麦苗、小草……

师：野花遍地是……

生（齐）：有名字的，没名字的，散在草丛里，像眼睛，像星星，还眨呀眨的。

师：真灵！初春时间，池塘——

生：池塘生春草，园柳变鸣禽。

师：是。除了鱼儿，初春的池塘里还可能有——

生：摇着小尾巴的蝌蚪。

师：半亩方塘——

生（齐）：半亩方塘一鉴开，天光云影共徘徊。

师：你们看，小路怎样？

生：有意思——有美景，有生机，有活力。

师:请一位同学朗读这一段,其他同学好好倾听。

(一生动情朗读,众鼓掌)

师:关于春天景物的描写,课文中还有一段,有人喜欢这段文字吗?

(屏幕显示:这南方初春的田野!大块小块的新绿随意地铺着,有的浓,有的淡;树上的嫩芽也密了;田里的冬水也咕咕地起着水泡儿……这一切都使人想着一样东西——生命。)

生:我喜欢。

生:我也喜欢。

师:为何喜欢呢?

生:“新绿”“嫩芽”扣住了初春特有的景物特征,暗示熬过了严冬的母亲将会获得新的活力。

生:这段描绘了新绿、嫩芽、冬水,展现了春天的气息、生命的呼唤,写得富有诗意,读后使人似乎闻到了乡间田野泥土的芬芳,衬托了一家人散步时祥和、欢乐的情绪。

生:它有声有色——深深浅浅的绿,“咕咕地起着水泡”的春水,都是生命复苏的象征。它不仅写大自然一年伊始万象更新的景象,而且写出了“我”希望母亲像大自然那样重新获得生命活力,能够健康长寿的良好愿望。

师:很好!最是一年春好处,春日暖阳朗照,杨柳轻拂。淡妆浓抹的新绿、质地鲜嫩的芽儿、咕咕起着水泡的冬水……这一切都显示出不可遏制的生命活力。这是生命的气息,是“我”祈望母亲健康长寿的一片爱心。下面,大家齐读这段文字。

(师生齐读)

有学生发现,课文里描写小路的句子特别美。教师因势利导启发学生联系自己的生活经验,发挥想象力,想一想南方初春的田野上、水塘里还有什么。孩子们联想到桃红、梨白、杏粉,绿油油的麦苗和小草,草丛中像眼睛眨呀眨的野花,还有“池塘生春草,园柳变鸣禽”“半亩方塘一鉴开,天光云影共徘徊”……孩子们充分体验着早春的鲜美色彩和蓬勃活力。接着教师顺势一转,把课文里前后两处写景的文字联系起来(前一处被学生忽略了),形成比照,学生由此获得新的感悟:“新绿”“嫩芽”扣住了初春的特有的景物特征,暗示熬过了严冬的母亲将会获得新的活力;深深浅浅的绿,“咕咕地起着水泡”的春水,都是生命复苏的象征,这里借描写万象更新的景物,表达作者希望母亲重新获得生命活力的心愿。此时,教师加以收束便水到渠成了:“这一切都显示出不可遏制的生命活力。这是生命的气息,是‘我’祈望母亲健康长寿的一片爱心。”

(四) 配乐美读,体验感悟

片段七:

师:读《散步》,我们感受到什么?

生:生命、责任。

生:亲情、人性。

(屏幕展示

尊老爱幼的亲情美　温暖和谐的人性美

阳光活力的生命美　含蓄深沉的责任感)

师:散文《散步》,精致淡雅,意蕴丰厚。漫步其中,亲情的芬芳、生命的葱茏、人性的秀美、责任的韵致,沁人心脾。让我们在《春风》柔美的旋律中再次美读其中最美的片段。

(一生读第3小节,女生齐读第4小节,男生齐读第6小节,全班齐读第7小节)

本环节意在让学生在课文中寻找美点,引导学生学会寻找“美”的感觉、表达“美”的感受、增强“美”的判断、注重“美”的咀嚼。以此培养学生阅读习惯,拓宽学生观察课文的角度与视点。在总结文章情感要点后,教师再次请学生朗读文中的最美片段,采用个人读、男女生分开齐读、全班齐读的方式,能够让学生深入把握散文语言的特点,形成感知能力,再现“诗性美”。

(五) 拓展延伸,传递爱心

片段八:

师:同学们,学习这篇文章,就是想让大家懂得家庭成员之间要互相谦让,互相体贴,互敬互爱,这样才能使你的家庭稳定、幸福!同时也让我们珍爱亲情,珍爱生命!关于亲情,老师还找到了毕淑敏在《孝心无价》中所写的一段话,咱们大家一起来读一读吧。

(屏幕显示

赶快为你的父母尽一份孝心。也许是一处豪宅,也许是一片砖瓦。也许是山珍海味,也许是一枚野果一朵小花。也许是数以万计的金钱,也许只是含着体温的一枚硬币……但在“孝”的天平上,它们等值。——毕淑敏

师生齐读)

师:爱要说出口,更要有行动。回家常为父母、家人做点事:捶捶背、洗洗脚、揉揉肩……为家人做一些力所能及的事情,老师相信大家都能做到!

师:每年的5月15日是国际家庭日,今年的国际家庭日马上就要到了。今年你有什么创意?你有没有想为父母做点什么的冲动?我们做的不一定轰轰烈烈,就像散步那样自然、亲切,可以增加家庭幸福指数的就行。

生:我把家里打扫得干干净净,给爸爸妈妈一个惊喜。

生:我下厨烧菜,请爸爸妈妈品尝我烧的好菜。

师:你的拿手菜是什么?

生:西红柿炒鸡蛋。

师:方便快捷,黄红搭档,配以青葱,色香味俱全,创意不错。

生:我爸爸妈妈最希望我成绩优秀,到时候,我给他们几份高分试卷。

师:这是你能做到的,很好!

生:我要爸爸妈妈把爷爷奶奶、外公外婆都接到家里来,我要为他们表演节目,感谢他们的养育之恩。

师:多有孝心的孩子!

生:我可能要上学,没有时间去看94岁的奶奶,但我会给她打电话,祝她长寿。

师:很好!只要我们有爱心,每天都是家庭日!

拓展延伸的结尾与课程开头的导入相得益彰,导入使学生感激家人为自己的付出,然后经过学习,他们对亲情有了更深的体会。结尾时调动学生为家人做点什么的冲动,这种教学设计不仅开阔了学生的视野,升华了主题,还体现了学以致用,让学生真正感受到要孝顺父母,用爱来营造家园。学生表达亲情回馈,说得那么真诚朴实,这绝不是心血来潮,而是这堂课情感积累到一定程度的爆发,知情意行和谐统一,没有一丝被动勉强,没有一点矫揉造作。

结语

《散步》这堂课的教学展示了教学的科学性与艺术性的统一。教师的教学自然流畅,学生活动积极,充分地调动了他们的思维。教师把课堂还给学生的同时,有范围但不束缚,有引导但不硬拉,有发挥但不替代。教师不是把预设的内容生硬地搬出来,而是将预设与课堂的生成相统一,当学生所言触及预设点时,教师接过话题发表意见。这些经验融合在整个教学过程之中,几个教学步骤前后联结从容推进,表现出活动演练与情趣激发的适度结合,提供了新鲜的教学设计思路和操作方式。

案例思考题

1. 叙事性散文在教材中是怎样编排的？除了《散步》一文，统编版教材还有哪些经典的叙事性散文？

2. 简述本案例的教学设计与实施。

3. 本案例《散步》一课的教学给你带来哪些启示？

案例使用说明

1. 适用范围

适用对象：中学语文教育专业本科生或研究生，教师教育相关专业的本科生或研究生，以及在职语文教师。

适用课程：《中学语文课程与教材研究》《中学语文教学设计与实施》《教学设计》《课程与教学论》《教学技能》等相关章节。

2. 教学目的

(1) 准确、流利、有感情地朗读课文，掌握叙事性散文教学设计的特点。

(2) 揣摩词句含义，品读优美语句，品味文章的语言美，提升散文教学实施的能力。

(3) 感受《散步》体现的浓浓亲情与生活责任感，懂得孝敬父母、尊敬老人，学习提炼文章思想感情的方法。

3. 关键要点

相关理论

教学设计、语文课程与教学、语文学习心理

关键知识点

叙事性散文的特点；情境创设；学生认知冲突

关键能力

研读教材的能力、学情分析的能力、教学设计的能力、教学实施的能力

案例分析思路

使用本案例时，可根据具体课程内容的需求，结合相关的理论与方法，从以下几个方面进行分析。

首先，对教材的研读与对教学内容的理解。案例中的教师对《散步》一课的内容进行了深入分析，思考了如何更好地设计教学，将预设与生成统一起来。并在此

基础上，引导学生理解课文内容，在这个过程中有引导，有发挥。教师不是把预设的内容生硬地亮出来，而是将预设与生成相统一，当学生所言触及预设点时，教师接过话题发表意见。这些经验融在整个教学过程之中，几个教学步骤环环相扣从容推进，为我们提供了新鲜的教学设计思路和操作方式。同时，本案例使学习者意识到研读教材并非局限于简单的浏览或记录教材中内容，而是要抓住内容本质，并根据学生与教学的需要灵活调整。

其次，把握学生的学习特征。当教师理解学生，清楚学生在学习某一内容时的前概念，了解学生的困惑与疑难时，才能站在他们的立场设计和实施教学。学生在日常生活和学习中形成了丰富的经验，对各种现象与问题都有自己的看法，即使是对从未接触过的问题，他们也会基于自己的生活和学习经验而形成对问题的解释。学生已有的对于特定内容的前概念既是其后续学习的知识基础，同时也可能成为理解新内容的障碍。如在教学过程中，有学生发现描写小路的句子很美，老师顺势引导学生品味语言，结合学生自己的经验鉴赏文本。因此，教师应当正视学生的感受体验，意识到学生一开始就将他们的信念、理解和文化带进了学习中，并且在学习的过程中建构自己的意义。

再次，注重朗读的训练。散文是关乎情感的文学，有着诗一般的情韵和行云流水般的美，如果只当作无声的语言来接受的话，那真是一大缺憾。所以要注重朗读，让学生在读的过程中，感受美带给自己心灵的快乐。无论是听音乐朗读，还是学生的个别朗读、齐读等都是一个必需的环节。毕竟叙事散文都饱含了作者的真情实感，不读真的难以体味作者深邃的思想和浓郁的情感。《散步》教学案例中，教师对文章关键句、段的朗读设计，使课文段落形成了一个极富逻辑性的集成块，发展了学生的语感，促进了学生认知、情感、价值观的和谐发展。总之，这种让学生百读不厌、常读常新的“涵泳”的研读策略能够促进师生更好地体味作品蕴含的无限情味。

最后，巧妙创设情境。叙事性散文中所记叙的事件和描写的人物都是作者用文字向读者描绘出来的，但是语言文字的描写对于学生来说仍有一定的距离，教师在教学设计的时候，就应该适当设计一些情境还原环节，将散文中描绘的事件、场景、人物形象还原出来，让学生身临其境，真正站在作者的立场上去观察体会，感悟作者的主观感情。因此，教师抓住教材关键处的拓展空间，在已知内容的基础上，对课文做合理的续想，从而开拓学生思维，激发他们体会作者的思想感情，使他们充分体会叙事散文的魅力。

4. 教学建议

时间安排：两课时。

环节安排：布置预习，对叙事性散文的内容进行梳理→小组讨论进行初步的教学设计→小组研读案例并进行汇报→小组合作，选择叙事性散文中其他的篇目进行教学设计→学生在课上进行教学实践→教师点评。

人数要求：40 人以下的班级。

教学方法：参与式教学、小组合作，以讨论为主，讲授为辅。

工具选择：多媒体、案例资料等。

组织引导：教师布置任务清晰，预习要求明确；

提供给学生必要的参考资料；

给予学生必要的技能训练，便于课堂教学实践的进行；

对学生课下的讨论予以必要的指导和建议。

活动设计建议：

(1) 阅读《义务教育语文课程标准(2022 年版)》和教材中《散步》一文的相关内容，同时查阅相关的教学设计和实施的文献，对《散步》一课进行初步的教学设计。

(2) 阅读本案例，有条件的可观看案例视频，独立思考，记录思考与问题。

(3) 小组讨论交流，将最终的小组问题列在记录单中。在小组的交流与汇报中，教师进行点评与提升。

(4) 指导学生在课下对自己的设计进行完善，教师给予必要的指导。

(5) 在进行小组汇报交流时，聆听小组要做好记录，便于提问与交流。

5. 推荐阅读

[1] 王荣生. 散文教学教什么[M]. 上海：华东师范大学出版社，2014.

[2] 温儒敏. “部编本”初中语文教材使用的几点建议[J]. 教学管理与教育研究，2017(14).

[3] 魏小娜. 中学语文教学设计[M]. 北京：中国人民大学出版社，2021.

[4] 赵雨婷. “这一类”与“这一篇”：叙事性散文教学内容的选择与确定——以《秋天的怀念》教学为例[J]，江西教育，2023(06).

记叙文阅读教学设计与实施

——以《藤野先生》为例

摘要:在初中语文阅读学习中,记叙文一直占据着重要位置。它是学生在初中阶段最常见的文章体裁之一,是初中语文教学的重点,同时也是学生学好其他文体的基础。因此,在整体把握统编版初中语文教材的前提下,教师对教材中的记叙文进行正确恰当的文本分析十分必要。本案例通过对记叙文《藤野先生》课堂教学实录的展示,为理解初中记叙文的教学设计与实施提供有价值的范例。从教学实录与课后反思中,表现出任课教师对学科内容的深入理解和对学生学习状况的把握,进而实现长文短教,难文浅教,以点带面地让学生于细微之处见主题的深刻内涵。本案例的分析与讨论,为中学记叙文的教学设计提供了有价值的思考路径与实施策略。

关键词:《藤野先生》;记叙文;教学设计与实施

背景信息

统编版义务教育语文教材包括小学和初中两部分,由温儒敏主编,人民教育出版社出版。2016 年 9 月,统编版开始在部分地区试用。2017 年 9 月,全国统一使用这套教材。统编版初中语文教材中共有选文 143 篇,与原有人教版的 169 篇相比,减少了 24 篇,主要是现代文减少了 23 篇。虽然课文的数目减少了,但很多经典文章都保留了下来。记叙文作为三大文体之一,不管是在原有人教版语文教材还是在其他版本的教材中都占有一定的比例,这套统编版初中语文教材同样包含一定数量的记叙文。同时,研究记叙文对培养学生语文能力、提高语文教学质量都有一定的影响。本文先从整体上分析统编版教材的特点,在了解这套教材的基础上,以鲁迅的《藤野先生》为例,进一步对记叙文阅读教材进行探讨。

与原有人教版教材相比,统编版初中语文教材在阅读方面有“教读”和“自读”两类,编选目的之一是以学生为主体,培养学生自主学习的能力。除此之外,这套教材还增添了课外阅读这项内容，这一做法正如温儒敏先生所说的，让语文教学从课堂延伸到课外，形成“教读—自读—课外阅读”三位一体的阅读教学模式。统编版教材在每单元后都合理安排写作板块，并且与前面的课文相关联，学习了记叙文后再练习记叙文的写作，将读写结合起来。这样的编排充分体现了理论与实践的结合，在实践中学习语文，提高语文能力。

《义务教育语文课程标准(2022 年版)》的课程目标学段要求中，第四学段(7～9 年级)的阅读教学中提到“欣赏文学作品，有自己的情感体验，初步领悟作品的内涵，从中获得对自然、社会、人生的有益启示。能对作品中感人的情境和形象说出自己的体验，品味作品中富于表现力的语言”①。所以初中阶段的语文阅读教学需要以作品的内容为基础，对其中涉及的人物形象进行感悟，进一步体会语言风格，这对初中学生来说还是比较难以全面把握的。教师需要对作品有深刻的理解和感悟，才能对学生进行正确地引导。而初中阶段的记叙文仍然是教材的重心，对于记叙文的分析与理解是必不可少的。

一般而言，记叙文是以写人、记事、写景、状物这四个方面为主的文章，但广义来说，以记叙或写景为主的文学作品如散文、小说、人物传记等都是记叙文。而本文将以鲁迅先生的作品为代表，分析统编版初中语文教材中的记叙文。作为语文教材不可或缺的一部分，整个中学阶段都涉及鲁迅的文章。其中记叙文偏多，如七年级中选自散文集《朝花夕拾》的《从百草园到三味书屋》《阿长与〈山海经〉》，八年级上册同样选自《朝花夕拾》的《藤野先生》。八年级下册选自小说集《呐喊》的《社戏》等也是记叙文，九年级的《故乡》《孔乙己》也是小说文体的记叙文。从这些记叙文的编排中可以发现，教材编者充分考虑了学生的学习情况，希望学生从易到难、循序渐进地理解鲁迅记叙文的内涵和深度。所以对记叙文的分析是非常有必要的，可以提高学生读写能力和语言文字运用的能力，进而提高语文教学质量。

鲁迅的《朝花夕拾》是一部回忆性的散文集，因为书中主要记叙他不同时期难忘的人和事，可以纳入记叙文范畴。而回忆性散文中所记叙的人都是真实存在的，比如《从百草园到三味书屋》中作者儿时的私塾老师寿镜吾、《阿长与〈山海经〉》中幼时的保姆长妈妈、《藤野先生》中作者去日本求学的恩师藤野先生。对这些典型人物，作者抒发了不同的情思，将情思通过事件表现出来，并抓住人物和事件的细节去体现人物的特点，这些方面都是记叙文教学的要点。我们常说记叙文有六要素，包括时间、地点、人物、事件的起因、经过、结果。在初中阶段，记叙文教学仍然要以这六要素为基础，分析主要人物以及与他们相关的事件，在了解这些内容的前

---

① 中华人民共和国教育部. 义务教育语文课程标准(2022 年版)[S]. 北京:北京师范大学出版社,2022:14.

提下，再去挖掘人物的特点及品质，把握文章的主旨。

教师要在整体把握统编版初中语文教材的基础上，结合《义务教育语文课程标准(2022年版)》中的课程目标与课程内容对中学生阅读教学的要求，以鲁迅的记叙文为例对中学语文中记叙文的教学策略进行探索与思考。教师进行记叙文教学要让学生提前预习，解决生字词问题，同时要了解文章写作背景和文本内容，理清行文思路，分析人物形象，通过典型事例深刻感悟课文中作者的情感。除此之外，学生还要通过大量阅读记叙文，学习刻画人物的方法，品味作者风格多样的语言，不断提高文学鉴赏力。学生还可以从鲁迅先生的作品中找到不同类型、不同表现手法的记叙文，进行更深层次的理解，并不断思考感悟，提高自身的记叙文写作能力。比如记叙的顺序，有顺序、倒叙、插叙、补叙等，不同顺序在文章中的作用不同，当学生能够深入理解后，就可以在写作中运用，达到读写结合的目的。

随着教育改革进程的不断加快，初中语文记叙文阅读教学需要追求创造性的教学模式和教学方法。尤其是对经典课文的解读，绝不仅仅局限于对内容的把握。所以，对统编版初中语文记叙文阅读的分析与研究是非常必要的，由于篇幅有限，本文就以统编版八年级上册语文教材中的《藤野先生》进行案例分析。

案例正文

一、如何理解记叙文——以《藤野先生》为例

在初中阶段的语文阅读学习中，记叙文是其他文体的基础，也是学生较为熟悉和感兴趣的一种文体，理解起来较简单。凡是以记叙为主的文章都属于记叙文，它以写人、记事、写景、抒情为主，以记叙、描写为基本手段。鲁迅所写的记叙文在整个初中阶段涉及六篇，并较为平均地分布在教材中。学习《从百草园到三味书屋》可以了解作者少年时期的学习生活，感受童真与乐趣；阅读《阿长与〈山海经〉》可以体会小人物的优秀品质，如长妈妈的善良与淳朴；品味《藤野先生》可以了解作者记叙的难以忘却的人和事，感受藤野先生的伟大之处；鉴赏《社戏》可以学习传统文化风俗，感受作者寄寓的情思；探究《故乡》可以理解故乡的萧条落寞，感悟作者对旧社会的强烈不满和对新生活的向往；细读《孔乙己》可以明晰封建社会末期知识分子孔乙己的悲惨一生，有助于通过人物形象体味社会生活。六篇课文放在不同年级的不同主题单元中，对学生的要求也有差异。虽然同为记叙文，但是课堂教学的侧重点有所不同，所以教师需要结合不同学段学生的学情来确定具体的教学目

标与教学内容，适当删减一些晦涩难懂、不符合当下学生理解的内容，还可以结合时代发展进行拓展延伸教学，让学生学有所得，在课文学习中感悟生活中与之相关的共情点，这样才能真正把语文教学落到实处。

以《藤野先生》为例来分析，这是统编版八年级上册语文教材第二单元的一篇记叙文，文章讲述了作者在日本求学时的生活，与藤野先生的相识、相处、离别的过程以及对他的怀念。通过具体的事例为我们展现了一位认真严谨、正直善良、毫无民族偏见的良师形象，同时也寄寓着作者深厚的爱国之情。第二单元的学习要求是要了解回忆性散文内容真实、事件典型、注重细节描写等特点，从文中学习刻画人物的方法，品味语言，提高文学鉴赏能力。所以，教师教学《藤野先生》需要把握课文的基本内容，通过启发引导，实现长文短教，以点带面地完成全篇教学，抓住具体事例去分析人物形象，品味鲁迅独特的语言风格，把握记叙文教学的要点，提高阅读鉴赏力。

二、如何更好地把握《藤野先生》一文的教学

(一) 改变教学模式，尝试系统教学

因为鲁迅的文章年代较为久远，篇幅较长，学生在不了解时代背景的前提下，很难体会作者的情感。教师应抓住阅读教学的核心，在传统讲授法的基础上，采用个性化、创新型的教学模式，让学生了解故事发生的时代背景以及作者的写作背景。在此基础上，让学生通过学习课文中的写人事例，引发心灵上的共鸣，顺其自然地体会作者所表达的情感。

教师可以精心设计导语，激起学生对鲁迅记叙文中与《藤野先生》有相似主题或相似人物的回忆，如三味书屋中的寿镜吾先生和日本的藤野先生都是鲁迅终生难忘的老师，所以可以结合七年级上册的《从百草园到三味书屋》进行导入，利用学生已有的知识促进对本篇课文的理解，进行系统化的教学。

教学中，教师需要具有整体意识，要打破单篇课文的局限性，将课文放在单元中，与单元导语、课后思考题、综合性学习、写作指导相结合；将课文放在教材中，与不同学段下同一作者的文章进行整合、对比，实现“群文阅读”，或是与同一文体中不同作家的作品对比，宏观上把握文体的特征。要将知识进行合理迁移，做到举一反三，读写结合，进而提高学生的阅读能力，把握记叙文的阅读技巧。

1. 理清课文思路，把握叙事线索

理清课文思路，也就是要知道课文写了什么。要准确找到记叙文的六要素，即

时间、地点、人物、事件的起因、经过、结果，也就是需要知道什么人在什么时间、什么地点做了什么事。教学中教师选择了六要素中的地点，引导学生从故事发生的地点入手，梳理作者的行文思路。再根据不同的地点去找对应的人和事，把课文内容清晰地呈现出来。教师根据课文中三个主要地点：东京、仙台和国内，对每一个地点发生的事情进行深入分析，将长篇的课文内容分为三个部分，使学生的阅读难度降低，让学生准确把握每个地点发生了什么事，这些事又表达了作者怎样的情感，思路很清晰，学生互动性高，课堂氛围活跃。

此外，把握课文的叙事线索也尤为重要。《藤野先生》有明暗两线，明线是地点的变换，暗线是“我”思想感情的变化。对于明线的把握是基础，从明线上可以理清课文思路，对课文内容有一定了解后，再去深入分析。对于暗线，也就是作者的思想感情，需要在明线梳理清楚的情况下，教师逐步引导，让学生根据事例和人物去体悟情感，而不是教师直接指出，这也是记叙文教学的难点。课文思路和叙事线索处理得好，才能让学生从事例中去体会作者的爱国之情。

2. 体会课文语言，领会课文主旨

体会课文语言，也就是要知道课文是怎么写的。一要推敲字词。教学中教师以课文中这几个词语“无非”“无怪”“无法”“无聊”“无从”作为分析的切入点，从理解词语的含义入手，解读《藤野先生》，把握藤野先生的形象，感受作者的思想感情，实现从“无”生有的创新性教学。二要分析句子。从表达方式来看，鲁迅的记叙文注重描写，尤其注重人物描写。如《藤野先生》中对藤野先生的外貌描写以及“我“与藤野先生的相处过程中发生的事，都足以感受到藤野先生的朴素真实、平易近人和认真严谨。从表现手法来看，鲁迅的文章常用反讽。如《藤野先生》开头的几句话，用“实在标致极了”这个句子讽刺了那些赶时髦而又要时刻效忠封建王朝的人，以及课文最后写道要“再继续写些为‘正人君子’之流所深恶痛疾的文字。”“正人君子”是指那些为军阀政客张目的人，他们也是鲁迅讽刺的对象。这是鲁迅文章的一大特色，需要学生去品味语言。

领会课文主旨，也就是要知道作者在文中表达的思想情感。《藤野先生》这篇文章题目是藤野先生，可是在课文的开头对东京的中国留学生进行了描写，对仙台进行了描述，为什么要这样构思呢？主要是通过这些描写，一来为藤野先生的出场做铺垫，二来由中国留学生的颓废引发“我”的反思，决定弃医从文，暗含深厚的爱国之情。作者一方面表达对藤野先生的怀念，另一方面又表达对祖国的热爱，这两种情感就是课文的主旨。

教师在教学中要引导学生了解课文的时代背景，以地点为线索，理清课文思路，把握课文内容，注重对事例和语言的分析，让学生领会主旨，不仅感受到鲁迅对恩师藤野先生的怀念，还应体悟到文章蕴含着浓浓的爱国之情。

三、《藤野先生》的教学设计与实施

（一）复习旧知，回顾导入

教师在课前带领学生充分预习，解决了疑难字词等基本问题，整体把握课文内容，并给学生补充了故事发生的时代背景和写作背景，为课堂教学做了充足的准备，在课上直接进入课文分析阶段，节约了大量时间。

片段一：

师：同学们，大家学习过鲁迅的一篇散文，写他幼时的生活乐园和枯燥的私塾生活，这篇散文叫什么？

生（齐声）：《从百草园到三味书屋》。

师：请同学概括一下作者笔下的百草园是怎样的。

生：充满生机，有碧绿的菜畦，光滑的石井栏，高大的皂荚树，紫红的桑葚，还有鸣蝉、肥胖的黄蜂和轻捷的叫天子。

生：有无限趣味，作者还写了"油蛉在这里低唱，蟋蟀们在这里弹琴。翻开断砖来，有时会遇见蜈蚣；还有斑蝥……"

生：还有人形的何首乌，小珊瑚珠似的覆盆子，还有美女蛇的传说。

师：说得很好！可见啊，百草园是作者童年的乐园。

师：接下来，请同学试用一两个词语概括三味书屋的生活，并说说你的依据。

生：三味书屋的生活是枯燥、乏味和无趣的。第21段写作者在三味书屋只读书，读的还是完全不懂的内容。

师：嗯，这种生活枯燥无趣呀。有没有有趣的事情可做呢？

生：有。他们可以悄悄地出去玩。

师：他们都出去玩些什么呢？你能概括一下吗？

生：折腊梅花，寻蝉蜕，捉了苍蝇喂蚂蚁。

师：概括得非常准确。三味书屋的老师怎么样呢？

生：三味书屋的老师好严肃。"我"问他"怪哉"虫是什么，他不说，脸上还有怒色。

师：老先生只是严肃吗？

生：老师也很宽容。"他有一条戒尺，但是不常用，也有罚跪的规则，但也不常用，普通总不过瞪几眼，大声道：'读书！'"

师:是啊,明知孩子们偷跑出去玩了,也没有惩罚,只是出去太多人、玩得太久才会叫一声。

生:老师读书很认真,很入神。"他总是微笑起来,而且将头仰起,摇着,向后面拗过去,拗过去。"

师:如痴如醉啊! 我们看到了这位老先生可爱的一面。"我"对这样的老师,怀着怎样的情感?

生:恭敬,感激。

师:三味书屋的生活原来不是只有枯燥、乏味和无趣啊。这里有趣事,有可爱的老师,有会玩的孩子们。今天老师要给大家介绍一位鲁迅先生留学日本时候的老师,他叫什么名字啊?

生:藤野先生。

师:昨天,老师已经带领大家预习了这篇课文,整体上把握了课文的内容,了解了课文的写作背景和文中故事发生的背景,也学习了疑难词语,现在我们就走近藤野先生。

这堂课起始,复习旧知,导入新课,对预习的内容进行整体把握。一方面解决了课文中的生字词,整体感知文章内容;另一方面教师又带学生了解写作背景和时代背景,让学生对课文有更深层的领悟,能够进入情境,在文本分析时能够更容易理解,引起共鸣。

(二)以点带面,整体感知

在导入新课之后,教师与学生就进入到文本的阅读。教师让学生快速阅读,对课文进行整体感知,找到多媒体上显示的几个词语,并在课文中进行圈画,以词语为切入点,对文本进行分析。

片段二:

师:现在,请同学们一起读一下这几个词。

(屏显:无非　无怪　无法　无聊　无非　无从,生齐读)

师:这几个词是我们理解《藤野先生》的切入点。今天,我们就从理解这几个词语的含义入手,解读《藤野先生》,把握藤野先生的形象,感受作者的思想感情。理解词语离不开语境。这几个词语分布在哪些句子中呢? 请大家在课文中找一找。

(屏显句子,生齐读)

师:理解句子离不开文段,请同学们快速阅读课文,找到这几句话在文中的具体位置并圈画出来。

(生圈画)

这一教学环节最具有创新性的地方就在于由简单的词语作为分析文本的切入点，实现长文短教，进而分析人物形象，体会作者的思想感情。教师指导学生预习，做了充分准备；学生对课文内容大致把握后，就可以快速地定位这些词语，提高效率和参与度。

（三）抓住要素，深入研读

以下片段中，教师以记叙文六要素之一的地点作为研读课文的线索，梳理作者的行文思路，接着逐一分析在某一地点遇到的人和发生的事，结合词语进行简要概括，帮助学生体会作者的思想感情的变化。

片段三：

师：这么长的文章，同学们能迅速找到这几句话的位置，真不错！课文用38个自然段的篇幅，回忆了“我”和藤野先生之间的往事。我们可以试着从故事发生的地点入手，梳理作者的行文思路。现在，请大家结合预习提示跳读课文，找出作者在文中一共写到几个地点。

生：首先写了东京，觉得“东京也无非是这样”，以讽刺的笔触描写了“清国留学生”庸俗不堪的生活。

师：作者为什么写东京？

生：写在东京的清国留学生的种种丑态，表达了鲁迅对东京很失望，为下文离开东京到仙台求学见到藤野先生作了铺垫。

生：也反衬出作者寻求真理的热切心情。

师：有道理！还写了哪些地方？

生：写了前往仙台的途中有“日暮里”和“水户”这两个地方。

师：为什么写这两个地方？

生：因为“日暮”两字触发了作者的忧愤之情，所以印象深刻，几十年后还记得。水户，则是反抗清朝至死不渝的朱舜水先生客死的地方。作者对这样一位具有民族气节的学者自然会产生仰慕之情，因此对水户铭记不忘。写这些事情，反映了鲁迅先生的爱国主义思想感情，起了突出文章中心的作用。

师：说得好，很透彻！刚才提到了仙台，在仙台发生了什么事？

生：作者在仙台读书，与藤野先生交往，最后中止学医。

师：鲁迅在《藤野先生》中主要记录了自己和藤野先生交往的四件事，这些事都发生在仙台，请大家找一找。

生：藤野先生检查并修改“我”所抄的讲义。他把“我”的讲义“从头到末，都用红笔添改过了，不但增加了许多脱漏的地方，连文法的错误，也都一一订正。”

师：这反映了藤野先生是怎样的人？

生：表现了藤野先生对教学认真负责、一丝不苟和对学生的关爱。

师：第二件是什么事？反映了藤野先生什么样的品格？

生：藤野先生帮助订正“我”的解剖图中的错误，指出“我”画的解剖图中一条血管移了一点位置，并加以改正。反映出先生严肃的科学态度和循循善诱的作风。

师：很好！第三件是什么事情？反映了藤野先生什么品格？

生：藤野先生关心“我”的解剖实习，怕“我”受迷信的影响不肯解剖尸体，后来放心了。反映了他对不同文化的尊重和正直无私的态度。

师：嗯！第四件是什么事？反映了他怎样的品格？

生：藤野先生向“我”了解中国女人裹脚的详细情况。反映出他对探索研究未知问题的严谨求实，没有民族偏见。

师：在仙台，除了鲁迅和藤野先生之间交往的四件事，还发生了一件事促使作者弃医从文。鲁迅在日本仙台学医时一次课间上映了一部幻灯片，描写的是在日俄战争中，中国人给俄国做侦探被日军抓来处死的场面：绑在中间的中国人，体格强壮而神情麻木；围着来赏鉴这示众的盛举的，也同样是一些体格强壮而神情麻木的中国百姓。这促使作者改变理想，弃医从文，改变国民性。后面作者又写了什么地方？

生：北京。鲁迅写道：“只有他的照相至今还挂在我北京寓居的东墙上，书桌对面。每当夜间疲倦，正想偷懒时，仰面在灯光中瞥见他黑瘦的面貌，似乎正要说出抑扬顿挫的话来，便使我忽又良心发现，而且增加勇气了，于是点上一枝烟，再继续写些为‘正人君子’之流所深恶痛疾的文字。”这表达了鲁迅对藤野先生的怀念。

师：说得非常好！这几位同学找得非常准确。我们来概括一下，课文中作者主要写了三个地点：东京、仙台和北京。

在这个教学环节，教师采用引导的方式，让学生跳读课文，找出文中的地点及其相关的事，引导学生思考赏析，对学生的正确回答给予肯定和鼓励，激发了学生的阅读兴趣，促使他们感悟课文的语言魅力。

片段四：

师：接下来，我们就随着鲁迅先生的脚步先到东京去看看。东京怎么样呢？

（师板书“东京”“仙台”“北京”）

生（齐）“：东京也无非是这样。”

师：那东京到底是什么样的呢？请大家读一读第1、2自然段，然后说说东京具体的样子。

（生齐读第1、2自然段）

生:上野的樱花烂熳。

生:东京有很多清国留学生。

师:这些留学生在干什么呢?

生:他们在赏樱花,学跳舞。

生:这些留学生在赏樱花时还丑态百出。

师:哦,他们有什么样的丑态呢? 你能详细说说吗?

生:这些留学生,“头顶上盘着大辫子,顶得学生制帽的顶上高高耸起,形成一座富士山。也有解散辫子,盘得平的,除下帽来,油光可鉴,宛如小姑娘的发髻一般,还要将脖子扭几扭”。这几句从人物的神态、动作等方面,写出了清国留学生丑态百出。

师:说得非常好,分析很到位! 同学们能否用带“无”字的成语概括清国留学生在东京的生活和学习状态呢?

生:无所事事。

生:不学无术。

师:这两个词用得特别好! 对于这样一群无所事事、不学无术的清国留学生,鲁迅先生有什么样的看法呢?

生:鲁迅先生在写完他们的丑态后,说了一句“实在标致极了”,其实是在讽刺他们实在是丑陋极了。

师:说得好! 这一句运用的是——

生:反讽的修辞手法。

师:反讽也叫反语。除此之外,我们还能从哪里感受到鲁迅先生的情感呢?

生:“东京也无非是这样。”

师:谁能说说这句中的“无非”是什么意思?

生:应该是“不过”吧?

师:你说得非常对,就是“不过”。把这句话换一种说法,可以怎么说?

生:东京也不过如此。

师:你重读了“不过”一词,重音把握得非常好! 把“无非”一词去掉后大家再读读,看看有什么不一样。

生:去掉“无非”,感情就没有原来强烈了。

师:对,“无非”起到了强化感情的作用,不能去掉。那“无非”强化了什么感情呢?

生:“无非”一词鲜明地强化了作者的失望之情。

师:如果把“也”字去掉怎么样?

生:“也”字也不能去掉。这个“也”字表明不光是东京令作者失望,其他地方也令作者失望。

师:其他地方会是哪里呢?

生:可能是指国内。

师:你理解得非常准确,就是指国内。当年,鲁迅看到国家内忧外患,就到日本留学,准备学成报效国家。当他看到一群无所事事、不学无术的清国留学生后,感到东京也是一个失望之地,于是便决定到别的地方去看看。

教师教学思路很清晰,由东京这个地点开始,解读东京的人,也就是和作者有着同样身份的清朝留学生,但是这群留学生并不想学习救国,而是无所事事。文中的“标致”一词就是典型的反讽手法,教师引导学生对鲁迅独特的语言风格进行分析,体会文中词句,再带着感情去朗读这些词句,进而把握作者的思想感情。

片段五:

师:他去了哪里呢?

生(齐):仙台。

师:你能用自己的话说一说仙台发生的故事吗?

(生复述“匿名信事件”)

师:这句话中的“他们”指哪些人?

生:日本青年学生。

师:这句话中的“无怪”是什么意思?

生:“不足为怪”,或者是“不应感到奇怪”。

师:“也无怪他们疑惑”,他们疑惑什么呢?

生:疑惑鲁迅先生竟然考了60分以上。

师:鲁迅先生的成绩只是中等,比他分数高的大有人在,他们为什么只疑惑鲁迅先生的分数呢?

生:因为当时中国是弱国,在国际上被人瞧不起,所以就连中国人也被认为是低能儿。

师:当时中国是弱国,中国人就是低能儿吗?这有什么必然的联系吗?

生:没有必然的联系。

师:既然没有必然的联系,那鲁迅先生为何还要说“也无怪他们疑惑”呢?

生:这可能是鲁迅先生一种无奈的说法吧。

生:也可能是反语。

师:你们的理解非常深刻!这句话不仅表达了作者的无奈,还表达了对日本青年学生的讽刺,更表达了鲁迅先生作为弱国子民的辛酸。这些感受都通过“无怪”

一词充分地表达了出来。由此可以看出，日本青年学生骨子里带有一种强烈的民族偏见。在东京，作者看到了一群无所事事、不学无术的留学生；在仙台，作者遇到了一群目中无人、狂妄无知、讨厌无聊的日本青年学生。此时的鲁迅身处异国他乡，本就无依无靠，再受到如此侮辱，他内心无助彷徨又无人能诉，真是无比痛苦，简直是到了“山重水复疑无路”的境地。还好，这时有一个人就像一束阳光，给鲁迅先生的内心带来了无限温暖，让他的处境变得“柳暗花明又一村”了。这束阳光是什么呢？

生：是他在日本的老师藤野先生。

师：藤野先生给鲁迅的第一印象是什么？也就是，鲁迅第一次见到的藤野先生是什么样子？

（生读鲁迅描写藤野先生外貌和语言特点的句子）

师：这是鲁迅看到和听到的藤野先生。在另一些人，比如那些留级的学生的眼中，藤野先生又是一个什么样的人呢？

（生读文中相应的句子）

师：由鲁迅的第一印象，同学们看到了一个怎样的藤野先生？

生：相貌平平。

生：很普通。

生：不讲究穿戴。

师：但在这样的外表下，藤野先生有一颗怎样的心呢？请同学们速读课文第11～23自然段，用小标题的形式概括他们师生交往的几件事，同桌之间可以交流。

（生思考，概括，讨论）

生：添改讲义。

生：纠正解剖图。

生：关心解剖实习。

生：了解中国女人裹脚。

师：现在，同学们两人一组，从上述四件事中任选一件，先品析描写藤野先生语言、动作的语句，然后用“由……事，可以看出藤野先生是一个……的人”来说一句话。

生：由添改讲义这件事，可以看出藤野先生是一个和蔼可亲的人。“原来我的讲义已经从头到末，都用红笔添改过了，不但增加了许多脱漏的地方，连文法的错误，也都一一订正。这样一直继续到教完了他所担任的功课：骨学，血管学，神经学。”由这件事可以看出藤野先生是一个无微不至关怀鲁迅的人。藤野先生对鲁迅真的太好了！“你看，你将这条血管移了一点位置了……以后你要全照着黑板上那样的画。”由纠正解剖图也可以看出藤野先生是一个和蔼可亲的人。

师：由这些我们还能看出藤野先生有什么品质？

生：对学生严格要求。

生：治学严谨，他对待学术很认真。

师：“治学严谨”这个词用得很好！还有两件事，同学们接着说。

生：由关心解剖实习，可以看出藤野先生是一个和蔼可亲的无微不至关怀鲁迅的人。

生：由了解中国女人裹脚的事，可以看出藤野先生是一个对学问有求实精神的人。

师：说得真好！通过品读这些文字，同学们感受到了文字背后隐藏的深刻内涵了吗？这些往事不仅从不同角度体现了藤野先生的优秀品质，而且还表现了藤野先生对鲁迅无微不至的关怀。这种关怀，对于一个弱国的子民，特别是对身处异国他乡、饱受欺凌而又孤苦无依的人来说，就显得特别可贵。显然，在藤野先生身上，有一种与日本青年学生所不同的东西。这个东西是什么呢？

生(齐)：没有民族偏见。

师：在那个时代，作为日本人，藤野先生对中国人没有民族偏见，的确是太可贵了！在我们的眼里，藤野先生是一个没有民族偏见的无微不至关怀鲁迅的人。在鲁迅的眼里和心里，藤野先生又是一个什么样的人呢？我们一起读一读这段文字。

（生齐读）

师：你感受到鲁迅对老师的什么感情了呢？

生(杂)：感激之情、怀念之情……

师：鲁迅先生就是这样通过回忆往事，表达了他对恩师的无限怀念之情。

（师板书“怀念恩师”）

师：好，接下来，我们探讨与仙台有关的这一句话。

（屏显“呜呼，无法可想！”）

教师根据仙台这一地点，先让学生找出发生的事情，并结合时代背景，让学生更深刻地体会作者的情思。接着结合事件重点分析藤野先生的人物形象，这种分析以小组形式展开讨论，按照“由……事，可以看出藤野先生是……的人。”这一句式，将事例和藤野先生的品格相结合，使学生感受到作者对藤野先生的感激与怀念。

片段六：

师：鲁迅在仙台还遇到了什么事情，让他发出了“呜呼，无法可想”的感慨呢？

（生复述“看电影事件”）

师：鲁迅回到国内后有没有遇到类似的事情？

生：有。国内枪毙犯人时，围观的中国人也在酒醉似的喝彩。

师：这两件事让作者看到了一群怎样的中国人？

生：麻木无知的中国人。

师：所以作者的内心受到了极大震撼。这种极大的震撼，同学们可以从哪个词感受到？

生：“无法可想”中的“无法”。

师：你怎么理解“无法可想”？

生：就是没有办法可想，或者是根本没有想象到。就是这两件事都超出了作者的想象。

师：“无法”体现了作者的内心受这两件事的震撼很大。于是，在那时那地，鲁迅的想法——

生：又变化了。

师：鲁迅的想法又发生了怎样的变化呢？

生：他决定倡导文艺运动。

师：你能具体说说吗？

生：“看电影事件”让鲁迅认识到国人的病不是在身体上，而是在精神上，要改变国人的精神，就要推行文艺。

师：你的理解非常到位。身体上的病可以用药物治疗，精神上的病只能用文学来唤醒。所以，鲁迅选择了弃医从文，回到了祖国。然而，没想到的是，回到国内后，他的状况竟也是那么“无聊”。这里的“无聊”是什么意思呢？

生：无事可做。

师：鲁迅回到国内后真的是无事可做吗？

生：不是。无聊是他精神上百无聊赖，于是他写文章唤醒麻木的国人。

师：他都写了什么样的文章呢？

（生疑惑）

师：他写的文章让一些人怎么样了呢？

生：他写的都是一些让“‘正人君子’之流”深恶痛疾的文字。

师：“正人君子”为什么要加引号呢？“正人君子”为什么会对鲁迅先生写的文字深恶痛疾呢？

生：这是讽刺的写法。“正人君子”是指那些为军阀政客张目的人。

师：这些所谓的“正人君子”，其实就是反动军阀豢养的走狗。他们是鲁迅作品讽刺的对象，所以他们会对鲁迅的文字深恶痛疾。鲁迅是站在哪些人的立场上讽刺军阀及其走狗的呢？

生：老百姓的立场上。

师：非常正确。在军阀割据混战的年代，鲁迅写文章讽刺军阀及其走狗，他的处境会怎样？

生：不顺心；处处有麻烦；时时受打击。

师：当时，鲁迅时时受打击，处处遭迫害，生活过得潦倒失意，所以这里的“无聊”是“潦倒失意”的意思。这样理解，后面带有“无”字的句子就好理解了。谁来说说？

生：因为生活过得“无聊”，所以他没有给藤野先生写信———写信只会让老师失望，而时间一长也就不知从哪里说起了，于是最后便渐渐地和老师没有了联系，但那种感激与思念之情却从未断过。

师：你理解得非常正确。课文中鲁迅所写的几件事，都表现了藤野先生对他的关心，更表达了他对藤野先生的怀念之情。除此之外，还有一种感情贯穿了文章的始终，同学们体会到了吗？

生：爱国之情。

这一部分内容也是课文教学的重点，作者的思想发生了改变，爱国之情呼之欲出。教师引导学生抓住事例去体会作者内心所受到的震撼，以及决定弃医从文的思想变化，通过语言和事例让学生体会作者浓烈的爱国情怀。

（四）体会情感，收结全文

片段七：

师：同学们能否结合全文说说鲁迅的爱国之情是如何表达出来的呢？

生：鲁迅是带着探寻救国之路的理想到东京留学的，这是他爱国之情的体现。

生：在东京，他看到清国留学生不学无术的丑态特别厌恶，不愿与之为伍，决定另觅他处寻求救国之路，这更是他爱国之情的体现。

生：在仙台，他不堪“匿名信事件”的侮辱，表现了他的爱国之情。

生：在仙台，受“看电影事件”的震撼，他决定弃医从文，也表现了他的爱国之情。

生：回到国内后，他写让军阀及其走狗深恶痛疾的文字，也是爱国的表现。

师：大家说得太好了，很全面，很深刻！还有吗？

生：课文第 38 自然段说，在自己想偷懒时，看到老师的照片就会增加勇气，由此可以看出藤野先生给了鲁迅很大的战斗勇气，作者对老师的怀念之情也是和他的爱国之情交织在一起的。

（师板书“深爱祖国”）

师：现在，我们一起读一读刚才这位同学提到的第38自然段中的几句话，体会一下鲁迅先生怀念恩师和深爱祖国交织在一起的感情。

（生齐读）

师：今天的课就上到这里，下课。

教师对课文进行总结，通过提问指导学生体会作者深厚的爱国之情，并将其与对藤野先生的怀念与感激之情融合起来，逐步引导学生深入体会文本的中心思想。最后让学生带着深深的爱国情怀齐读课文的重要段落，在充满感情的诵读中结束本课教学，让人记忆深刻，回味无穷。

结语

《藤野先生》一文采用了自上而下的教学设计思路，教师指导学生预习课文的生字词，创设情境，让学生了解时代背景，拉近了课文与学生之间的距离，通过提问式教学，抓住关键词语对文章内容进行分析理解，深入地体会了作者的思想情感。教学创新在于教师抓住文中表达作者情感的词语，以地点为线，让学生逐步分析每一个地点发生的与作者相关的人和事，从内容、语言再到情感，逐层递进，把握了记叙文的教学要点。同时教师也注重每一环节与学生的互动，将学生视为课堂的主体。运用朗读法、小组讨论、自主阅读等方法，引导他们积极主动地表达观点，这对提高学生的阅读能力是有利的。除此之外，教师也注重对语言的分析，通过朗读去感受，通过理解去体悟，这符合初中阶段的语文课程目标的要求，能够提高学生对记叙文的鉴赏能力。

案例思考题

1. 记叙文在初中各年级教材中是怎样编排的？除了《藤野先生》一文，统编初中语文教材还有哪些经典的记叙文？
2. 阅读本案例，简述教师是如何做到“长文短教，从无生有”教学的。
3. 阅读本案例，你是如何看待教师“长文短教，从无生有”教学方式的？
4. 谈谈《藤野先生》教学设计与实施案例给你带来了哪些启示。

案例使用说明

1. 适用范围

适用对象：中学语文教育专业本科生或研究生，教师教育相关专业的本科生或研究生，以及在职语文教师。

适用课程：《中学语文课程与教材研究》《中学语文教学设计与实施》《教学设计》《课程与教学论》等相关章节。

2. 教学目的

（1）掌握中学阶段记叙文教学的要点，抓住记叙文的六要素，理解文章内容，提高教学设计和课堂实施的能力。

（2）指导学生根据课文中记叙的人或事，进行深度分析，把握人物形象。

（3）学习怎样理清记叙文思路，了解文章结构，明白形式与内容的关系，提高学生阅读和写作的能力。

（4）学习抓住记叙文中的关键词句，深入分析课文，品味语言风格，体会作者抒发情感的方法。

3. 关键要点

相关理论

教学设计、语文课程与教学论、语文教学艺术、语文学习心理

关键知识点

把握记叙文的文体特点，理清文章思路，体会语言风格；学会找出文章切入点，激发教学创新性；以学生学情为基础，坚持预设与生成相统一；学习记叙文的教学设计、教学实施和评价

关键能力

研读教材的能力、学情分析的能力、教学设计的能力、教学实施的能力

案例分析思路

使用本案例时，可根据具体课程内容的需求，结合相关的理论与方法，从以下几个方面进行分析。

首先是对教材的分析与教学内容的理解。本案例中的老师结合教材中的单元导语，准确把握教学目标，抓住记叙文教学要点，对教材进行合理分析。除此之外，该老师对《藤野先生》这一课的内容也有细致的把握，能够以文中简要的词语作为分析的切入点，以地点为线索，对课文内容进行合理划分，实现长文短教。在课堂教学过程中，教师坚持预设与生成相统一，引导和启发学生思考，而不是将自己的

想法强加给学生，所以课堂气氛活跃，学生参与度高，最终通过分析文本，让学生自然而然地体会作者的思想感情。这种生成性的教学模式，表现出教师的教育智慧以及教学艺术，为我们提供了教学设计的思路。通过对教材和课文内容的分析，使学习者意识到对教材的分析并非局限于简单的浏览或记录教材中内容，需要结合单元导语、课后思考题、单元学习任务、综合性学习等去抓住重点，并根据学生与教学的需要进行灵活调整。

其次是深入了解学生的认知结构。作为教师，需要对学生的学习情况有一定的了解，清楚哪些是学生理解的难点，哪些是学生可以把握的内容，站在学生的角度去思考如何进行教学设计与实施。对于难点要逐层递进，深入引导，各个击破；对于基础知识的学习要在预习阶段让学生自主阅读，独立解决。教师要合理分配教学内容，突出教学重难点，最终落实教学目标。如本案例中的《藤野先生》一文，对学生来说不了解时代背景和作者的写作背景，就难以体会作者深厚的爱国情怀。所以需要教师引导学生搜集资料，通过多媒体创设情境，让学生进入文本，营造课堂氛围，这有利于体会作者的情感。通过对学生认知结构的分析，也能使案例学习者意识到学生作为课堂的主体，需要深入了解他们的认知水平，从多个角度进行教学设计。

再次是注重朗读的训练。记叙文主要通过记叙人或事来表达作者的情感，所以学生的齐读、个别朗读都是体会情感的重要方法。案例《藤野先生》一文中老师对文章的关键词句都采用了不同的朗读方法，如“东京也无非是这样。”这一句话中的“无非”二字，教师让学生重读，体会作者对东京留学生的失望之情；再如教师让学生联想藤野先生与作者对话时抑扬顿挫的语调，带着这种语调去读文中的对话，会让文字变得立体，学生学习兴趣增强，课堂氛围活跃。教师在教学的最后阶段，将作者的情感概括为对藤野先生的怀念以及对祖国的热爱，接着让学生带着感情齐读文中最后一段话，学生读完，课堂教学也就随之结束，能够给学生留下深刻的印象，这就是朗读的魅力。

4. 教学建议

时间安排：两课时。

环节安排：布置预习，对记叙文的相关知识点进行梳理→小组讨论进行初步的教学设计→小组研读案例并进行汇报→小组合作，选择记叙文中其他的篇目进行教学设计→学生在课上进行教学实践→教师点评。

人数要求：40 人以下的班级。

教学方法：参与式教学、小组合作，以师生的讨论为主，讲授为辅。

工具选择：多媒体、案例资料。

组织引导：教师布置任务清晰、预习要求明确；

提供给学生必要的参考资料；

给予学生必要的技能训练，便于课堂教学实践的进行；

对学生课下的讨论予以必要的指导和建议。

活动设计建议：

（1）阅读《义务教育语文课程标准（2022年版）》和教材中《藤野先生》一文的相关内容，同时查阅相关的教学设计和实施的文献，对《藤野先生》一课进行初步的教学设计。

（2）阅读本案例，有条件的可观看案例视频，独立思考，记录思考与问题。

（3）小组讨论交流，将最终的小组问题列在记录单中。在小组的交流与汇报中，教师进行点评与提升。

（4）指导学生在课下对自己的设计进行完善，教师给予必要的指导。

（5）在进行小组汇报交流时，聆听小组要做好记录，便于提问与交流。

（6）教师对小组的设计进行点评，适时的提升理论，把握教学的整体进程。

5. 推荐阅读

[1] 付佳禾. 初中回忆性散文《藤野先生》名师课例比较研究[D]. 淮北师范大学，2022.

[2] 郭建红. 平淡之处见高奇——《藤野先生》教学设计[J]. 读写月报，2022(15).

[3] 刘静. 闲笔不闲——基于《藤野先生》的“1+X”教学设计[J]. 中学语文教学，2021(2).

[4] 张倩，邱道学. 搭建思维训练支架 助力记叙文构思行文[J]. 中学语文教学，2021(8).

说明文阅读教学设计与实施

——以《中国石拱桥》为例

摘要:说明文是以说明为主要表达方式的一种文体,是初中生语文学习的三大文体之一。说明文教学既开拓学生的科学文化视野,又能促进学生掌握与说明文相关的阅读理解与表达能力。通过学习初中说明文阅读教学设计与实施,可以使学习者掌握说明文教学设计的要点,正确处理教学内容,有效展开教学过程和巧妙执行实施策略。本篇案例涉及教材分析和教学案例实录,主要通过案例对统编版初中说明文如何教学展开分析,以促进学习者教学能力的提升。

关键词:统编版;初中说明文;教学设计与实施;《中国石拱桥》

背景信息

统编版语文教材包括小学和初中两部分,全称是"教育部编义务教育语文教科书",由人民教育出版社出版。2016 年,我国在几个地区试点使用统编版语文教材;2017 年,我国大部分地区开始使用统编版语文教材;2018 年,全国所有中小学正式使用统编版语文教材。自此以后,我国语文教材基本结束了各种版本如"人教版""苏教版""沪教版"等同时发行的局面,开始了统一教材的时代。顺理成章,本案例说明文阅读教学设计与实施以统编版语文教材中的课文为分析对象。

说明文是学生语文学习的三大文体之一,在培养学生语言运用能力、发展语文核心素养过程中起到非常重要的作用。在《义务教育语文课程标准(2022 年版)》(以下简称"课程标准")中提出了一些关于初中生学习说明文的要求,如"阅读新闻报道、说明性文字以及非连续性文本,能区分事实与观点"。[①] 这些要求不仅明确了初中生学习说明性文章的方向,也明确了初中生在经过说明文学习之后应该要达到的目标。

---

① 中华人民共和国教育部.《义务教育语文课程标准(2022 年版)》[S],北京:北京师范大学出版社,2022:42.

在整套统编版初中语文教材中，选用的说明文主要集中于八年级。八年级上册第五单元所选主要为说明性文章，包括茅以升的《中国石拱桥》、叶圣陶的《苏州园林》、周定舫的《人民英雄永垂不朽》、法布尔的《蝉》和毛宁的《梦回繁华》，与此同时，教材在第五单元的导读提出：学习本单元，要把握说明对象的特征，了解文章是如何使用恰当的方法来说明的；还要体会说明文语言严谨、准确的特点，增强思维的条理性和严密性。八年级下册第二单元所选也同样为说明性文章，包括竺可桢的《大自然的语言》、阿西莫夫的两篇短文、利奥波德的《大雁归来》和陶世龙的《时间的脚印》，教材在第二单元的导读提出：学习本单元，要注意理清文章的说明顺序，筛选主要信息，读懂文章阐述的事理；要学习分析、推理的基本方法，敢于质疑问难，激发科学探究的兴趣。

案例正文

一、统编版教材说明文分析

成功的说明文教学建立在教师具备深厚的学养、深度挖掘统编版教材说明文内容和科学有效的教学设计上。在此，我们重点分析一下统编版初中语文教材中说明文的内容属性及使用属性，为教学设计提供一些参考。

（一）统编版教材说明文的内容与结构

1. 统编版教材说明文内容分析

课程标准对义务教育第四学段的阅读提出这样的要求：“在阅读中了解叙述、描写、说明、议论、抒情等表达方式。”[①]要使学生掌握说明的表达方式，教材在选文时应在知识与能力的方面使学生了解说明文的相关知识，培养说明文写作能力。说明文有几个要点：被说明事物的特征、说明方法、说明顺序、说明语言。教材在八年级上册第五单元编选了五篇说明文供学生学习，单元导读开宗明义：“要把握说明对象的特征，了解文章是如何使用恰当的方法来说明的；还要体会说明文语言严谨、准确的特点，增强思维的条理性和严密性”。这充分体现了课程标准的精神：阅读说明性文章，能把握文章的基本观点，获取主要信息。此外，教材将本单元写作部分的主题定为“说明事物要抓住特征”，学生在学习了五篇说明文之后，是否学会

① 中华人民共和国教育部. 义务教育语文课程标准(2022 年版)[S]. 北京：北京师范大学出版社：14.

如何把握被说明对象的特征，需要运用写作的形式加以检测，之后教师再通过对作文的评讲强化学生对说明文的掌握。

同时，八年级下册第二单元编选了《大自然的语言》《阿西莫夫短文两篇》《大雁归来》《时间的脚印》四篇说明文，主要是为了让学生掌握如何有条理的说明事物，要求学生学习说明顺序，正如单元导读中说："学习本单元，要注意理清文章的说明顺序，筛选主要信息，读懂文章阐述的事理。"理清说明顺序，能够增强逻辑性，有助于学生思维的提升。课程标准也有关于思维方面的要求："在发展语言能力的同时，发展思维能力，学习科学的思想方法"，教材中的选文都是能够体现这些科学思想的说明文。在本单元的写作部分，安排了以说明顺序为主要练习对象的习作。教材把说明文的教学分别安排在八年级的上下册中，而且侧重于学习说明文的两个方面，注重了知识的系统性，有利于学生全面地学习说明文。

教材中说明文的编选也体现了情感态度价值观方面的要求。课程标准对学生有以下的希望："认识中华文化的丰厚博大，汲取民族文化智慧。"八年级上册教材选择了五篇说明文，其中《中国石拱桥》《苏州园林》《人民英雄永垂不朽》《梦回繁华》都是关于中国传统建筑、园林、纪念碑、绘画方面的。这样做不仅可以让学生学习说明文的知识，还可以在潜移默化中让学生感受到中国优秀传统文化的魅力，从而提高文化自信，继承前辈留下的文化精髓。此外，还选入一篇外国作品——法布尔的《蝉》。这样可以与中国的说明文进行参读，看看中外说明文有何相同与不同之处，更可以开阔学生的文化视野，吸收人类优秀文化。八年级下册的说明文都是选择的事理说明文，关于物候学、地质学、生态学等领域，有助于培养学生的科学态度和科学精神，这样才能真正培养优秀的公民。

2. 统编版教材说明文结构分析

（1）课文系统。选文作为教材的主体部分，在课本中具有重要的地位。八年级上册教材编选的说明文，可以说是说明文的典范。茅以升是我国著名的桥梁专家，他创作的《中国石拱桥》是一篇专业知识丰富的说明文；叶圣陶是著名的作家和语文教育家，同时他也是一位老苏州人，他的《苏州园林》必然具有常人难以企及的高度；周定舫是新华社记者，他的《人民英雄永垂不朽》全面深入地报道了人民英雄纪念碑，给读者以身临其境之感；法布尔是著名的昆虫学家，这篇《蝉》是很棒的一篇描绘昆虫的科普说明文。不仅如此，这个单元选择的说明文均为介绍事物的说明文，而说明事物要抓住它的特点，运用科学简明的语言加以说明，这是该单元主要学习的语文知识和能力。而八年级下册教材编选的《大自然的语言》等四篇文章都是事理说明文，这类说明文注重说明顺序，所以第二单元学习的重点是说明文的顺序。这些文章涵盖了说明文的三种说明顺序：时间顺序、空间顺序、逻辑顺序，有助于学生全面地把握说明文的顺序。除此之外，八年级上下册的两个单元的选文具有多重功能。学生可以通过课文感受中国建筑和艺术的魅力，又可以体悟大自然和科学的神奇，得到人文情怀和科学精神的熏陶。因为教材在两个单元的学习之后分别安排了侧重于被说明事物的特征和说明顺序的习作练习，所以这些文章又具备了范文的作用，成为学生习作的范例。在这些文章的学习中，学生学会了说明文的阅读和写作，逐步掌握说明文文体知识，提高了自己的语文能力。学生在学习过程中还可以获得许多信息，拓宽自己的知识面，全面提升语文素养。由此可见，教材中的课文系统具备了多重功能。

(2) 知识系统。统编版教材构建了完整的知识系统。课程标准对 7～9 年级的学生提出了这样的要求："养成默读习惯，有一定速度。"统编版教材在每一篇精读课文最前面的预习部分，都明确要求学生快速浏览课文，这有利于学生从小学的朗读逐步转到默读上来，同时也可以培养他们获取主要信息的能力。这符合学生的心理发展规律，具有一定的科学性。在每个单元结束后，都有相应的写作，这可以帮助学生巩固这个单元所学的知识，也可以培养书面表达能力。就汉语知识来讲，每篇文章学习结束之后都安排"读读写写"这个环节，要求学生掌握一定量的汉字。编者在八年级上册分别编制两部分"句子的语气"学习，来让学生体会句子的语气有什么奥妙，有助于其形成正确的语法知识；还在八年级下册安排了"句子要完整"和"句子不要杂糅"两部分，教学生如何更好地写作。就文章知识来说，说明文的学习本身就可以使学生掌握一种新的文体知识以及这种文体的章法和内在逻辑，所以统编版教材能够将说明文的知识系统地传授给学生。

(3) 助读系统。两个说明文单元的单元导读部分都在总体上介绍了本单元所要学习的主要内容，也对文体做了简要的介绍，能够很好地引起学生的兴趣。在每篇精读作品前都有预习部分，比较详细地对学法进行了指导，也大致确定了每节课的主要学习任务，有利于教师明确"教什么"和"怎么教"的问题。在每篇略读课文的旁边，都有旁批，有的是值得思考的问题，有的是对文章某句话或者某部分的赏析，形式灵活有趣。教材在每篇文章旁边都配有插图，直观形象，有利于学生理解文章。教材中的插图有黑白的，也有彩色的，形式灵活，很有吸引力。在每篇文章的下面，对文中一些不易理解的概念进行适当的解释，帮助学生更好地理解文本。总之，教材的助读部分还是比较系统的，有利于学生深度学习。

(4) 练习系统。统编版教材的练习系统也是相当严密的。在所有的课文之后都有读读写写，让学生对文中出现的生字词进行学习。课后的习题中有的要求学生列举文章中的主要信息，有的请学生赏析文中科学准确的语言，有的还选了别的材料与原文相对比，总结归纳它们的相同点和不同点。比如《中国石拱桥》课后的

“思考探究”板块，给出一个表格，让学生抓住文章的主要信息填表，这种方式新颖独特，有助于学生掌握文章主要信息和理清文章脉络。“积累拓展”就是摘录了文章中的几句话，让学生感受说明文语言的准确、严密，并且在后面还节选两篇描写卢沟桥的段落，但是一个是说明文，一个是记叙文，让学生比较二者有什么区别，这对于学生的学习巩固具有积极的作用。

（二）统编版教材使用属性分析

判断统编版教材说明文篇目优秀与否，不仅要分析它的内容层面，看其内容设置是否合理，语文核心知识是否详备，还要分析它能否供教师和学生在教学实践中有效运用。因此，我们有必要对统编版教材的使用属性进行深入分析。

1. 统编版教材说明文可读性分析

首先，统编版教材选择的说明文都具有科学性，就文章本身的内容而言，可以引起学生的阅读兴趣。因为八年级的学生正处于童年的末期、少年的初期，他们对于这个世界充满着好奇，想更多地了解未知的世界来满足自己的好奇心。作为教育者，应该保护学生热爱探究的精神，借助课本来发展他们的科学精神和科学态度。《大自然的语言》教给学生物候学的知识，让他们初步形成对这个世界的科学认识，掌握更多的生活经验；《恐龙无处不有》又激起了学生对恐龙的兴趣，引导他们发现新知。这些文章都是很优秀的科普文章，让学生在学习说明文的时候也能拓宽知识面，使本来枯燥的文体知识变得妙趣横生。除了几篇科普文章，还有《中国石拱桥》《苏州园林》《梦回繁华》这样的文章，向学生介绍中华民族优秀的建筑、园林、绘画文化。少年时代的学生未曾行万里路，但是可以跟随教材的脚步游览历史悠久的石拱桥和典雅秀丽的苏州园林，还可以伴着《清明上河图》梦回南宋的繁华，真正做到“秀才不出门，便知天下事”！所有这些，都符合少年儿童的口味，因此选文的内容能够引起学生的兴趣。在课本中，还配有插图，能够让学生直观地感受到被说明事物的形象。

在可理解度方面，统编版教材做得还是很不错的。单元前的导读部分简要地对每个单元的主要内容和学习任务做了介绍，为教师设计教学目标和重难点提供了依据，也有助于学生明确学习目标，做好学习准备。此外，在每一篇精读课文的前面，都有“预习”部分，进一步具体地对学生指导和提出要求，比如“快速浏览课文，获取主要信息”等。这利于有效地组织学生进行自主学习，也防止语文课堂出现“跑偏”的现象。和其他文体一样，说明文篇目下面也有注释。因为文体的特殊性，说明文篇目的注释更具有科学性，注解的多是一些专有名词，能够最大限度地帮助学生理解文章。所以，从引起兴趣和可理解度两方面来看，统编版教材说明文篇目的建设是优质的。

2. 统编版教材说明文可教学性分析

教材是学生学习的主要资料，也是教师教学的凭借。作为媒介，教材要为现实的教学实践服务，因此教师要树立“用教材教”而不是“教教材”的观念。所以，教材要尽可能符合学生的理解程度和教师的教学水平。教材编写要符合学生学习顺序，遵循学生的心理规律，如果产生了错位，将会使教学的效率大打折扣。同时，教材的编选也应该有自己的学科顺序和知识序列，这样才有利于学生说明文阅读和写作能力的培养。

就说明文而言，被说明事物的特征是最重要的一个方面，说明文所要完成的主要任务就是阐明被说明事物的特征。因此在教材编制说明文篇目时就要引导学生学习说明文如何说明事物的特点，采用了哪些说明方法和说明顺序。例如八年级上册《中国石拱桥》《苏州园林》等几篇文章，主要的教学目标就是让学生通过阅读找到文章的主要信息以及被说明事物的主要特征。只有首先掌握了这个最主要的方面，才能继续深入学习说明文。对于刚开始学习说明文的学生，这样设置的好处是遵循了学习者的心理规律和知识内部的逻辑顺序。在学习过程中，让学生潜移默化地体会说明文语言的准确、科学，掌握基本的说明方法，学生就能掌握说明文的文体知识，并学会抓住事物的特点写说明文，这就能够切实地提高课堂教学效率。

八年级下册教材编选了《大自然的语言》《阿西莫夫短文两篇》等说明文，这个单元的主要学习任务是说明文的顺序，这就涉及说明文的技法层面。从八年级上册的被说明事物的特征到下册的说明文顺序，从内容到形式，由浅入深，由易到难，教材编写的顺序呈现出合理的梯度，这不仅能使学生学会怎样阅读说明文，也可以使他们知道如何写作说明文，同时有利于学生语文知识的增长和语文能力的提高。

以上从统编版教材说明文的内容属性和使用属性两个角度简略地进行了分析，作为一套发行不久的教科书，统编版教材尚有不完善之处，应随着教学实践不断修正、完善。

二、说明文阅读思路与重点

在语文教学过程中，说明文篇目分析一直贯穿课堂始末。对于教师而言，如何引导学生自觉地运用科学方法对文章进行剖析是摆在面前的最重要问题。对于学生而言，如何利用课本中有限的选文资源进行有效学习，从而独立解决各种主题的说明文相关问题同样是摆在面前的问题。统编版初中语文教材的说明文阅读分析应从以下三方面作为切入点，在语文学科视野下进行教学探索。

（一）探索被说明对象科学性与文学性的交融点

文艺性说明文作为语文学科特有的概念，在科学性的基础上，包含着一定程度的文学性。一篇文质兼美的说明文，需要找到科学性与文学性的交融点。什么是科学性？就是在科学视野下，作者想让读者了解被说明对象的特征，它必须符合客观事实，反映被说明对象的真实特点。但是作为一种文章体裁，说明文担负着培养学生热爱和学习祖国语言文字的责任，因此相较于专业的科学论著，说明文也可以蕴含一定程度的文学性。在教学过程中，教师需要去探索被说明对象科学性与文学性的交融点，必须把文化知识的扩展与语言能力的提高联系起来，把文化的领略与语言的感悟融合起来。例如八年级下册第二单元利奥波德的《大雁归来》，整篇文章集科学性和文学性于一体，在说明大雁迁徙规律的基础上，多处运用拟人手法描写大雁，文章的语言生动活泼，读来不乏趣味性。春雁归来时的热情低语，向水洼池塘问好，觅食前后鸣叫，似乎先有场辩论，返回后还会论述事物的价值；晚上大雁群居沼泽集会发言，激烈的辩论、深沉的总结等等形象的描写，让人如见其形，如闻其声。同时，衬托手法的运用也为文章增色不少，如主教雀、花鼠衬托大雁的坚定不移；乌鸦衬托大雁飞行路线的笔直等等。说明文最终的旨归既是开拓学生的科学文化视野，也是通过说明文的学习，掌握与语文学科相关的阅读理解能力。

（二）明确整体与局部相得益彰的关系

一篇有阅读价值的说明文，除了具备有趣的说明主题、清晰的说明结构等，还应具有灵活的说明方法、严谨的说明顺序和科学准确的说明语言。这反映说明文整体与局部的关系问题。在教学过程中，教师引导学生对说明文文本进行解析时，不能将说明文整体与局部的关系割裂开来。须知确定好被说明对象仅仅是说明文的起点，在读者面前完整地展现其特征需要清晰的说明结构、紧凑的说明顺序、多元的说明方法、准确的说明语言相互推进，才能做到层层深入地剖析，最终达到揭示对象本质的目的。

例如八年级上册第五单元的《苏州园林》，苏州园林本是一个大而泛的概念，作者通过简短的文字突出其在中国园林中的特殊地位，这需要各部分的协调推进。首先在说明顺序上，作者采用了逻辑顺序。苏州园林是一个大的整体，在这个整体中包含着诸如假山池沼、花草树木、花墙廊子、图画门窗等苏州园林不同的内部景观。由整体到局部，使读者的阅读视野远近结合。其次，在说明方法上，作者先后运用了做比较、打比方、举例子等。有些说明方法甚至反复使用，既丰富了具体段落的句式，又在整体文章结构上起到了点缀作用，使文章的文学性得到了巨大的提升。由此可见，在阅读过程中，仅仅注重文章说明主题而不注意行文的细节是无法透彻理解作者想要表达的主题思想的，教师既要把握说明文的主线，也要时刻注意各个段落之间的支线，做到整体与局部相得益彰，方能对说明文有正确的认识。

（三）加强说明文体与其他文体之间的沟通

说明文和记叙文、议论文、散文等都是文体概念，它们既相互独立也相互联系。对某一类文体的学习所获得的知识、能力和经验都可以迁移到其他文体的读写中去。在说明文的阅读分析中，既不能将各篇文章独立看待，也不能将说明文与其他文体盲目联系，教师所需要的是在合适的地方找到其他文体与说明文局部可联结的共通点，然后促进知识经验的迁移。例如，议论文所注重的思辨色彩，在某一些阐释事理的说明文中可以加以利用，某些事理需要一定程度的逻辑推理与思辨能力的加入，才能更为缜密地突出相关特征。再如，散文轻快凝练的语言同样可以用到关于事物的说明文的阐释当中。八年级上册第五单元中的《蝉》，作者的说明语言轻快而不乏趣味，在阅读过程中，不难找出散文语言的影子，一改以往说明文语言刻板平实的风格，读来清新生动。诚如王荣生所说"若将实用文教学仅仅局限于实用文的视野之下，那仅仅也只能培养实用文的单一技能。"这种弊端是教师要避免的。在语文课程的广阔视野下，教师需要一种将知识协同联系的能力，对于某一独立问题的阅读理解，应将其放在更开阔的视域之中，实施多文体知识迁移、多角度思维提升、多路径学习探究，才能获得多元化的解读。

三、正确把握说明文教学要点

课程标准对义务教育第四学段说明文阅读提出这样的要求："阅读新闻和说明性文章，能把握文章的基本观点，获取主要信息。"①因此统编版教材说明文在选文时，编者进行了认真的思考，在知识与能力的层面要使学生掌握说明文的主要知识，训练学生写作说明文的基本能力。说明文主要有几个要点：文章结构、说明方法、说明顺序和说明文语言，以下结合《中国石拱桥》进行分析。

（一）说明文的文章结构

说明文注重文章结构的清晰性，只有在文章结构清晰的基础上，读者才能更好

① 中华人民共和国教育部.《义务教育语文课程标准（2022年版）》[S]，北京：北京师范大学出版社，2022：14.

地理清作者说明的逻辑，把握被说明事物的特点，从而对被说明事物产生准确的认识。说明文的结构一般有四种。

1. 总分式

一般包含“总—分”“总—分—总”“分—总”结构形式。其中以“总—分—总”式最为普遍，先总体概括，再从若干方面分别阐释，最后再进行总结。具有代表性的文章是八年级上册教材第五单元茅以升所作的《中国石拱桥》，本文作者在第1～2段总体介绍了中国石拱桥形式优美、结构坚固和历史悠久的特征，第3～9段从上述三方面具体阐释，第10段再总结新中国成立后，桥梁事业的飞速发展。“总—分”式具有代表性的篇目是八年级上册第五单元的《苏州园林》，作者在开头先总说苏州园林在中国园林中独一无二的地位，随后从假山池沼、花草树木、花墙廊子、图画门窗等苏州园林不同的景观分别说明，而结尾部分作者并未赘述，直接以“可以说的当然不止以上这些，这里就不再多写了”作结。

2. 统分式

统分式结构一般用于事理说明文，统分式与总分式的区别在于统分式各层之间的关系是由浅入深，由表及里，由现象到本质，在逻辑上是一种递进关系，一层一层地剖析事理，而总分式的各层结构关系一般为相互平等的。在教学统分式说明文的过程中，教师应注重理清层与层之间的相互关系以及作者阐述事理的逻辑。例如八年级下册第二单元《阿西莫夫短文两篇》之一的《恐龙无处不有》，作者阐释的逻辑关系在于从科学家在詹姆斯罗斯岛发现的恐龙化石骨骼延伸到南极大陆的恐龙足迹，进而推断大陆的板块飘移，最终得出结论：此化石的发现为地球地壳缓慢而不可抗拒的运动提供了又一佐证。

3. 并列式

并列式结构即是与统分式相对的说明文结构，相比于统分式结构，并列式不存在各层之间相互递进的逻辑关系，而是一种平行阐释的关系。例如，《人民英雄永垂不朽》这篇文章中十幅大浮雕的说明，就属于并列式。

4. 对照式

对照式结构即对比式结构，在作者引出被说明对象后，从正反两方面进行阐述，通过两方面的对照，突出说明其中一方面的科学性，另一方面只起到衬托的作用。对照式结构一般用于事理说明文。

下面我们来看一看《中国石拱桥》教学是如何教会学生学习说明文的文章结构的，从中也可以学习关于该文的教学设计与实施。

片段一：

师：同学们，上节课结束后，老师给大家发了一篇文章作为课外阅读，老师听说大家都读得非常仔细、认真。那么，老师想请同学们来谈一谈从这篇宁滨的《桥梁·栋梁·脊梁》中读到了些什么？给一个小小的建议，可以从关键词入手。

生：茅以升和桥的不解之缘。

生：读到了奋斗、奉献、科学的精神。

生：茅以升是栋梁，而茅以升的精神品质是脊梁。

师：大家说得真好！我们通过阅读补充材料，侧面了解了茅以升这个人物，了解了中国桥梁。我国素有多桥古国之誉，石拱桥作为我国灿烂文化的组成部分，从古至今一直发挥着重要作用。我们今天学习的《中国石拱桥》就是茅以升的作品，让我们来了解中国的石拱桥。

（学生通读课文）

师：这篇说明文的说明对象是什么？

生：中国石拱桥。

师：同学们在通读之后，总结出中国石拱桥的总体特征是什么呢？

生：历史悠久，形式优美，结构坚固。

师：现在请各小组同学阅读课文，仔细研究如何划分文章层次，以及文章呈现出怎样的结构，选出各组的发言人，讨论结束之后向全班同学汇报。

（学生阅读课文）

生：第一部分（1～2 段），总说石拱桥的特点是历史悠久，形式优美，结构坚固，长期发挥作用。

第二部分（3～8 段）：举例说明中国石拱桥的特点以及取得的光辉成就。

第三部分（9 段）：解释说明为什么我国石拱桥可以取得光辉成就。

第四部分（10 段）：中国石拱桥在解放后的发展。

生：《中国石拱桥》是总—分—总式结构。

师：同学们总结得都很好，从全文来看，总—分—总的结构一以贯之，其中穿插从主到次的顺序、从整体到局部的顺序、从一般到特殊的顺序，结构清晰，每段层次分明，这同时也是总—分—总式结构的优势所在。

（二）说明顺序

无论是说明某一事物还是某一事理，作者在说明过程中必须遵循一定的说明顺序，合理的说明顺序可使读者对被说明对象的特点产生更清晰的认识，同时也是说明内容科学性的重要保证。教师在说明文教学中切不可忽视对说明顺序的强调，须让学生能够正确分辨出文章的说明顺序。常见的说明顺序包含以下三种：

1. 逻辑顺序

逻辑顺序即是按照被说明对象的内在逻辑关系或者根据大多数读者的认知规律去阐释的一种说明顺序。常见的逻辑顺序包含由个别到一般、由抽象到具体、有主到次、由现象到本质、由整体到局部等。例如统编版八年级上册语文教材第五单元的《苏州园林》即是按照由整体到局部的逻辑顺序进行说明的。

2. 时间顺序

顾名思义，时间顺序即是按照时间的先后，对被说明对象进行阐释的一种说明顺序。时间能够揭示事物的发展变化规律，采用时间顺序可使整篇文章思路清晰，读者也容易把握事物发展的脉络。例如介绍被说明对象的历史沿革、文化演变、科技发展等必须运用时间顺序才能有效把握事物的发展特征。

3. 空间顺序

空间顺序即是按照事物空间结构的顺序来说明事物的具体特征。采用空间顺序，或由表及里，或由上往下，或由南向北，既能对被说明对象有一个全面直观的认识，又能在逻辑上符合一般读者认知的规律，从而使文章脉络一目了然。例如《人民英雄永垂不朽》就运用了时空结合的说明顺序。

片段二：

师：同学们继续阅读文章，然后思考下面的问题：为了说明赵州桥和卢沟桥，作者是按照什么样的顺序来说明的呢？这里给大家复习一下说明顺序，大致有逻辑顺序、时间顺序、空间顺序，那么每一类都可以再细化，请大家带着这样的知识积累去思考上面的问题：作者是按照什么样的顺序去说明赵州桥和卢沟桥的呢？

（学生默读文章并思考）

生：按照逻辑顺序中的从一般到特殊的说明顺序。第三段中先说明了我国的石拱桥到处都有，接着举例说明了赵州桥和卢沟桥。

生：时间顺序。作者在说明卢沟桥时，提到了“公元 1189 到 1192 年间”“13 世纪”“1937 年”，以及后文的“两千年来”“1961 年”“近几年”等时间词。

师：好，大家说得都非常正确，也说明了大家认真思考了问题。我们不难发现啊，作者在说明中国石拱桥是按照从概括到具体、从整体到局部、由古至今的说明顺序来说明的，这些使得这篇文章段与段之间联系紧密，板块分明，布置精巧。

（三）说明方法

说明方法是写作说明文必不可少的组成部分，因而掌握说明方法是说明文教学的重点难点。在说明文教学中，既要使学生对被说明对象的特征以及文章的脉络了如指掌，更要使学生充分理解各种说明方法的含义和作用，从而对说明文写作有更系统的把握。常见的说明方法包含以下六种：

1. 举例子

举例子是最为常用的说明方法之一，好处是化抽象为具体，化难为易，使得较为抽象难懂的被说明对象通过具体可感的例子，更容易被人理解。

2. 打比方

打比方是通过比喻来说明事物特征的一种方法。这种方法利用两种不同事物之间的相似之处做比喻，以突出事物的特点，增强说明的形象性和生动性，用以突出被说明对象某一方面的具体特征。例如《苏州园林》中“没有修剪得像宝塔那样的松柏，没有阅兵似的道旁树。盘曲嶙峋的枝干就是一幅好画。”即是运用了打比方的说明方法，生动形象地写明了苏州园林中树木修剪得精巧。

3. 列数字

列数字是说明文常见的一种说明方法，是用一系列科学的数据对被说明对象进行阐释，从数量上说明事物特征或事理的方法。它能使语句更准确，更科学，更具体，更具说服力。值得注意的是，列数字一定要强调数据准确无误，有时也可以用约数，但要避免出现错误，误导读者。因而在教学过程中，教师应着重引导学生在说明文阅读和写作中，应具有科学求实的眼光和严谨的作风。

4. 做比较

做比较是用两个或多个具有不同或相反特征的事物对被说明对象进行对比，用以突出被说明事物某一方面的具体特征。

5. 摹状貌

摹状貌是对被说明对象的外在特征进行描摹，以便形象直观地把握事物的外部特点。

6. 分类别

分类别是将被说明对象按照一定的标准划分成不同的种类，然后以特定的说明顺序进行分类阐释。分类别的好处是使被说明对象的特征更加富有条理地呈现出来，从而帮助读者更容易理解被说明对象。

片段三：

师：这篇文章中，作者如何运用说明方法说明事物的呢？请同学们再次精读每个段落，找出说明方法。

（学生精读文章并思考）

生：列数字，在第 5 自然段、第 6 自然段和第 10 自然段都运用了列数字的说明方法。

生：打比方，第 5 自然段“桥洞不是普通半圆形，而是像一张弓”，这里把桥洞比作一张弓。

生:引用,第5自然段"唐朝的张嘉贞说它'制造奇特,人不知其所以为'。"

生:摹状貌,第6自然段"这些石刻狮子,有的母子相抱,有的交头接耳,有的像倾听水声,有的像注视行人……"

生:下定义,第6自然段"每两个石拱之间有石砌桥墩,把11个石拱联成一个整体。由于各拱相联,所以这种桥叫作联拱石桥。"

师:好,以上的同学们都说得非常好。说明文中说明方法是一个重要的部分。在今后的阅读过程中,我们仍然会遇到不少说明方法,我们只要从关键词句入手,深入理解被说明事物的特征,就能掌握各种说明方法并灵活运用。

(四)说明文语言

说明文,作为区别于记叙文、议论文的一种文章体裁,在语言的使用和锤炼上有着独特的特点和要求。恰当的语言运用可以使整篇说明文更富于科学性与思想性。说明文语言主要包含以下特点:

1. 准确性

准确性是所有说明文语言都应具备的特征,一篇以介绍被说明对象特征为宗旨的说明文如果在语言上缺乏准确性,被说明对象就会受到质疑。例如《中国石拱桥》中,作者在列举赵州桥的修建时间以及桥身长宽上都运用了精确的数字加以阐释,并且在文中多次提及"据史书记载",增加了文中语言的可信度,使文章语言在准确的基础上更多了一份科学性。又如法布尔的《蝉》中,作者对于蝉的地穴的描写以及蝉卵的生长过程的介绍都是基于长期的观察做出的结论。

片段四:

师:同学们到这里为止,已经通读、再读、精读过这篇课文,不知道有没有注意到这篇说明文的语言特征呢?大家觉得我们今天所学的课文,和先前所学过的记叙文、议论文语言方面有什么不同呢?

(学生思考)

生:这篇说明文和我们之前学过的记叙文和议论文比起来,更强调语言的准确性和科学性。

师:你是如何得出这样的结论的呢?

生:课文中运用了列数字的说明方法,这个方法更加强调数据的精确,也使得文章语言更加科学、可信。

生:我想补充一点,文章中多次提及"据史书记载",这就表明这些引据都是有史可鉴,这也增加了文章语言的可信度。

师：好，在这些基础上，我们可以总结为说明文的语言需要准确性和科学性，对吗？

生：对。

2. 形象生动或简明扼要

形象生动和简明扼要是这篇说明文的语言特征，但并非所有说明文语言都具备这样的特征。根据不同的被说明对象，应采用不同的语言风格。对于能够启发受众的科普说明文而言，说明语言应具备形象生动的特点，这样才能吸引人。例如法布尔的《蝉》，全篇在保证说明准确性的基础上，力求语言形象活泼，文中多处运用打比方、举例子、摹状貌的说明方法以及生动的修辞，使得整篇文章科学而不乏趣味性。再如八年级下册第二单元利奥波德的《大雁归来》，作者也尽遣风趣之词来描述大雁迁徙的习性。对于一些偏向于学术研究或者科学事理型的说明文而言，语言过于形象生动显然不合时宜，在这种情况下，简明扼要的说明语言更为恰当合适，平实化的语言更能体现科学、严谨、踏实的文风。例如《阿西莫夫短文两篇》中的《恐龙无处不有》和《被压扁的沙子》，更多的是强调恐龙化石的发现对于地壳运动本质的揭示以及斯石英的形成与恐龙灭绝的联系这两个客观事理。

结语

说明文是以说明为表达方式的一种文体。在初中语文教学中，说明文教学是一项重要任务。因为说明文不如小说、散文来得生动，也不如议论文来得直接，学生在接触说明文时可能会出现畏难情绪。这也对教师提出了很高的要求。说明文教学可以引导学生从被说明对象入手，使其逐步掌握被说明对象的特征、全文的说明结构、事物的说明方法和说明顺序，在此基础上，激发学生对说明文的阅读兴趣，品味说明文语言的准确性、简洁性和科学性，最终在学习说明文的同时，接触自然和社会，扩宽学生的知识面并鼓励学生探索各个领域的奥秘。

初中说明文的学习不仅可以让学生学习说明文的知识，还可以在潜移默化中让学生感受到中华优秀传统文化的魅力，继承前辈留下的文化精髓，从而提高文化自信和文化自觉。学习国外优秀的说明文可以开阔学生的文化视野，吸收人类优秀文化，还有助于培养学生的科学态度和科学精神。因此学生学好说明文至关重要，尤其是初中阶段的学习可以为以后的学习打下深厚的基础。教材是学生获得知识最主要的途径，研究教材可以帮助我们更好地教学，把教材中的范文当作学生学习最好的例子，但是使用教材又不能拘泥于教材，要用教材教而不是教教材，只有这样学生的阅读能力才能得到更好的发展。

案例思考题

1. 说明文在统编版初中语文教材中是如何编排的?
2. 简述说明文教学的重点是什么?
3. 阅读本案例,思考这篇说明文教学设计有哪些启示?

案例使用说明

1. 适用范围

适用对象:中学语文教育专业本科生,学科教学(语文)专业研究生,以及在职语文教师。

适用课程:《中学语文课程与教材研究》《中学语文教学设计与实施》《课程与教学论》《教学设计》《教学技能训练》等相关章节。

2. 教学目的

(1) 掌握说明文文体特点,提高说明文教学设计和实施能力。

(2) 能够突出说明文教学重点,学习说明文阅读方法。

(3) 掌握说明文如何介绍被说明对象的特征,掌握常见的说明方法和说明顺序。

3. 关键要点

相关理论

教学设计理论、语文学习心理、语文课程与教学论、教学实施与评价

关键知识点

说明文要素;说明方法;说明顺序;统编版教材说明文分析与教学设计

关键能力点

研读教材的能力、学情分析的能力、教学设计的能力、教学实施的能力

案例分析思路

使用本案例时,可根据具体课程内容的需求,结合相关的理论与方法,从以下几个方面进行分析。

首先,发挥先行组织者的作用,引导学生思考中国石拱桥的特点和文章的结构。教材中未收录的相关文章可作为课前补充阅读材料,这就是奥苏贝尔所说的先行组织者。比如案例中利用宁滨的文章《桥梁 · 栋梁 · 脊梁》作为激发学生阅读兴趣、拓宽学生相关知识的引导性阅读材料,进而由桥梁专家茅以升引导出要学习的说明文《中国石拱桥》,再提问中国石拱桥的特点以及文章的结构。

其次，抓住说明顺序和说明方法指导学生研读教材，掌握教学内容。教师提问“为了说明赵州桥和卢沟桥，作者是按照什么样的顺序来说明的呢?”同时提示学生说明的顺序包括逻辑顺序、时间顺序和空间顺序。学生在教师的指导下准确地说出了按照从一般到特殊的逻辑顺序和时间顺序加以说明的。接着教师要求学生精读每个段落，找出说明方法。学生顺利地找到了列数字、打比方、引用、摹状貌、下定义等说明方法。这是通过指导学生对教材阅读和分析，使学生意识到研读教材要抓住说明文所介绍事物的本质特征、说明方法和说明顺序等。也启迪教师要科学地设计教学目标、重难点、教学方法、教学过程等，并根据学生的实际需要灵活调整。本案例对说明文教学内容进行了深入分析，创设问题情境，引起学生的认知冲突，进而激发学生的学习兴趣，对教学内容进行深度学习。

再次，把握学生的学习特征，适时点拨，理解说明文语言特点。学生是学习的主体，当教师了解学生已有的知识水平，清楚学生的困惑，明白学生的需求和兴趣时，才能站在他们的立场设计和实施教学。学生在日常的生活和学习中形成了丰富的经验，对各种现象与问题都有自己的看法，即便是对从未接触过的问题，他们也会基于自己的生活、学习经验而形成对问题的看法。学生已有的对特定内容的前概念是其后续学习的知识基础，同时也可能成为理解新内容的障碍。因此，教师应当正视并尊重学生已有的知识与概念，并且帮助他们在学习的过程中建构意义，在他们遇到困难时，适时点拨，帮助学生解决疑难问题。本案例在教学中引导学生比较不同文体的语言特点来体味说明文语言的科学性、准确性、简明性，让学生及时理解和总结说明文的语言特征，学会使用说明文语言介绍事物。

4. 教学建议

时间安排：两课时。

环节安排：布置预习，对说明文知识点进行梳理→小组讨论进行初步的教学设计→小组研读案例并进行汇报→小组合作，选择《中国石拱桥》进行教学设计→学生在课上进行教学实践→教师点评。

人数要求：50 人以下的班级。

教学方法：参与式教学、小组合作，以师生的讨论为主，讲授为辅。

工具选择：多媒体、案例资料。

组织引导：教师布置任务重点突出，要求明确；
提供给学生必要的参考资料；
给予学生必要的技能训练，便于进行课堂教学实践；
对学生课下的讨论予以必要的指导和建议。

活动设计建议：

(1) 阅读《义务教育语文课程标准(2022年版)》和课文《中国石拱桥》,同时查阅相关的教学设计和实施的文献,对《中国石拱桥》进行初步的教学设计。

(2) 阅读本案例,有条件的可观看《中国石拱桥》教学实录,独立思考,记录问题。

(3) 小组讨论交流,将最终的小组问题列在记录单中。在小组的交流与汇报中,教师进行点评。

(4) 指导学生在课下对自己的设计进行完善,教师给予必要的指导。

(5) 在进行小组汇报交流时,聆听小组要做好记录,便于提问与交流。

(6) 教师对小组的设计进行点评,适时的提升理论,把握教学的整体进程。

5. 推荐阅读

[1] 汪潮.不同文体教学[M].上海:上海交通大学出版社,2017.

[2] 马英.语文教学设计与实施[M].武汉:华中科技大学出版社,2022.

[3] 王文彦,蔡明.语文课程与教学论(第二版)[M].北京:高等教育出版社,2006.

[4] 朱昌元,张震雷,冯妙群.中学语文执教力[M].杭州:浙江教育出版社,2016.

[5] 王荣生.阅读教学设计的要诀(第二版)[M].北京:中国轻工业出版社,2021.

议论文阅读教学设计与实施

——以《怀疑与学问》为例

摘要：议论文、说明文、记叙文是学生需要学习的三大文体，议论文在发展学生语文核心素养过程中起到非常重要的作用。议论文是学生初中才开始学习的文体，教学生学好议论文是语文教师在初中阶段的重要任务之一，因此，语文教师应特别重视议论文阅读教学设计与实施。这里以《怀疑与学问》为例进行教材分析，评析其教学设计和实施，借此加深对初中议论文教学设计与实施的认识，提高议论文教学的效率，促进学生语文能力的发展。

关键词：统编版；初中议论文；教学设计与实施；《怀疑与学问》

背景信息

议论文是现代文三大体裁形式之一，也是中学阶段学生必须掌握的一种重要的文章体裁。在《义务教育语文课程标准（2022年版）》中，就提出了一些关于议论文学习的要求，如“阅读简单的议论文，区分观点与材料，发现观点与材料之间的联系；能运用实证材料对他人观点作出价值判断。”①这些要求不仅明确了中学生在初中阶段议论文学习的方向，也明确了初中生在经过中学阶段议论文学习之后应该达到的目标。

初中议论文教学主要集中在九年级，统编版九年级上册语文教材的第二单元和第五单元都是议论文。之所以把议论文的学习集中安排在九年级，是因为这个时期学生经过前一阶段的学习，在语文知识、语文素养、阅读能力等方面有了很大的提高，再学习有难度的议论文符合学生的认识规律。九年级上册中第二单元所选主要为议论性文章，分别为梁启超的《敬业与乐业》、雨果的《就英法联军远征中国致巴特勒上尉的信》、利哈乔夫的《论教养》、毕淑敏的《精神的三间小屋》。第五

① 中华人民共和国教育部. 义务教育语文课程标准（2022年版）[S]，北京：北京师范大学出版社，2022：42.

单元所选课文与第二单元文章类型相同，均为议论性文章，分别为鲁迅的《中国人失掉自信力了吗》、顾颉刚的《怀疑与学问》、罗迦·费·因格的《谈创造性思维》、陶行知的《创造宣言》。本案例主要是从这两个单元着手进行分析，统编版初中语文教材是按单元组织编排，每个单元之前都设置了单元导读，其中第一部分是对本单元所选课文类型的介绍，比如第二单元所选的都是议论性文章，他们或谈人生，或议社会，或论教养，闪耀着思想的光芒，这一部分就是对本单元文章进行一个总的介绍和概括。第二部分是本单元的语文阅读能力目标，比如第二单元教学目标是要了解议论性文章的特点，把握作者的观点，区分观点和材料，理清论证的思路，学习论证的方法；第五单元教学目标是学习时要注意联系文章的时代背景，理解观点和材料之间的联系，掌握论证的方法，还要联系实际进行质疑探究，养成独立思考的习惯。这是单元导读对学生学习提出的要求。单元导读是一个单元开始学习之前对单元内容的整体感知，通过单元导读学生可以把握该单元的学习主题，教师也可以把握单元的教学重点和方向，使教学和学习更有针对性。另外，以单元的形式来编排教材，每个单元选取相同类型的文章，通过学习大致相同的写作手法让学生集中了解某一类型的文章，同时集中习得某一种或两种语文阅读能力，这是以单元形式编排课文的优点。通过单元专题来学习议论文，能让学生有充足的时间把握议论文的知识，并且进行巩固和运用。通过对九年级语文上册这两个单元的整体分析，可以发现统编教材的编排符合学生的学习和身心发展规律。教材的编排循序渐进，先通过第二单元的学习使学生把握议论文的特点，然后再到第五单元加深学生对议论文的认识，理解论点和论据之间的关系，掌握论证方法，这样螺旋式的编排有利于学生把握议论文的文体规律，掌握议论文的写法，符合学生掌握知识的规律，具有科学性。

统编版语文教材由教育部组织编写，议论文的选材着眼于全面提高学生的语文核心素养，发展学生的语文阅读能力。课文选篇强调经典性，兼顾时代性，要求文质兼美适宜教学。首先，统编版教材在选材的过程中注重选文的多样性及典型性，选的议论文类型有立论文和驳论文，有演讲稿，有杂文，也有书信的形式，同时还注重文化的多元化，国内和国外选文相结合。比如梁启超的《敬业与乐业》是演讲稿，法国作家雨果的《就英法联军远征致巴特勒上尉的信》是一封信，鲁迅的《中国人失掉自信力了吗》是一篇杂文。选文的风格不同，内容多样，思想丰富，立意高远，都是经典的名篇，它们在历史长河中经受住了时间的考验。通过这些选文的学习可以激发学生的学习兴趣，让学生体会到学习议论文的乐趣，使学生领略到多种不同风格的议论文，感受语言世界的奥秘，体会作者高深的精神境界，提升语文素养和语言运用的能力。除了按单元进行编排，在单元的专题结构上又有一点不同。第二单元的选文主要选的是梁启超、雨果这样的大思想家、大文豪的作品，通过对他们作品的学习，伟人对社会的思考和感悟就能被学生理解和掌握。第五单元的选文主要是引导学生通过学习议论文而学会思考和探索问题。这样就使每个单元的选文内容有所侧重，有利于满足学生学习议论文的不同要求。

其次，所选的文章论证方式多样，思维清晰，层次分明，结构严谨，精彩的语言也为学生提供了学习议论文的范例。比如《敬业与乐业》采用了道理论证、举例论证等，这篇演讲稿的语言浅显易懂，富有感染力和说服力，吸引听众的注意；《中国人失掉自信力了吗》采取驳论的论证方式，以小见大，语言辛辣、讽刺、幽默；毕淑敏的《精神的三间小屋》是一篇议论性的散文，读这篇文章可以体会到文中朴实美好的语言、深沉的情感、细腻的文笔。这些大家经典的文章激发学生学习议论文的兴趣，是学生学习议论文很好的范例。

最后，每个单元的编排都由四篇议论文构成，其中两篇精读，两篇略读。这样一个单元四篇文章有精读和略读之分，精读主要是要求教师精细地讲解，使学生理解文章的内涵意义，举一反三，激发学生的阅读兴趣。略读是学生运用之前教师讲授时学到的知识和阅读方法浏览课文，读懂文章的大意，体会文章的情感，培养自主阅读能力。精读的每篇文章都由预习、课下注释、思考探究、积累拓展、读读写写这五部分构成；略读的文章由旁批、课下注释、阅读提示、读读写写这几部分构成。这样的安排既为学生的课前预习提供了指导，又使学生在阅读学习的过程中积极思考问题，一节课的学习结束以后还可以利用学过的知识自读课文，巩固知识，提高自己的阅读和思考能力。精读和略读相互配合的编排有助于学生阅读能力的发展，有利于学生提高语文核心素养，锻炼探究和思维能力。

总之，对统编版初中语文教材的分析与研究不可或缺，由于篇幅有限，本文就单以统编版九年级上册语文教材进行案例分析。本案例以初中议论文的教学为主题，议论文的学习对于初三年级的学生而言，既是学习重点，又是学习难点。说议论文的学习是重点的原因是议论文的学习对于中学生的阅读能力、写作能力或者逻辑思维能力的提高都具有极其重要的作用。说议论文的学习对中学生而言是难点是因为初三的学生刚刚接触到议论文，对于议论文的很多常识还不是太明了，甚至可以说很陌生，在学习过程中会有一定的难度，在一些议论文知识点理解上会有欠缺。突破学生的认知冲突是初中议论文教学的关键。

案例正文

一、正确把握议论文三要素

议论文是以剖析、论证事物的本质和规律，提高读者理性认识为主要特征的一种文体。议论文三要素指的是：论点、论据、论证。论点是作者提出的观点，必须正确；论据是证明论点的根据，为证明论点服务，它既要可靠又要充分；论证是用论据证明论点的过程，论证的方法多种多样。可以说，议论文的三要素是议论文的根蒂。

（一）关于论点

论点是一篇议论文的中心观点，是文章的灵魂。它统领全文，决定着材料的选择和论证的方法。论点要正确、鲜明、新颖、深刻。一篇文章的中心论点可以出现在文章的首段、中间或结尾，当然也有一些文章的标题就是它的中心论点。如九年级上册中第二单元《敬业与乐业》就在第1段提出了中心论点“但我确信‘敬业乐业’四个字，是人类生活的不二法门。”还有顾颉刚的《怀疑与学问》也是在文章第1～2段通过引用程颐和张载的名言，顺势提出本文的论点“学者先要会疑”“学则须疑”。当然还有些议论文也会采用篇末点题的写法，即将文章的中心论点放在文章的末尾处，在这里就不一一进行分析了。

（二）关于论据

议论文中，作者在提出自己观点的同时，要有充足的材料证明自己的观点，这些证明观点的材料就是论据。论据要真实可靠，经得起推敲，这样文章才能使人信服，才能增强文章的说服力。

梁启超在《敬业与乐业》中，以百丈禅师不做事就不吃饭，总统与黄包车夫做各自工作，佝偻丈人专心承蜩的例子为事实依据，并引用《礼记》和孔子、朱子的论述作为道理论据。事实论据与道理论据综合运用，大大增强了文章的说服力。

利哈乔夫《论教养》中列举有教养与无教养的人在家庭中和在社会生活中的不同表现，作为大量事实依据，并列举名人名言、谚语（“国王的礼貌是恪守时间”）、道德箴言等作为道理论据来佐证作者的中心论点，使得文章更加具有说服力，同时也使文章的论证更加严谨。

下面我们来看一段《怀疑与学问》的课堂教学，看看教师是如何教授学生论点和论据知识的：

片段一：

师：同学们，大家知道伽利略著名的比萨斜塔实验。他通过这个实验推翻了亚里士多德错误的落体理论，因为伽利略的心中充满了各种各样的疑问。在他小的时候，他老是问父亲：为什么烟雾会上升？为什么水会起波浪？为什么教堂要造得顶上尖、底层大？长大以后，他的疑问就更多了。他深入钻研了亚里士多德的著作，常常陷入沉思之中。他想，亚里士多德的许多理论并没有经过证明，为什么要把它们看作是绝对真理呢？正是因为他的怀疑精神才推翻了亚里士多德错误的落体理论，并成为伟大的科学家。下面我们就来学习《怀疑与学问》，看看作者是怎样看待怀疑与学问之间的关系的。

（学生通读课文）

师：论点是作者对所要阐述问题的看法或主张，它是一篇议论文的核心部分，那么同学们来看一下本篇文章，你觉的这篇文章是围绕着什么展开论述的呢？

生：怀疑与学问。

师：好，同学们先来看第1段。第1段有两句名言，有没有同学在课前预习的时候去查阅这两句名言的意思呢？

（学生举手回答）

生：“学者先要会疑”的意思是做学问的人要先学会怀疑，“在可疑而不疑者，不曾学；学则须疑”的意思是在学习的时候，对应该怀疑的地方而不怀疑，就等于没有学，学习必须要有怀疑的精神。

师：作者在文章开头就引用这两句话是想表明自己的观点吧，那这个观点就是这篇文章的中心论点。哪位同学可以总结概括一下本文的中心论点呢？

生：做学问的人必须要学会怀疑。

师：非常好，本文的中心论点是引用古代名言开门见山地提出来的，同学们，你们觉得借这两句名言提出中心论点有什么好处？

生：这两句话也可以作为这篇文章的论据。

师：对，简而言之，论据就是作者用来证明论点正确与否的根据。论据在一篇议论文中的主要作用就是为了证明论点。同学们，联系我们之前学过的议论文，论据又可以分为几种类型呢？

（学生摇头，对于这个问题一时给不出答案）

师：同学们可以翻到我们学过的《敬业与乐业》这篇文章，回顾一下这篇文章中的论据。

生:论据可以分为两种类型:一种是事实论据,在《敬业与乐业》这篇文章中,作者用百丈禅师一天不工作,一天不吃饭的事例证明人为什么应该工作这个问题。另一种是道理论据,在《敬业与乐业》这篇文章中,作者为了说明什么是“敬”这一问题,分别引用了朱熹的“主一无适便是敬”、庄子的“用志不分,乃凝于神”等这几句名言作为道理论据。为了说明什么是“敬业”,作者又分别引用了庄子、曾文正、孔子的名言作为道理论据,证明做事情心无杂念,用心就是敬业。

师:你回答得非常全面。通过《敬业与乐业》的学习,我们知道论据可以分为事实论据和道理论据这两种类型。而在《怀疑与学问》中作者也运用了很多道理论据去强有力地论证文章的两个分论点。文章开头引用的两句名言也将它作为道理论据,有力地证明了中心论点。

本教学环节,先以伽利略的故事导入课文,引导学生说出论题“怀疑与学问”;接着指导学生阅读课文,找到中心论点“学者先要会疑”;接着提出证明论点的是论据,要求学生回答论据的类型;在学生思路堵塞之时,回忆旧知,总结出道理论据和事实论据的分类。教学自然流畅,效果明显。

片段二:

师:同学们继续阅读文章,然后思考下面的问题:为了论证中心论点,作者提出了哪几个分论点?分论点之间是什么关系?

生:开头首先就提出文章中心论点“做学问的人必须要学会怀疑”,然后又分别从积极方面和消极方面提出两个分论点。

师:作者从积极和消极两个方面分别提出了什么分论点?哪位同学可以具体说一下?

生:第一个分论点是“怀疑是消极方面辨伪去妄的必须步骤”,第二个分论点是“怀疑是积极方面建设新学说、启迪新发明的基本条件”。

师:作者从必须步骤和基本条件两个角度去说,那么这两个分论点在结构上是什么关系呢?

生:并列关系。

师:好,同学们继续来看第一个分论点,作者在论述这个分论点时分了哪几个层次呢?

(学生默读文章并思考)

生:第一层是第3～4自然段,对于传说都应当经过一番思考。第二层是第5自然段,不论哪一本书、哪一种学问,都要敢于怀疑。

本教学环节,教师抓住议论文的层次剖析议论文的结构,要求学生在阅读的基础上思考围绕中心论点可以分成几个分论点加以论述,进而明确分论点之间的关系，分析证明分论点的层次结构。教学环环相扣，思路清晰，能有效地梳理论文的层次结构，培养了学生的逻辑思维能力。

（三）关于论证

这里的论证是指论证方式，论证方式就是论据与论点的联系方式。根据论证中所运用的推理形式，论证方式分为演绎论证、归纳论证、类比论证、对比论证、比喻论证、举例论证等。演绎论证运用演绎推理，归纳论证运用归纳推理，类比论证运用类比推理，对比论证运用比较推理，比喻论证运用类似点推理，举例论证运用典型事例证明。此外需要指出的是演绎推理前提与结论之间的联系是必然的；归纳推理、类比推理前提与结论之间的联系是或然的。因此，演绎论证的论证强度高，说服力强；归纳论证和类比论证的论证强度低，说服力弱。

论证方式是论证的本质所在，是人类理性智慧的集中体现。这里涉及知识的确证与思想信念的问题。人们凭什么相信一个命题或一句话是真的？事实命题可以说是眼见为实，价值命题呢？何况每个人的生活时空都是很有限的，那些没有亲见的事实呢？这是人类文化发展过程中的一个难题。亚里士多德的贡献就在于解决了这一难题，他发现了能够从真实前提“必然地”得出真实结论的推理形式，靠推理进行论证。

议论文的教学，论证方式应当是最大的要点。因为如果论证方式的论证强度不高，甚至论证所用的推理形式错了，那么文章的说服力就有问题。即使论据都是真实的也无济于事，因为这些论据与论点没有必然的联系，不能支持论点。论证方式的教学应当帮助学生理解各种论证方式的论证强度或说服力。为此，应当向学生传授必要的关于推理和论证的逻辑知识。议论文的分析必须审查其论证方式的正确与否和论证强度的高低①。

论证方式从论点确立的角度可以分为立论和驳论，在中学阶段我们常见的论证方法主要有以下几种：

1. 举例论证

它是作者通过列举典型的事例去证明论点的方法。如在《怀疑与学问》这篇文章中，作者举了“三皇五帝”的传说和“腐草为萤”的记载这两个例子具体论述如何以怀疑的精神对待传说。

2. 引用论证

它是引用名人名言或名人的观点等作为论据，引经据典地分析问题、说明道理

---

① 徐林祥．中学语文课程标准与教材研究[M]．北京：高等教育出版社，2016．

的方法。如在《怀疑与学问》这篇议论文中，作者为了证明“治学必须要有怀疑精神”这样一个中心论点，引用了“学者先要会疑”和“在可疑而不疑者，不曾学；学则须疑”这两句名言。

3. 对比论证

它是将正方的论点或者论据和反方的论点或论据进行比较，在比较中去证明论点的方法。如在《怀疑与学问》中先从正面论述“因怀疑而思索，因思索而辨别是非……那种学问才是自己的学问”，接着从反面论述“否则是盲从，是迷信”，这就是运用了正反对比论证。

4. 比喻论证

它是用我们日常生活中熟悉的事物打比方来证实作者论点的方法。

片段三：

师：这篇文章中，作者如何阐述怀疑是积极方面启迪新发明的基本条件这样一个分论点的呢？

生：作者列举了清朝的一位名人——戴震，他在读朱子的《大学》这本书时，始终秉持怀疑的态度并且向他的老师提出一系列问题这样一个例子。用“三皇五帝”的传说与“腐草为萤”的记载阐述了当我们面对传说中的话时，无论是你相信也罢，不相信也好，都应该秉持怀疑的态度和立场。

师：这些事例都具有很强的说服力，是议论文中典型的举例论证。在这篇文章中，为了证明“我们对于哪一本书或者哪一种学问，都要通过自身的怀疑”这一观点，作者又用了什么论证方式？

生：作者分别对于“怀疑”“思索”“辨别”这三个词语进行相应的阐述，并且引用了孔子的“一味的只是相信书里面的内容，还不如没有书”这一名言。

师：以上这些都属于议论文中典型的道理论证。在顾颉刚的《怀疑与学问》这篇课文中，作者还有四处运用了对比论证方法。有没有同学能够找到这四处？

生：第一处是文章第 4 段的“我们信它，因为它‘是’；不信它，因为它‘非’”，从正面和反面两方面来进行说理，解释了“对于传说中的话，我们都不应该随便相信它，应该经过自己的一番思考再下结论”的原因。第二处是文章第 5 段作者对于“怀疑”“思索”“辨别”进行阐释之后，通过正方面和反方面的结果，阐述了“不论我们面对的是书还是学问，我们都要秉持怀疑的态度”的重要性。第三处是文章第 6 段中间部分作者首先从反面说理，然后再从正面说理，阐述了怀疑是积极方面建设新学说、启迪新发明的基本条件。第四处是文章最后一句话作者首先还是先从正面去阐述事实，然后根据这个事实从反面再进行推理，以此来说明怀疑是积极方面建设新学说、启迪新发明的基本条件。

师：很棒！对比论证也称比较法，是把两种事物加以对照、比较后，推导出它们之间的差异点，以证明论点的论证方法。

本教学环节主要指导学生阅读课文学习论证方法，教师通过提问促进学生探究，分别学习了举例论证、道理论证和正反对比论证。通过课堂教学过程中学生的反映，可以看出他们很好地掌握了这几种论证方法。

二、仔细分析议论文结构

议论文的布局就是一篇议论文写作的脉络。一篇议论文的布局一般情况下是：提出问题———分析问题———解决问题。《怀疑与学问》这篇议论文属于典型的“总——分”结构，本文开篇第1～2自然段通过引用两句名言开门见山地揭示了文章的中心论点：治学必须有怀疑的精神，这会让读者眼前一亮。第二部分也是本文的论证部分，提出第一个分论点：怀疑是从消极方面辨伪去妄的必须步骤，在这一部分作者又分了两个层次去阐明观点，随后在第三部分作者又提出第二个分论点：怀疑是从积极方面建设新学说、启迪新发明的基本条件。这样《怀疑与学问》全文共6段，可分三个部分：

第一部分(第1～2自然段)，引用名言，提出中心论点：治学必须有怀疑精神。

第二部分(第3～5自然段)，论证第一个分论点：怀疑是从消极方面辨伪去妄的必须步骤。这部分可分两层。

第一层(第3～4自然段)，论述对于传说，不论信不信，都应当经过一番思考，不应当随随便便就信了。

第二层(第5自然段)，论述不论对哪一本书、哪一种学问，都要经过自己的怀疑，辨别是非。

第三部分(第6自然段)，论证第二个分论点：怀疑是从积极方面建设新学说、启迪新发明的基本条件。

片段四：

师：仔细剖析议论文的布局不仅可以帮助我们弄清楚文章各个自然段之间的逻辑关系，而且还能够帮助我们更好地把握和理解整篇文章的内容。那么我们接下来一起理清本文的层次结构。我们刚刚说了第1～2自然段提出了中心论点，那么同学们你们认为哪几个自然段可以构成第二部分呢？

生：好像是第3～5自然段。

(有同学提出异议)

生：我觉得应该是第3～6自然段。

师:现在有两种看法,有没有同学有不一样的想法?

生:我觉得是第3～4自然段。

师:好的,现在有三种答案,一部分同学认为第3～5自然段为第二部分,还有一部分同学认为第3～6自然段为第二部分,还有一部分认为第3～4段,先跟着老师往下看,待会儿答案便知晓。首先大家把第3自然段朗读一遍,然后思考一下第3段讲了什么?

(学生自由朗读课文)

生:第3段先讲了"学问的基础是事实和根据",然后说"事实和根据的来源有两种",接着作者又说"譬如在国难危急的时候怎么怎么样",最后作者说"做学问也是一样"。

师:我们可以这样来看第3段的内在关系,前面三个是"因",那么最后"做学问也是一样"是什么?

生:是"果"。

师:对了,那么第3段作者提出观点:做学问所依据的材料有两种,是哪两种呢?

生:一种是自己亲眼所见的事实根据,一种是别人的传说。

师:这两种材料哪一个更可靠呢?

生:自己亲眼所见的事实根据。

师:既然别人的传说并不可靠,那么作者为什么要说这是一种做学问必不可少的依据呢?

生:作者在第4段说"我们对于传说的话,应当经过一番思考,不应当随随便便就信了。"

师:非常好,第3段讲了做学问的一个必不可少的依据是"靠别人的传说",自然就要出现一个问题——如何对待这"传说",而下文紧接着就谈论这个问题,那么从结构上来看第3段在全文中有什么作用?

生:可以引出下文,使文章上下紧密相连,这段讲了做学问的一个必不可少的依据是"靠别人的传说",而下文紧接着就谈论如何对待"传说"。

师:除了有引出下文的作用,还有什么作用呢?同学们再联系第四自然段的内容来看。

(学生齐读第4～5段,思考第4～5段的观点分别是什么)

生:第4段的观点是"我们对于传说的话,应当经过一番思考,不应当随随便便就信了"。第5段观点是"我们不论对于哪一本书,哪一种学问,都要经过自己的怀疑。"

师:现在我们已经搞清楚了第 4 段讲的内容了,那么我们再来看:第 3 段对后面的内容有什么作用呢?

生:第 3 段讲学问的基础是什么,后面讲如何对待这个基础,内容更加深入了。

师:所以第 3~4 段就形成了一种层层递进的关系,使文章论说更深入一步,而且还为后面的内容铺石奠基,使文章说服力更强。

生:嗯。

师:那么有没有哪位同学知道第 3 段是如何为后面的内容铺石奠基的呢?同学们分小组讨论一下然后回答我。

(学生小组讨论,老师选学生代表回答)

生:做学问应该如何对待传说这个关系到全篇中心议题的问题,本段虽未加以论述,但"别人的传说,不一定可靠"这点已在本段得到说明,这就为后文论述做学问应该如何对待传说垫下了基石。

师:好,我们刚刚解决了"第 3 段有什么作用"这个问题。有没有同学可以总结概括一下第 3 段的作用?

生:第 3 段总共有三个作用,分别是:1、引出下文,使文章上下文联系更加紧密。2、形成层进关系。3、铺石奠基,使文章说服力增强。

师:你总结得很棒,同学们做好笔记。接下来我们再看作者是如何论述第 4 段的观点的。

生:作者举了例子。

师:举了什么样的例子?把那句话在文中找到然后读出来。

生:"我们听说中国古代有三皇、五帝,便要问问……有什么科学依据?"

师:很好,作者举了"三皇五帝"的传说和"腐草为萤"的记载这两个例子具体说明如何以怀疑的精神对待传说,那么这是一种什么样的论证方法呢?

生:举例论证。

师:通过举例论证最后得出什么样的结论?在文中找出原话。

生:"我们若能这样追问,一切虚妄的学说便不攻自破了。"

师:同学们找得都非常正确,我们接下来看第 5 段。默读第 5 段,看看第 5 段用了哪几种论证方法?

生:引用论证。

师:很好,还有吗?

(学生想不出来,老师提醒)

师:"因怀疑而思索,因思索而辨别是非……那种学问才是自己的学问",还有"否则是盲从,是迷信"。这里是什么论证方法?

生：正反对比论证。

师：对，通过正反对比论证，作者认为读书做学问都要经过自己的怀疑，通过引用论证证明“教我们有一点怀疑的精神，不要随便盲从或迷信”。下面我们来阅读第 6 段，然后说说这段的开头有什么作用。

（学生齐读第 6 段）

师：“怀疑不仅是从消极方面辨伪去妄的必要步骤，也是从积极方面建设新学说、启迪新发明的基本条件。”这句话在结构上有什么作用呢？

生：承上启下，前一句是上文论述的总结，后一句提出后面要论述的要点。

师：对，这里的“不仅……也……”，分句之间是递进关系，使文章前后部分具有层进关系，论述深入一步。那么这是结构上的作用，在内容上又有什么作用呢？

生：揭示第一个分论点，提出第二个分论点。

师：对，这句的前一句揭示第一个分论点“怀疑”是“辨伪去妄的必须步骤”，从一个方面回答为什么怀疑精神是做一切学问的基本条件，阐明了总论点；后一分句提出第二个分论点“怀疑”是“建设新学说、启迪新发明的基本条件”，这个分论点从另一方面回答为什么说怀疑精神是做一切学问的基本条件，阐明总论点。那么有没有同学为我们解释一下这两个分论点的基本含义呢？可以从“消极方面”和“积极方面”各指什么这个角度去思考。

生：“消极”指的是被动接受别人的学说观点，“积极”指的是主动创立自己的学说观点。

师：很好，那作者是如何证明分论点“怀疑是从积极方面建设新学说、启迪新发明的基本条件”的呢？

生：用了对比论证和举例论证。

师：哪里是用了对比论证呢？

生：“对于别人的话，不经过思索，都不打折扣地承认……只有常常怀疑……一切学问才会起来。”这里是用了对比论证。

师：哪里又用了举例论证呢？

生：“许多大学问家……戴震……要这样才能有更新更善的学说产生。”

师：找得非常对，这里以清代大学问家戴震幼时读书向塾师发问的事例为证。再来看下一句“一切学问家，不但对于流俗传说……常常和书中的学说辩论……”这句话由点到面，指出一切学问家都具有怀疑的精神，同时提出怀疑精神在治学过程中的具体体现。下面还用了一个正反对比论证，有没有同学找到的？

生：“古往今来科学上新的发明……若使后之学者都墨守前人的旧说……人类文化也就不会进步了。”

师：这里先从正面作结“古往今来科学上新的发明……都是这样产生的”，再从反面强调“若使后之学者都墨守前人的旧说……人类的文明就不会进步了”。

师：好，我们已经将文章第3—6段的内容全部看完了，现在回归到最初的问题“这篇文章总共有几个部分，每个部分分别写了什么”。下面请同学们进行小组讨论。

（学生小组讨论，教师选学生代表回答）

生：第一部分（第1～2自然段）：引用名言，提出中心论点：治学必须有怀疑精神。第二部分（第3～5自然段）：论证怀疑是消极方面辨伪去妄的必须步骤。第二部分又分成两个层次，第一层（第3～4自然段）：论述对于传说，都应当经过一番思考，不应该随便相信。第二层（第5自然段）：论述对于不论哪一本书，哪一种学问，都要经过自己的怀疑，辨别是非。第三部分（第6自然段）：论证怀疑是积极方面建设新学说、启迪新发明的基本条件。

本教学环节，教师通过提问呈现学习任务，结合教材内容剖析文章的结构，梳理自然段之间的逻辑关系，在不断发问促进学生思考回答的基础上，最后总结出这篇议论文的结构布局。

三、正确认识议论文中的驳论

论证方式是议论文三要素之一，没有论证方式，论点和论据之间就丧失了联系。论证方式分为立论和驳论。立论即充分摆事实，运用证据从正面直接证明自己观点的正确性。驳论即是批驳错误的观点以此来证明自己的观点正确。比如在《谈创造性思维》这篇文章中，作者不仅从正面分析不满足于一个答案的重要性，更从反面论证如果只是止于一个答案，那么找到答案就会止步不前，这从正反两个方面来论证创造性思维的重要性，同时作者引用心理学家的理论以及列举谷登堡、罗兰・布歇内尔的例子来证明自己的论点，论证方法多样。

议论文如果按照论证方式进行分类，可以分为立论文和驳论文。立论文正常情况下是直接提出文章的中心论点，然后用论据去证明论点正确。驳论文正常情况下是先点明对方论点的错误本质，直接或间接地将其驳倒，然后提出自己的看法并且加以证明。议论文中的驳论和立论虽然含义不同，但不是完全对立的，相反二者是紧密联系的。

片段五：

师：论证方式分为立论和驳论。我们曾经学过一篇经典的驳论文，同学们还记得是哪一篇吗？

生:鲁迅的《中国人失掉自信力了吗》。

师:我们知道鲁迅的文章一般比较难懂。鲁迅的那篇议论文不属于一般意义上的驳论文,可以说是一篇驳论、立论二者紧密联系的驳论文。大家回顾一下那篇文章,鲁迅是如何驳论的呢?

生:作者先是批驳中国人失掉自信力这种错误观点,然后列举一些事实来证明中国人未曾失掉自信力,从而树立自己的论点。

师:很好,在整篇文章的论述中,我们不难发现明明只有一小部分中国人失去了自信力,然而文章的敌论点却提出"中国人失掉了自信力",这很显然就犯了以偏概全的毛病,在文章中鲁迅要批驳的也就是这种以"以偏概全"的悲观论调。作者在批驳了敌方"中国人失掉了自信力"这个观点之后,重新树立了"我们有并不失掉自信力的中国人在"这一新观点,从而激起了中华民族的自信心。

师:那么回到我们这篇《怀疑与学问》中来,这篇文章是如何进行驳论的呢?

(学生默读文章后进行小组讨论)

生:作者从国难危机时各地的口头消息不一定可靠,不应当随随便便轻信,推导出做学问也是如此,要对书本上的知识有怀疑的精神,从生活中的事实出发,更容易让人信服。总之,作者批驳了那种相信传说和迷信书本的思想。

师:你们小组找得非常准确,那么驳论的方法主要有三种形式,分别是哪三种呢?

生:反驳论点、反驳论据、反驳论证。

师:很好,但不论是哪种反驳方法,归根结底都是为了驳论点。这篇课文有驳论的成分,但是整体上看还是一篇以立论为主的议论文。

结语

议论文是学生较晚开始学习的一种文体,相对于学生从小就开始学习的记叙文来说,学生对议论文比较陌生,学起来有一定的难度。学习议论文可以引导学生学习作者的思想、写作的逻辑和缜密的语言,使学生学会思考和探索,并表达观点,得出自己的结论,学会在发现的基础上感悟生活。学习议论文的论点与材料的关系、论证的过程,理解文章的层次结构,掌握清晰的思路,有助于学生提高自己的思维能力。初中议论文教学承担着承前启后的重任,是初中到高中的一个过渡,有助于学生由形象思维到抽象逻辑思维的转变,提高学生的语言运用能力、写作能力和思维能力,因此学生学好议论文至关重要。

案例思考题

1. 议论文在统编版初中语文教材中是如何编排的?
2. 简述你对初中议论文知识点和能力点的理解。
3. 阅读本案例,你是如何看待这篇课文教学设计的?
4. 如果你教《怀疑与学问》,准备怎么进行教学设计?

案例使用说明

1. 适用范围

适用对象:汉语言文学(师范)本科生,学科教学(语文)专业研究生,以及在职语文教师。

适用课程:《课程与教学论》《教学设计》《教学技能训练》等相关章节。

2. 教学目的

(1) 在知识层面,能够丰富学生对议论文的理解。

(2) 在认识层面,能够聚焦议论文阅读,洞察教师在议论文阅读教学中遇到的相关问题。

(3) 在分析层面,能够从专业角度,深入思考议论文阅读教学的相关知识与实践问题。

(4) 在应用层面,能够提出议论文阅读教学的实践建议,分析更具一般性的议论文阅读教学问题。

3. 关键要点

相关理论

教学设计理论、语文学习心理、议论文教学方法论

关键知识点

议论文三要素;立论和驳论;文章结构

关键能力点

研读教材的能力、学情分析的能力、教学设计的能力、教学实施的能力

案例分析思路

本篇案例主要从三个方面着手,即正确把握议论文三要素;仔细分析文章结构和正确认识议论文中的驳论来进行教学设计和实施。使用本案例时,可根据教学需求,结合相关的理论与方法,从以下几个方面进行分析。

首先是对教材的研读与对教学内容的理解。本案例中，教师钻研教材对议论文的教学内容进行了深入分析，思考了如何更好地设计问题引起学生的认知冲突，激发学生思考。通过对教材的分析，使学习者意识到研读教材并非局限于简单的浏览或记录教材中内容，而是要抓住本质内容，并根据学生与教学的需要进行灵活调整。其次，把握学生的学习特征施教。当教师理解学生并清楚学生在学习某一内容时的前概念，了解学生的困惑与疑难时，才能站在他们的立场设计和实施教学。学生在日常的生活和学习中形成了丰富的经验，对各种现象与问题都有自己的看法，这些看法会影响他们学习议论文。因此，教师应当正视学生的前概念，意识到学生一开始就将他们的信念、理解、文化实践带进学习中，并且在学习的过程中建构自己的意义。再次，学会从新旧知识的联结入手解决问题。教材中已学过的知识，可以对学习新内容起到帮助作用。实际教学中，教师设计的问题可能有一定的难度，这时可以参考教材中已学过的文本，也可以根据实际需要补充知识，让旧知识为学习新内容服务。而本案例中当学生无法回答有哪几种论据时，教师通过提醒学生思考之前学过的《敬业与乐业》这篇文章便巧妙地解决了这个问题。

4. 教学建议

时间安排：三课时。

环节安排：布置预习，对议论文知识点进行梳理→小组讨论进行初步的教学设计→小组研读案例并进行汇报→小组合作，选择《怀疑与学问》进行教学设计→学生在课上进行教学实践→教师点评。

人数要求：40 人以下的班级。

教学方法：参与式教学、小组合作，以师生的讨论为主，讲授为辅。

工具选择：多媒体、案例资料、拓展资料。

组织引导：教师布置任务重点突出，预习要求明确；
提供给学生必要的参考资料；
给予学生必要的技能训练，便于课堂教学实践的进行；
对学生课下的讨论予以必要的指导和建议。

活动设计建议：

（1）阅读《义务教育语文课程标准（2022 年版）》和课文《怀疑与学问》，同时查阅相关的教学设计和实施的文献，对《怀疑与学问》进行初步的教学设计。

（2）阅读本案例，有条件的可观看案例视频，独立思考，记录思考与问题。

（3）小组讨论交流，将最终的小组问题列在记录单中。在小组的交流与汇报中，教师进行点评。

(4) 指导学生在课下对自己的设计进行完善,教师给予必要的指导。

(5) 在进行小组汇报交流时,聆听小组要做好记录,便于提问与交流。

(6) 教师对小组的设计进行点评,适时地提升理论,把握教学的整体进程。

5. 推荐阅读

[1] 冯宗辉.怀疑的思维织就学问的锦绣——《怀疑与学问》的解构与透析[J].中学语文,2023(4).

[2] 张云保.初中议论文阅读教学的一种策略[J].中国教育学刊,2005(09).

[3] 俞发亮.议论文写作与理性思维[M].福州:福建教育出版社,2019.

[4] 王尚文.走进语文教学之门[M].上海:上海教育出版社,2007.

中国古典小说阅读教学设计与实施

——以《三顾茅庐》为例

摘要：随着统编版初中语文教材的正式投入使用，书中名著导读模块较之以往各个版本的教材有了很大改进，其中名著导读中的古典小说内容占比得到大幅提升。如何提高学生阅读文本的兴趣以及针对古典小说内容进行有效教学是当今语文教学方面的难题。本案例将通过初中语文《三顾茅庐》一课，呈现初中古典小说阅读教学的设计与实施。教学时，教师从学生的认知特点和知识结构出发，在理清文本脉络的基础上引导学生走进课文，创设紧贴文本内容的阅读情境，从字里行间探索人物形象，通过朗读和讨论的教学方法激发学生主动探究的兴趣。本案例的分析与探讨，为初中语文古典小说阅读教学设计提供了有价值的思考路径和实施策略。

关键词：古典小说；教学设计与实施；《三顾茅庐》

背景信息

古典小说是中华五千年文明宝库中的灿烂瑰宝，是历史长河冲刷过后存留下来的珍贵结晶，其精练生动的辞藻语言、富含技巧的写作手法、栩栩如生的人物形象给读者带来了审美上的享受。对于正处在青春期发展阶段的初中生来说，故事情节跌宕起伏的古典小说相较于枯燥乏味的文言文更能吸引他们的兴趣与注意。《义务教育语文课程标准(2022 年版)》明确指出对初中生学习的总体目标要求，即能“学会运用多种阅读方法，具有独立阅读能力。能阅读日常的书报杂志，初步鉴赏文学作品，能借助工具书阅读浅易文言文。”①这就要求教师在日常阅读教学中丰富鉴赏环节，重视引导学生阅读古典小说作品，使其融入小说剧情，感受人物的内心生活，从而丰富自身的精神世界。

古典小说是阅读教学中必不可少的重要内容。现如今不论是教师还是家长都

---

① 中华人民共和国教育部. 义务教育语文课程标准(2022 年版)[S]. 北京：北京师范大学出版社，2012：06.

过于强调分数的重要性，与考试无关的课程内容自动被过滤，这使得古典小说在初中阶段得不到应有的重视。在整个义务教育阶段的语文学习中，不仅需要教师改变教学观念，同时还需要转变学生的学习观念。学习的目的并非获取高分和名列前茅，而是为今后更好地生活养成良好的阅读习惯，进而提升自身的整体素质和文化素养。相比于人教版教材来说，统编版教材中的古典小说比重加大，尤其表现在名著导读部分，不仅加入了许多节选内容，同时还新增了许多阅读指导方法，将传统的"精读"课改为现在的"教读"课，变以前的"略读"文为如今的"自读"文，形成课内阅读向课外阅读延展的态势，建构起"教读——自读——课外阅读"三位一体的新的古典小说阅读体系。教师在实际教学中也要将教学重点放在方法指导上面，帮助学生具体掌握某种或多种阅读方法，激发学生阅读古典小说的兴趣。

以九年级上册第六单元"明清经典"为例，本单元共编选小说 4 篇，《智取生辰纲》《范进中举》是教读课文，由教师带着学生精读深思，目的在得"法"；《三顾茅庐》《刘姥姥进大观园》是自读课文，重在让学生举一反三，运用教读课上获得的小说阅读经验，顺利迁移，自求得之，目的是用"法"，提升阅读能力。课后的练习和教材的"名著导读"栏目，则是对课堂教学的有效补充，是课内向课外阅读的自然跨越。《智取生辰纲》课后"积累拓展"的第二题，要求学生课外研读《水浒传》中有关杨志的其他回目，结合本文，写一篇《杨志小传》；《三顾茅庐》《刘姥姥进大观园》课后的"阅读提示"则提醒学生，课外阅读相关章节，联系整部作品，或理清刘备请诸葛亮出山的来龙去脉，或了解刘姥姥在全书的作用；本册的"名著导读"栏目，则是对整部《水浒传》阅读的引导。

课文内容在强调经典性的同时注意多样性，讽刺小说、志怪小说纷至沓来，各种题材、各种风格的古典小说一起进入初中语文课堂和课外阅读，进入学生的言语系统和灵魂世界，让他们与作品中的人物晤谈，用多姿的话语方式对话，与多元的文化交流，在色彩斑斓的语言丛林中穿行，在异彩纷呈的思想风景前驻足，去实现语言、精神的双重建构。如此开阔的选文渠道，如此丰富的选文资源，如此明确的选文取向，体现出教材编者对语文课程立德树人要求的深刻认识与准确理解，体现出通过包括小说阅读在内的语文学习传承中华优秀传统文化、关心当代优秀文化、尊重全球多样文化、汲取多方营养的自觉意识，体现出语文学科对核心素养注重"文化基础、自主发展、社会参与"①这一声音的积极回应，显示了编者从更新的高度、更广的视野审视和实施语文教育的专业姿态和广阔胸怀。

本案例以初中古典小说为主题，旨在探索古典小说的教学方法和教学模式，提

---

① 林崇德. 构建中国化的学生发展核心素养[J]. 北京师范大学学报(社会科学版)，2017(1)：66.

高教师阅读教学的质量与效率，使学生掌握不同的阅读方法，面对不同文本时能做到灵活运用。本案例对课文《三顾茅庐》进行教学设计与实施，改进当下古典小说教学，以期达到高效的教学效果，培养学生良好的阅读习惯与文化素养。

案例正文

一、《三顾茅庐》的定位与理解

语文教学中的文学体裁包括诗歌、小说、散文、戏剧四类，其中小说根据不同标准也能划分出不同种类，按照时代划分，可分为古典小说和现代小说，明清小说属于古典小说。统编版初中语文教材总共收录了 8 篇古典小说，在所有课文篇目中的所占比例为 5.6%，其中短篇小说共 4 篇，主要以文言文为主，长篇小说共 4 篇，主要以四大名著中的著名情节为选篇。《三国演义》出自统编版九年级上册第六单元，是一篇带星号的自读课文。尽管它以前可能并不会受到重视，但教师仍要从中认识其珍贵的教学价值和学习意义。

选文写的是刘备和诸葛亮的第一次见面。这次历史性的见面，对于彼此政治夙愿的完成、人生价值的实现和当时中国政治、军事格局的改变，意义都极为重大。但期待已久并一再铺垫蓄势的会晤，却是沉闷无比，异常之处多多：一是双方当事人态度明显不同。一个一往情深，不厌其烦的“热”，一个却是“架子”十足，异乎寻常的“冷”，反差极大。二是写法“诡异”。会面的前半部分，除了刘备与配角童子、张飞有几句简短对话，会晤的两个主角似乎铁了心要在漫长的等待中表演一场“哑剧”。粗看，平静似水，没有半点言语交流；细究，暗流汹涌，心中言语千千万万。三是角度特别，明从刘备一方着笔，暗自诸葛亮一方用力。文本的反差之处、空白之处，恰恰与统编版教材鲜明的编排特色和精准的教学定位契合，与学生的阅读期待、认知需求适合，是教学应该用力的地方。作为一篇自读课文，教师应该放手让学生自读，运用前两篇教读课上学到的方法，自主对比探究，进行心理补白、想象对话，为“哑剧”配音，替主要人物代言，“不走寻常路”，在富有创意的学习中，明了人物心曲，感受经典小说的艺术魅力，进行言语实践，提升研读能力。

名为“三顾茅庐”，其实课文写的只是“第三顾”，且“隆中对”在《三国演义》整个故事中具有极其重要的地位。教学自当由“节选”至“全书”，着眼整体，瞻前顾后，前延后伸，丰富文本，引导学生课外阅读《三国演义》相关章节，理清故事来龙去脉，激发阅读整本书的兴趣，让统编版“教读——自读——课外阅读”“三位一体”的小说阅读体系落地生根。

本课的教学目标是让学生在了解故事情节的基础上对文中人物进行深度剖析，从而充分把握人物形象，学习描写人物的手法，从而在阅读过程中感受作者寄托在文字中的思想情感。但由于本课篇幅较长，阅读起来较为困难，教师在阅读指导方面需要多下功夫，帮助学生有效阅读，达到最佳效果。

二、《三顾茅庐》教学要点分析

在统编版教材中，长篇古典小说主要分布在九年级上册的第六单元，其余则分布在各册教材的名著导读之中。由于长篇古典小说篇幅较长，再加上距今年代久远，文字晦涩，学生对这类文本的阅读兴趣往往不及现代小说，缺乏阅读的积极性。而大部分教师又习惯性地从小说三要素出发教学，这种千篇一律的教学模式使学生丧失了学习欲望，也遮蔽了古典小说原有的灿烂光芒。因此教师在教学这些内容的时候需要探索一些新颖的教学方法，不能再一味地按照固有教学模式进行，而要摆脱思维定式，创新性地开展课堂教学活动。

九年级的中学生需要面对来自各方面施加的学业压力，紧迫的备考时间让他们对文本阅读的耐心大大降低，没有更多时间进行整本书阅读。因此教师应该在教学中更加重视作品鉴赏，重点关注一些文学作品，利用有限的时间带领学生读懂读透节选文本，培养学生自主阅读、高效阅读的良好习惯。

本单元的教学重点就是要求学生抓住小说的主要线索，梳理故事情节；把握人物形象，探讨其性格形成的原因；结合具体描写，了解古代白话小说的艺术特点。教学长篇古典小说之前需要学生具备扎实的基本功，先学习文体知识，对章回体长篇历史演义小说有一定了解，在此基础上再学习课文内容。同时需要具备基础文言知识，能识别出常见的文言现象，起码能做到读通语句，了解大意。在此基础上结合多样的有效的阅读方法，便能使阅读效率事半功倍。结合单元教学重点，将这篇课文的教学重点设置为把握小说情节，理解刘备和诸葛亮等人物形象，体会刘备求贤若渴、礼贤下士的政治家风度以及诸葛亮的儒雅风范、对天下局势的洞察力和运筹帷幄的战略眼光。教师要让学生在学习基本知识的基础之上，领悟课文传递的价值观，引导学生树立正确的价值导向。

《三顾茅庐》作为《三国演义》中的重要情节，教师如果能够合理利用课堂时间激发学生的阅读兴趣，对学生后续阅读整本书的教学活动会有至关重要的引导作用。教师也可通过“草船借箭”“舌战群儒”“七擒孟获”等经典故事引导学生加深对诸葛亮形象的理解，运用前后联系的方法阅读课文中的节选作品，初步感受古代白话小说的艺术特点，体会经典作品的魅力，给学生传递正确的社会价值观和为人处世的深刻道理。

三、《三顾茅庐》教学设计与实施

（一）谈话导入巧聚焦

导入是开启课堂教学的关键钥匙，成功的导入能迅速带领学生进入情境，激发学生专心听课的学习兴趣，为后续教学的顺利进行提供保障。课文中的《三顾茅庐》是篇节选课文，编者对内容做过删节，主要展现给读者的是刘备“第三顾”的情节，教学时应当把目光由“节选”拓展至“全书”，着眼整体，联系前后文，理清故事的来龙去脉。

片段一：

师：同学们，想必大家都看过电视剧《三国演义》，不少人还读过相关的历史故事或连环画。有没有同学愿意为我们介绍一下你所了解的《三国演义》呢？

生：《三国演义》是我国四大名著之一，作者是罗贯中。里面有许多英雄人物，比如刘备、关羽、张飞、诸葛亮……

生：《三国演义》里有许多有名的故事，如《空城计》《过五关斩六将》……

师：同学们知道的真不少。课前，老师也对《三国演义》进行了收集和整理。

（出示多媒体课件，《三国演义》简介及有关人物图片）

师：《三国演义》是我国四大古典名著之一，也是中国文学史上第一部章回小说，是历史演义小说的开山之作，明清时期有“第一才子书”之称。这里老师想问问大家，什么叫章回小说？什么又叫历史演义小说呢？

生：章回小说是我国古典长篇小说的一种，是分章回来叙事的白话小说，是我国古典小说的主要形式，分回标目、段落整齐、首尾完整是其主要特点。它是由宋元讲史话本发展而来。所谓历史演义，就是用通俗的语言，将王朝兴废、朝代更替等为基干的历史题材组织成完整的故事，并以此表明一定的政治思想观念和美学理想的小说。

师：你的预习工作做得真到位！解释得非常正确！《三国演义》以浩瀚的篇章，深入描绘了从东汉末年群雄割据到三国归晋的历史画卷。其中，细致生动地展现了魏、蜀、吴三国之间错综复杂的军事、政治斗争，塑造了许多栩栩如生的人物形象。你们看，这是——

生：刘备。

师:他是汉中山靖王刘胜的后代,与张飞、关羽桃园结义为异姓兄弟,后来成为蜀汉的昭烈皇帝。这是——

生:关羽。

师:他是刘备的二弟,智勇双全,武艺高强。这是——

生:张飞。

师:他是刘备的三弟,生性鲁莽、豪爽。这是——

生:诸葛亮。

师:他是三国时期蜀汉的政治家、军事家,东汉末年隐居汉县隆中,留心世事,号称"卧龙"。《三国演义》中有很多性格鲜明的人物,同学们课后可以收集一下资料。这节我们要学的课文是节选自《三国演义》三十七回的一个小故事,大家一起来齐读课题。

(学生齐读课题。老师板书:三顾茅庐　罗贯中)

师:课前大家都做好了预习工作,"三顾茅庐"完整的意思是什么呀?

生:三次拜访诸葛亮。

师:谁三次拜访诸葛亮?

生(齐):刘备。

师:刘备三次拜访诸葛亮想干什么?

生:想请他帮助自己实现统一中国的大业。

师:刘备前两次拜访诸葛亮都没有见着,第三次终于见着了。课文就是讲刘备第三次拜访诸葛亮的经过。

语文教学应该激发学生的学习兴趣,为学生创设良好的自主学习情境。导入课文和释题环节,教师充分了解了初中生的知识结构以及兴趣所在,联系相关影视剧引导学生回忆情节内容,在活跃课堂气氛的同时调动学生的学习积极性。课件《三国演义》的简介着重介绍了刘备、关羽、张飞、诸葛亮等关键人物,情景交融,给了学生身临其境之感,营造活跃的课堂氛围,激发了学生的阅读兴趣。这样的导入紧贴文本,为后续教学开展创设良好的情境。

(二)疏通课文越障碍

成功导入之后,此时学生对学习《三顾茅庐》的兴趣已经被充分激发,教师开始将重点放到检查学生的预习工作上,对文章中的偏僻字音、困难字义逐个击破,帮助学生扫除阅读障碍,了解文章大意。

片段二:

师:课前,老师布置大家预习课文了,下面老师来检查大家预习的情况,课文中的生词谁来读？

（生读词，教师重点指导“纶巾”的“纶”读 guān，“吴会”的“会”读 kuài，“塞”是多音字）

师：看来大家生字词掌握得不错，那你们课文是不是也读正确、读通顺了呢？哪些同学愿意分小节读一读课文？其他同学边听边思考“三顾茅庐”这个故事讲的是什么。

（生分小节朗读课文）

师：刚才几位同学读得不错，其他同学听得也很认真。同学们，课题中这个“庐”是什么意思？

生：字典中“庐”指房舍，就是指房子。

师：“茅庐”是什么样的房子？

生：用茅草搭成的房子，很简陋。

师：用茅草搭成的房子多简陋呀！在过去的时候，乡野村夫住的就是茅庐，在课文中，“茅庐”是谁住的呢？

生（齐）：诸葛亮。

师：那“顾”又是什么意思呢？

生：拜访的意思。

师：你怎么知道的？

生：我在预习时，查了字典，字典中有几种解释，我觉得这种比较合适。

师：你真会学习！接下来老师把时间交给大家，有没有同学愿意为大家讲讲你觉得文中有哪些比较难以理解的字词意思呢？

生：“但恨亮年幼才疏”的“恨”是遗憾的意思。

生：“是殆天所以资将军”的“殆”是大概的意思。

师：你很会挑选重点！眼光锐利！

老师通过让学生朗读生字词检查阅读情况，同时重点指导生僻字与多音字，帮助学生通读文章，扫除障碍。从“庐”字入手理解课题，了解故事内容。对“茅庐”的了解，也是对诸葛亮身份的了解，感受诸葛亮地位的卑微，为下面的品味人物形象埋下伏笔。教师把课堂交给学生，真正做到了学生才是课堂的主人。比起主动告知文中重点字词的做法，让学生自己解释词义更能令学生印象深刻，深入思考。

（三）精读课文悟形象

教师指导学生对文章有了基本了解后，进一步深入课文，从人物的言行举止出发,带领学生从细微处感悟刘备、张飞、诸葛亮等人物形象,总结他们的性格特点,从而学会分析人物形象的方法,掌握阅读技巧。

片段三:

师:读了课文,你们觉得刘备是个什么样的人?

生:我觉得刘备非常尊重人才。

生:我觉得刘备很有礼貌,很谦虚。

生:我觉得刘备很有诚意。

生:我觉得刘备很渴望得到人才。

师:对的,用一个词来形容,就是“求贤若渴”。

(老师板书:刘备　求贤若渴)

师:同学们说得都不错。你们是从哪些地方读出来的呢?请同学们快速地浏览课文,把能表现刘备人物特点的句子画出来。我们来比一比,看谁找得又快又准。

(生浏览课文,画句子)

师:老师看同学们找得都很认真,谁来说一说你是从哪些地方读出来的?

生:我从第 3 小节中读出来的。

师:读一读你所画的句子。

生:离诸葛亮的住处还有半里多路,刘备就下马步行……同诸葛亮见面。

师(出示句子):你和老师找到一块去了。请同学们轻声读读这部分,找一找这部分哪些词让你深有体会,能够感受到刘备对人才的尊重,对人才的渴求?

(生轻声读句子)

师:谁来说一说?

生:我从“下马步行”这个词感受到了。

师:你是怎么想的?

生:还有半里多路,刘备就下马步行了,可见他对诸葛亮很尊重。

师:刘备为什么下马步行?

生:刘备怕自己的马蹄声会吵到诸葛亮。

师:仅仅是为了不吵到诸葛亮吗?大家想一想当时的刘备是什么身份?

生:是一位皇叔。

生:是一位将军。

师:住在“茅庐”的诸葛亮的身份又怎样?

生:是一位村夫,地位很低下。

师:试想一下,假如一位将军骑马一路驰骋去拜访一个村夫,会显得怎样?

生:高高在上,盛气凌人。

生:刘备下马步行,就是降低自己的身份,让诸葛亮觉得自己和他平起平坐,就显得很尊重诸葛亮。

师:说得好!那就请大家一起把刘备对诸葛亮的尊重读出来!

(生齐读)

师:还能从哪些词感受刘备的人物形象呢?

生:从"不要惊醒"这个词能感受到刘备很尊重诸葛亮。

师:你是怎么想的?

生:刘备前两次都未见着诸葛亮,这次听说诸葛亮在家,一定很想立即见到他,可听说诸葛亮在午睡,就让童子不要惊醒他,可见他真的很尊重诸葛亮。

师:说得好。还有哪些词能感受到?

生:"恭恭敬敬"这个词能感受到。

师:读到这个词,你仿佛看见刘备怎样地站在台阶下等候?

生:一动也不动地站在那。两手放在前面,头低着,一动也不动地等候。

师:在平时的电影、电视中,你看过什么样的人才会这样恭恭敬敬地站着?

生:皇帝上朝时,那些大臣就这样站。

生:大户人家,那些佣人也这样站。

师:是的。只有皇帝的臣子和那些奴仆、佣人才会这样恭恭敬敬地站着,同学们都知道,当时刘备的身份是——

生:一位皇叔。

师:诸葛亮的身份是——

生:一位村夫。

师:老师还要告诉你们的是当时刘备已经47岁了,而诸葛亮仅仅27岁。身份的悬殊、年龄的悬殊,刘备都不应该"恭恭敬敬"地站在台阶下等候。可他却这样做了,同学们你们想说什么?

生:刘备不顾自己的身份、年龄,就是为了显示他对诸葛亮的尊重。正因为诸葛亮是一个有真正才能的贤人,刘备才愿意这么诚心诚意。

师:说得真好!那就请大家再次读一读这句话,把刘备恭恭敬敬的画面读出来。

(生齐读)

在学生初步感知课文后,教师引导学生从课文细节处发现重点,借助朗读手段使刘备的性格形象深入人心,帮助学生真正理解刘备的求贤若渴、礼贤下士的政治风度,同时为下文理解其他人物形象做好铺垫。

片段四:

师:文中的张飞也给我们留下了深刻的印象。你觉得张飞是个怎样的人?从哪里能看出来呢?

生:我觉得张飞是个很敬重刘备的人。

师:嗯,从哪里看出来的呢?

生:从诸葛亮两次不见刘备,张飞暴怒生气的细节可以看出来,而且刘备怒斥张飞不让他跟随后,张飞又愿意忍气吞声也要跟着哥哥们一同前往。

师:你分析得很有道理。还有其他同学有不同观点吗?

生:我觉得张飞是个很鲁莽、不懂礼节的人,从他说的话可以看出来:“今番不须哥哥去;他如不来,我只用一条麻绳缚将来!”“这先生如何傲慢!见我哥哥侍立阶下,他竟高卧,推睡不起!等我去屋后放一把火,看他起不起!”

师:仅仅是鲁莽吗?你还发现了什么?

生:我发现他的火气越来越大。因为张飞很敬重刘备,现在刘备对一个乡野村夫姿态放得这么低,他能不生气吗?

师:你的观察真敏锐!因为敬重所以生气,老师这里有一段影视剧中张飞说过的原话,你能学着他的语气把这三句话的味道读出来吗?

(出示视频片段,老师板书:张飞　鲁莽暴躁。生朗读)

师:你读出了张飞那种又气又怒的感觉,语气非常到位!张飞生气了,刘备听了张飞的话也生气,他生气的又是什么?

生:张飞竟然这样不尊重人才。

师:张飞觉得对待诸葛亮不需要三请四邀,刘备是这样认为吗?

生:不是的。

师:虽然前两次都未见着诸葛亮,可他会怎么想?

生:说不定诸葛亮在考验我呢!我的心一定要诚啊!

师:真是不到黄河心不死啊!刘备不光决定第三次去,去之前还专门请人占卦,挑选了一个好日子,刘备对诸葛亮真是尊重啊!

师:同学们你从刘备对张飞生气,还想到了什么?

生:张飞是刘备的结拜兄弟,兄弟情谊很深,可现在却为了诸葛亮斥责张飞,可见刘备很尊重诸葛亮。

师:请大家齐读刘备怒斥张飞时说的话。

(生齐读)

这一教学环节,教师带领学生将目光转移到张飞身上,同样利用朗读法,并且借助视频片段帮助学生更好地体会人物性格,揣摩语气神态;同时还提示学生抓住刘备对张飞和诸葛亮的不同态度，在对比中感受刘备对诸葛亮的尊重。

片段五：

师：刚才我们从字里行间读出了刘备尊重人才，求贤若渴。我们品味人物形象时，要学会从字里行间去品味。

师：受刘备这么尊重的诸葛亮又是一位什么样的人物？你又从哪儿读出来的呢？请同学们快速浏览课文，想一想诸葛亮是一位什么样的人，再找一找你的依据。

（生浏览课文，思考人物特点，找一找，划一划）

师：谁来说一说？

生：我觉得诸葛亮很有才华，从刘备对诸葛亮的尊重可以看出来。刘备这样降低身份去邀请诸葛亮，迫切地想得到他的辅助，可见诸葛亮是人才。

师：是的，在诸葛亮的帮助下，刘备实现了三国鼎立的局面。有了诸葛亮，刘备真是如鱼得水，如虎添翼。

（老师板书：诸葛亮　才华出众）

师：世人评价诸葛亮是旷世奇才，是具有雄才大略的人。《三国演义》是一部历史小说，人物形象非常丰富。在《三顾茅庐》中刘备尊重人才，诸葛亮具有雄才大略，在《三国演义》这部小说中，刘备、诸葛亮还有什么样的特点？

生：刘备很看重兄弟情谊。

生：诸葛亮料事如神。

生：刘备有雄心壮志。

生：诸葛亮上知天文，下知地理。

师：同学们真会从字里行间品味人物形象，有兴趣的同学课后可以去读一读《三国演义》，好好研讨其中的人物形象。

整个教学过程都在围绕"读了课文，你觉得刘备、张飞、诸葛亮是什么样的人？从哪儿读出来的？"来展开教学，重点引导学生抓住文中的词句在朗读、想象、对比中品味人物形象。教师在课堂中积极地给学生创设自主学习的空间，引导学生全方位地主动参与，使学生的自主性得到了充分发挥。

（四）对比研读寻异常

在对人物形象有了初步了解后，教师引导学生把目光聚焦到作者撰写文章时所运用的独到技法中，通过对比研读，发现文本之间存在的反差，感受古典白话小说的艺术魅力。

片段六:

师:再读课文,你能看出意义这么重大并且蓄势、铺垫了这么久的双方第一次会面有什么异常之处吗?小组讨论,认真对比,反复研究。

(各小组展示、汇报研究成果)

生:会面的双方冷热不均。刘备非常急切,真心诚意,热情万分,把自己摆得很低。听了司马徽、徐庶的再荐,第二天就带着关羽、张飞两位兄弟上门拜访。一访不遇,过了数日,冒着朔风瑞雪,二顾茅庐。为了这早春的第三顾,不但选择吉日,斋戒三天,备了厚礼,对无礼的结拜兄弟张飞狠狠斥责,而且离诸葛亮的住处半里多路就下马步行;见诸葛亮昼寝未醒,便徐步而入,像下人一样"侍立阶下",一等就是大半天。反观诸葛亮,有意摆谱,故意冷淡。两次有意无意地避而不见之后,第三次,大白天仰在草堂上睡大觉,一睡就是半天,连一介武夫张飞都看出他是在"高卧""推睡";这还不够,翻身将起时,忽又朝里睡了两个小时。起身之后,更衣又是半晌,故意拖延,架子大得吓人。

生:会面前后人物的表现形成鲜明对比。前半场,除了训斥张飞,与童子有两次礼节性的极短交流,刘备就是在阶下静静等候,诸葛亮更是不吭一声,双方似乎心照不宣地在合演一场"哑剧";下半场,却全由对话构成,尤其是前面一言不发的诸葛亮,在明了对方的心事后,长篇大论,一吐为快,有如滔滔洪水,奔流不息,一泻千里。

师:同学们火眼金睛,洞察幽微,看出了诡异之处。会面双方的态度与会面前后人物的表现都通过对比的手法呈现出来。

(老师板书:对比)

师:那么问题来了,刘备与诸葛亮,一个想求贤士,一个想遇明主,为了政治理想和黎民百姓,双方对这具有历史意义的第一次见面,可以说都"等了一千年""寻了万万里"!如今得偿所愿,按理应该相见恨晚,一吐衷肠,为什么却沉闷无比,上演了一场无声之戏?他们葫芦里到底卖的什么药?小组继续讨论,思考答案。

(小组讨论交流,汇报结果)

生:这个场面貌似平静,实则波涛汹涌。别看刘备"侍立"、诸葛亮"高卧",表面上两人都没有讲话,其实心里都翻腾开了,心中言语千千万万,并且"你来我往"。"哑剧"不哑,反而很热闹!

师:看来,要解开难题,弄懂会晤双方的真正想法,明了作者的写作缘由,感受经典名著的魅力,我们也必须"不走寻常路",请同学们课后联系下半场的内容和《三国演义》的其他章节,为上半场的"哑剧""配音",通过心理补白、想象对话,替人物"说话",把刘备、诸葛亮此情此境的无声的"内心言语"翻译成有声的外部言语!

师：今天的课就上到这里，下课！

教师最后通过小组合作讨论的方法让学生探究文本差异，使整堂课的教学深度又上升了一个层面，不仅调动了学生认真思考问题的积极性，而且在问题设置上又保留了一定的主观性，让学生畅所欲言，思维互相碰撞。课后又让学生运用补白、想象等方法代入人物，将无声的内心言语有声化，这一环节既能训练学生的语言表达能力，又能加深学生对文章主题的理解，课内与课外教学相结合，一举多得。

结语

《三顾茅庐》的教学设计紧紧围绕教学目标展开，指导学生从课文内容出发，在理解文章大意的基础上找准要点，逐步深入探究，聚焦关键词句，总结人物性格特点。同时又顺应大语文教学观念，超越教材，拓展学习内容，让学生在课外语文实践活动中提升自己的语文素养，发展自主探究的能力。阅读是学生个性化的行为，不应以教师的分析来代替学生的阅读实践，应让学生在主动积极的思维和情感活动中，加深理解和体验，有所感悟和思考，受到情感熏陶，获得思想启迪，享受审美乐趣。本课的教学设计，师生共同搭建了一个感悟的平台，引导学生自由朗读，自由想象，自由表达。总之，本案例指导学生从整体感悟入手，细处摄神，品味语句，学会鉴赏，感悟人物形象。

案例思考题

1. 古典小说在统编版初中语文教材中是怎样编排的？
2. 如果你来执教《三顾茅庐》，你会怎样安排教学内容？
3. 简述你对统编版教材中古典小说阅读教学的认识。
4. 阅读本案例，简述教师是如何引导学生感悟人物形象的。
5. 本案例为初中语文小说阅读教学设计带来哪些启示？

案例使用说明

1. 适用范围

适用对象：中学语文教育专业本科生或研究生，教师教育相关专业的本科生或研究生，以及在职语文教师。

适用课程:《中学语文课程与教材研究》《中学语文教学设计与实施》《教学设计》《课程与教学论》《教学技能》等相关章节。

2. 教学目的

(1) 获得古典小说阅读教学设计与实施的知识与经验,提高教学设计能力。

(2) 理解和把握初中语文古典小说阅读教学内容。

(3) 学习如何引导学生分析小说中的人物形象。

(4) 学习如何创设问题情境,掌握问题设计的策略。

3. 要点提示

相关理论

教学设计、语文课程与教学、语文学习心理

关键知识点

小说阅读教学设计;问题情境创设;语言品味;人物形象分析

关键能力

研读教材的能力、学情分析的能力、教学设计的能力、教学实施的能力

案例分析思路

使用本案例时,可根据具体的课程内容要求,结合相关理论与方法,从以下几个方面进行分析。

首先,研读教材,理解教学内容。本案例中教师对古典小说《三顾茅庐》一文的内容进行了深入分析,思考了如何设计《三顾茅庐》的课堂教学才能使学生深入文本,体会到小说的精妙语言和人物刻画的手法。在此基础上,教师灵活地运用教材,通过创设问题情境、组织讨论等教学方法,让学生在思考与对话中分析人物形象。研读教材要抓住重点内容,深入挖掘,促进学生细读文本,激发思考,也可根据学生的需要与教学需求拓展教学资源,挖掘《三国演义》中其他能表现刘备礼贤下士的内容。

其次,把握学生的学习特征设计教学,针对重点巧妙施教。只有当教师从学生的立场出发,掌握学生的学习特征,了解学生的困惑与疑难,才能设计出真正适合教学的方案。根据建构主义学习论的观点,学生总是根据自己已有的经验理解和建构新知识,他们自己的思考,在日常的生活和学习中形成的丰富经验,都会影响到学生对新内容的学习。因此,教学设计和实施要考虑学生已有的知识经验和新旧知识之间的联系,充分尊重学生的学习体验。学生在学习古典小说之前已经接触过名著导读栏目,所以在九年级阅读古典小说时,可以从简单的阅读方法入手,在复习回顾中加深理解,同时应把重点放在分析人物形象、刻画人物手法等方面。

再次,创设问题情境,激发学生学习兴趣。在教学过程中,教师巧妙设计问题,

激起学生的好奇心，引发学生的思考和讨论，让学生设身处地思考人物当时所处的环境、局面，再代入自身，使教学在轻松愉快的氛围中进行，这不仅有利于培养学生阅读名著的兴趣，也能在一定程度上提高语文教学质量。

最后，开拓学生的视野，培养学生的思维能力。在教学过程中，教师提问后，并未急于告诉学生答案，而是循循善诱，从不同的角度给予学生点拨和启发，让学生在自我思考和领悟中寻求答案，通过小组合作讨论的方法解决较难的问题，集思广益，多视角看待问题，从而提高学生的理解能力和思维能力。为此，教师在课前需要进行充足的准备，包括预测学生的想法，适时从不同方面进行点拨。总之，要注重对整个教学进程的把握。

此外，案例体现了古典小说阅读教学设计的特点和方法。通过对本案例的分析，思考如何对古典小说阅读教学进行设计，包括如何设计教学切入点来激发学生学习兴趣，如何进行学情分析，如何在教学中设计问题情境等，进而从小说阅读教学案例的学习中掌握对某一语文教学内容进行教学设计的普遍规律。

4. 教学建议

时间安排：四课时。布置和预习 1 课时，汇报讨论 2 课时，反思总结 1 课时。

环节安排：布置预习，对古典小说《三顾茅庐》内容进行梳理→小组讨论进行初步的教学设计→小组研读案例并进行汇报→小组合作，选择初中古典小说阅读教学中的其他内容进行教学设计→学生在课上进行教学实践→教师点评。

人数要求：40 人以下的班级。

教学方法：朗读法、谈话法，以师生的讨论为主，讲授为辅。

工具选择：多媒体、案例资料等。

组织引导：教师布置任务清晰，预习要求明确；
提供给学生必要的参考资料；
给予学生必要的技能训练，便于课堂教学案例实践的进行；
对学生课下的讨论予以必要的指导和建议。

活动设计建议：

(1) 阅读《义务教育语文课程标准(2022 年版)》和教材中《三顾茅庐》一文的相关内容，同时查阅相关的教学设计和实施的文献，对《三顾茅庐》内容进行初步的教学设计。

(2) 阅读本案例，有条件的可观看案例视频，独立思考，记录思考与问题。

(3) 小组讨论交流，将最终的小组问题列在记录单中。在小组的交流与汇报中，教师进行点评与提升。

(4) 指导学生在课下对自己的设计进行完善，教师给予必要的指导。

(5) 在进行小组汇报交流时，聆听小组要做好记录，便于提问与交流。

(6) 教师对小组的设计进行点评，适时的提升理论，把握教学的整体进程。

5. 推荐阅读

[1] 王荣生. 小说教学教什么[M]. 上海：华东师范大学出版社，2015.

[2] 钟启泉. 教学设计[M]. 上海：华东师范大学出版社，2022.

[3] 刘慧玲. 浅谈初中古典小说教学目标的有效设定[J]. 延边教育学院学报，2019(05).

[4] 李丹. 情境教学法在初中语文古典小说教学中的应用研究[J]. 兰州教育学院学报，2019(07).

文言文阅读教学设计与实施

——以《醉翁亭记》为例

摘要：文言文根植于古代优秀文化的土壤，有着深厚的历史文化底蕴，在培养学生核心素养与提高学生综合能力方面有着不可替代的作用。本案例将通过《醉翁亭记》一课，展示初中文言文教学设计与有效实施的过程，为进一步创新初中文言文教学设计和实施提供范例。本案例反映了设计者对语文学科本质的理解、对文言文教学的深度把握以及对学生课堂学习情况的了解，进而在创设问题情境、探究情感意蕴和体现学科本质等方面进行了精心设计。对本案例的分析与思考，为初中文言文阅读教学设计与实施提供有价值的路径与实施策略。

关键词：统编版；文言文；教学设计与实施；《醉翁亭记》

背景信息

《义务教育语文课程标准(2022 年版)》中明确指出初中阶段学生学习文言诗文的目标，即“诵读古代诗词，阅读浅易文言文，能借助注释和工具书理解基本内容。注重积累、感悟和运用，提升自己的欣赏品位。”①杨斌在《发现语文之美》一书中也表示“文言文是中华民族五千年灿烂文化的优秀代表，感受中华民族文化的巨大魅力才是学习文言文的应有之义”。② 在培养学生语文核心素养的背景下，文言文教学目标与教学内容也发生了与时俱进的变化，并且对教师教学文言文也提出了更多深层次的要求。在教学中，教师不仅要让学生理解课文中文言词语的含义，掌握文言文的主旨和写作特点，而且要认识优秀的文化底蕴，同时让古文带给学生的美的感受，提高学生的鉴赏力。

文言文教学要让学生在阅读和背诵的过程中感受古代文人的智慧和豪情，欣

① 中华人民共和国教育部.义务教育语文课程标准(2022 年版)[S].北京：北京师范大学出版社，2022.

② 杨斌.发现语文之美[M].长春：东北师范大学出版社，2013：101.

赏文言诗文的形式美、语言美、意境美和音乐美，在传统文化的熏陶和感染下，培养和提高学生的审美能力和鉴赏能力，进而全面提高学生的语文素养。文言文贯穿于语文教材之中，有着不可替代的重要作用。如何才能在教学中更好地突出文言文学习的特点，并且使学生更加易于体会与感受文言文的深层内涵，关键要引导学生掌握文言文阅读方法，培养学生的思考和鉴赏能力。此外，学习文言文还能够提升学生的阅读能力，帮助学生理解中国人的思维方式和文化意识。

在教学实践中，文言文作为古代书面语言，与现代汉语有一定的差别。此外，文言文渗透着传统文化以及表现着古人的思维方式，体现了当时的社会风气和价值观念，与现代社会相去甚远，这些使学生学习、理解与领悟文言文存在一定的难度，抑制了学生学习文言文的兴趣。文言文学习应该是一个逐渐积累的过程，初中三年六个学期的文言文学习也是一个递进的过程，统编版初中语文教材强调知识的逐步积累，要求在教学中按照新课标规定的学段目标对学生学习知识与培养能力进行细化，落实到每个单元。对于有些必须掌握的文言语法知识，则根据课文教学，以补白的形式出现，努力做到一课一得。语文教材是语文课程的物质载体，是课程理念、目标与内容的具体呈现，是语文教师教学与学生学习的凭借，是学生学习语文、提高语文能力、提升语文素养的重要依据。所以在教学之前教师应充分了解语文教材，了解教材的编写体例、指导思想以五大系统的安排，结合学生的学习实际和身心发展状况，明确每个单元、每篇课文、每个课时的教学目标，从根本上提高学生的语文核心素养。

对于语文教师而言，掌握分析文言文教材的正确方法，高效地进行文言文教学至关重要。教师在教学中要充分考虑学生的实际情况，以学生为主体设计教学活动，与学生平等互动，让学生在轻松愉快的氛围里学习文言文基础知识，领会文言文情感内容，鉴赏文言文蕴含的深刻主旨，进一步培养学生语言、思维、文化、审美四方面核心素养。因此，在语文课程标准的理念下，教师对文言文的教学设计要基于语文学科的本质，面向语文核心素养，尊重学生主体，充分体现语文学科的特质。

教师的学科知识与专业技能直接影响教学过程与学生的学习效果。在初中语文教学中，教师应具有与时俱进的教育观念，准确把握语文课程标准的基本理念，掌握统编版语文教材的基本特点，并且对语文学科要有深度的研究，有坚实的语文基础知识，有深厚的文学底蕴。此外，还要分析与掌握语文课标的内容，跟随时代需要，把握学科特点，了解学生的知识水平，在教学中根据课堂以及学生情况不断地调整教学进程和教学策略。教师根据教学内容与学生实际情况进行教学设计，设置合适的教学环节，激发学生的积极性，引导学生鉴赏、思考、探究，实现语文学习的目的，同时也进一步提高自己的专业素养。

案例正文

一、统编版初中文言文教材分析

文言文是以古汉语口语为基础的书面语。现今,文言文是指中国古代用书面语言写成的文章。文言文是相对于新文化运动之后白话文来讲的,古代并无文言文这一说法。其特征是注重典故、骈俪对仗、音律工整,包含策、诗、词、曲、八股、骈文等多种文体。统编版语文教材中,文言文占据重要地位,这在一定程度上体现了文言文学习的重要性。文言文学习是一个逐步积累的过程,虽然在教学中,文言文对于一些教师和学生来说,仍有一定的难度,但我们要在教学实践中逐步探索出有效的文言文教学方式,改善传统的文言文教学模式,提高学生的文言文阅读能力。

统编版语文教材肩负着传承中华民族优秀文化的重任,因此必须选编一定数量文质兼美的文言文。这里整理出统编版初中语文教材中的文言文篇目如下:

统编版初中语文教材所选文言文课文一览表

<table>
<tr><th colspan="2">年级</th><th>文章</th><th>所属单元</th><th>主题</th></tr>
<tr><td rowspan="9">七年级</td><td rowspan="5">上册</td><td>《世说新语》二则</td><td>二</td><td>至爱亲情</td></tr>
<tr><td>《论语》十二章</td><td>三</td><td>学习生活</td></tr>
<tr><td>《诫子书》</td><td>四</td><td>人生之舟</td></tr>
<tr><td>《狼》</td><td>五</td><td>动物与人</td></tr>
<tr><td>《穿井得一人》
《杞人忧天》</td><td>六</td><td>想象之翼</td></tr>
<tr><td rowspan="4">下册</td><td>《孙权劝学》</td><td>一</td><td>群星闪耀</td></tr>
<tr><td>《卖油翁》</td><td>三</td><td>凡人小事</td></tr>
<tr><td>《陋室铭》
《爱莲说》</td><td>四</td><td>修身正己</td></tr>
<tr><td>《河中石兽》</td><td>六</td><td>科幻探险</td></tr>
<tr><td>八年级</td><td>上册</td><td>《三峡》
《答谢中书书》
《记承天寺夜游》
《与朱元思书》</td><td>三</td><td>美景依然</td></tr>
</table>

续 表

年级		文章	所属单元	主题
八年级	上册	《孟子》二章 《愚公移山》 《周亚夫军细柳》	六	情操与志趣
	下册	《桃花源记》 《小石潭记》 《核舟记》	三	养性怡情
		《庄子》二则 《礼记》二则 《马说》	六	情趣与理趣
九年级	上册	《岳阳楼记》 《醉翁亭记》 《湖心亭看雪》	三	游目骋怀
	下册	《鱼我所欲也》 《唐雎不辱使命》 《送东阳马生序》	三	家国之思
		《曹刿论战》 《邹忌讽齐王纳谏》 《出师表》	六	浩然正气

从上表我们可以清晰地看出，编者在统编版初中语文教材中文言文的编排上体现出选文丰富多样、先分散后集中、先易后难、循序渐进的特点。编者先将七年级的文言文散见于每册书的各个单元当中，在编排内容上与现代文相互辉映，学生通过反复诵读和对比，能够读通读顺文章，感受文言的韵律美、意境美、音乐美，形成一定的文言文的语感，并且掌握常见实词的含义，理解文章的主要内容，为接下来的文言文的学习打下坚实的基础。八年级和九年级则编排了专门学习文言文的单元，但是八年级和九年级又有所区别。在八年级教材中每册书分别设置了两个文言诗文单元，八年级上册编排了“美景依然”“情操与志趣”两个单元的文言文，旨在希望学生能够借助工具书积累常见的文言实词、虚词，理解文章大意，进而了解作者的情思或文章所揭示的道理；八年级下册编排了“养性怡情”“情趣和理趣”两个单元，通过对这两个单元的学习和研读，学生可以掌握相应的文言句式，理解文章内容，积累经典语句。九年级上册只安排了一个单元的文言文，但选取了中国古典散文来让学生提升学习文言的兴趣，感受文言的魅力；九年级下册仍然是安排了

两个单元的文言文学习。

初中各册语文教材中的文言文除了在内容安排上的不同，在选择标准上也有明显差异。首先体现在文章的篇幅上，七、八年级的文言文篇幅比较短，通过这一阶段的学习，学生积累了一定的文言实词、虚词和文言句式，已经有了阅读浅易文言文的能力。在此基础上，九年级文言文篇幅稍长，旨在进一步提高学生的阅读理解能力，培养学生对文言文的学习兴趣。其次体现在文章体裁上，七、八年级以记叙和散文为主，九年级以议论说理文为主。体裁和表达方式的变化在一定程度上提高了学生学习文言诗文的难度，符合学生的学习规律以及逻辑思维发展的规律。另外文章内容上也有所差异，七、八年级以写景抒情居多，九年级多选录了说理性的文言文。说理性的文言文需要学生具有良好的逻辑思维，写景抒情类的文言文则需要学生结合作者的生平经历来鉴赏、品味，读出作者的情思。比如《醉翁亭记》描绘了太守与民同游山水之乐，以“乐”贯穿全文。在教学中，教师需引导学生充分了解本文的写作背景以及欧阳修的人生经历，让学生在理解作者情感时能联系作者的生平经历，品味文中太守之乐与众人之乐的联系，这样就能自然而然地感悟作者将政治理想寄托于山水的复杂情怀。

总的来说，统编版初中语文教材的全面使用和其中文言文所占比例的增加，都使得文言文教学更加重要。每册书都有文言文阅读教学的相关内容，且各有侧重。七、八年级重点积累文言实词、虚词，九年级则重点学习文言文句式并且学会鉴赏和分析文章情思。我们要注意，语文教材只是学生学习知识、提高能力的重要载体之一，是语文教师教学的凭借，但并不是唯一凭借。在教学中，教师不要被课本所束缚，要综合各种学习资源，致力于学生语文核心素养的提升。

二、如何把握《醉翁亭记》的教学要点

文言文之所以是很多学生的“心头之患”，主要原因就是文言文有其特有的语言表达方式，言简意丰，蕴含着深刻的情理。其语言形式跟现代的中华民族通用语、文章样式以及书面语言都有着很大的不同。统编版教材将《醉翁亭记》选编在九年级上册第三单元，本单元还收录了《岳阳楼记》《湖心亭看雪》两篇课文，皆为山水游记的优美篇章。本单元教学着重于诵读文章，进而把握作者的感情，并能有自己的感受，使学生通过对作品的学习，获得审美的享受和情感的陶冶。在单元教学目标中，编者意图通过本文的学习，学生能借助课文注释和工具书读懂文章大意，进一步学习传统的文言知识，提高文言文的学习能力，品味文中的景物描写和写景抒情的方法。《醉翁亭记》是欧阳修任滁州太守期间写的一篇山水游记，属于优美

的散文，全文只400多字，将醉中之乐贯穿全文。作者将自己壮志难酬、仕途艰难的压抑与苦闷的心情寄托于山水，从而表达自己怡情山水的情趣和与民同乐的旷达情怀。本文是写景抒怀的精品，是学生陶冶情操、提高语言表达能力的文章典范。通过对教学内容的分析与研究，教师认为《醉翁亭记》这篇文章，主要学习叙事、写景、抒情的巧妙结合以及思想情感这两个方面。文章写法是学习文章所要掌握的重点，学生在阅读的过程中，积累写作方法，能为写作打下基础；思想情感也是学生学习文章所要重点领会的内容，掌握思想情感才能有深刻的感悟，才能真正读懂文言文。目前，初三的学生已经学过相当数量的文言文，对文言文的基础知识有了一定的理解，但对本文的学习还是有一定难度的，在理解文章主题内容与体会思想情感方面仍需不断提高。

作为语文教师，了解学生的学习情况非常重要，它也是进行有效教学设计的前提。在教学前，了解学生现有的文言文知识水平，根据学生的需要，才能选择适合学生的教学内容，设计适合学生的教学方式。文言文中有许多词古今异义、一词多义、通假字以及词类活用等，在文言文教学中要特别注意这些字词的讲解和积累，帮助学生正确理解课文内容。本案例基于学生已经接触过文言文学习这一点，教师在设计教学时主要运用朗读法，让学生初步熟悉文章、疏通文意。同时培养学生借助工具书阅读文言文的习惯，为文言文学习打下坚实的基础。

文言文中的重难点字句是学生学习的一个要点，对它们的掌握有利于促进学生更好地理解文章内容。对《醉翁亭记》一文中重难点字句的理解，教师主要运用品读的方法，品名句、品文眼、品中心句，进而提高学生分析和理解字、词、句、篇的能力，最终实现“培养学生能独立地阅读浅易文言文”的目标。

语文课程标准启示，语文教学目标可以从文化自信、语言运用、思维能力和审美创造四个核心素养维度设计并进行相应地整合，文言文教学也不例外。文言文教学除了字词句及词语的特殊用法是重点外，对文章情思的把握也是学生学习的重点。情思包括思想情感和写作思路两个方面。由于时代不同，人的思维方式和表达方式有所差异，所以在分析文言文和领悟作者情感的教学过程中，要注意分析文章结构，并且教给学生分析的方法，另外不能牵强附会，把自己的个人情感强加给作者，而要结合时代背景和作者的生活经历具体分析，真正落实“知人论世”。在《醉翁亭记》的教学中，教师主要运用了朗读分析、思考探究的方法引导学生领悟文章的主旨。

在文言文的学习过程中，初中生虽然有了一定的基础，但还是比较薄弱的，他们在进一步学习中还是会遇到很多问题，教师需要把握文章的内容和思想内涵等，并根据学生的需要进行有效的教学设计，这样才能促进学生在原有基础上得到进一步的提升。

三、《醉翁亭记》的教学设计与实施

(一) 趣味导入,走近作者

导入是教师进行课堂教学的第一步,有效的课堂导入能够激起学生的学习兴趣。本案例执教者在分析学情和教学内容的基础上,精心设计了能够引起学生兴趣的故事性导语。

片段一:

师:在上课前我先给大家讲个故事吧!

(学生们都很好奇的样子)

师:在宋代有一个人,4岁时丧父,因为家里贫苦就经常向别人借书,亲手抄录来学习。通过自己的寒窗苦读,23岁时参加国子监考试就取得了榜首,24岁时赴礼部考试又名列第一。后来他做官成为一个地方的太守,以自己的学识修养治理一方水土,使他所管理的地方人民文风浓郁,而他自己也以“文章太守”的美名称颂于世。因这位太守家收集有一万卷藏书、一千卷金石遗文,又有琴一张,有棋一局,而常置酒一壶,其常置身于这五物之中,故自称六一居士。大家知道这位太守是谁了吗?

生:欧阳修。

师:没错,这位老翁就是闻名于天下的唐宋八大家之一的欧阳修。他是北宋诗人,学习韩愈的精神,提倡简洁自然的文风,并且提出“穷者而后工”的观点。对于欧阳修来说,庆历五年是他在追求仕途道路上艰辛的一年。这一年他因支持范仲淹等人的政见而被敌对方贬到滁州做太守,在这期间他写了一篇流传千古的名作《醉翁亭记》,欧阳修这年的不幸却正好成了醉翁亭之幸。试想,如果不是欧阳修这篇《醉翁亭记》,又有谁会注意到滁州城外的一个平常无奇的亭子呢?

师:同学们想不想知道这到底是个什么样的亭子,欧阳修在这个亭子里又发生了哪些事呢?滁州这么多的美景,为什么就写了这个小亭子呢?

(幻灯片出示课文名称和作者介绍)

在日常教学中,大多数学生认为文言文难懂难记,有明显的抵触情绪,学习的积极性不高。初中阶段正是学生们好奇心强烈、爱听各种故事的时期,于是教师就先以讲故事的形式引入新课,并在其中介绍了作者的相关知识以及文章的创作背景,让学生在听故事的过程中了解作者和写作背景,进而引发好奇心和求知欲,产生学习这篇文言文的兴趣。高超的导入艺术促进学生产生学习的主体意识,使他们获得探究问题和收获知识的成就感,这让文言文的教与学变得有料、有味、有趣。

（二）朗读课文，领略美景

在利用故事导入，成功引起学生的学习兴趣之后，教师注重运用朗读法让学生品味文字，疏通文意，整体把握文章。

片段二：

师：下面大家自由朗读课文，并在脑海中想象一下：醉翁亭到底是什么样子的？文中都写了哪些美景？

（学生自由朗读）

师：第一段都写了什么美景啊？

生：滁州城、琅琊山、酿泉、醉翁亭。

师：大家再体会一下美景，并任选一处美景用自己的语言加以描述。有画画爱好和天赋的同学可以尝试把美景画出来。

师：大家写得、画得差不多了吧，我看到很多同学用文字很好地描述出美景来，光看文字眼前立马就能出现那幅画面。很多同学画得也很认真细致。那我们一起来看一下在叙述和画画的过程中需要特别注意些什么。

师：首先"环滁皆山也"，环绕滁州城的都是山，在画画的过程中我们要重点放在山上。在这里"皆"的意思是——

生：是"都"的意思。

师：对！第二处景，琅琊山。"其西南诸峰"中"其"是指——

生：代词，指滁州城。

师：很好！"林壑尤美"中"尤"的意思是——

生：尤其。

师：这句的意思是什么？

生：滁州城西南方向的很多山峰，树林和山谷尤其美丽。一眼望去，树木茂盛并且幽深秀丽的是琅琊山。

师：看来同学们对文中的美景理解得很透彻啊！那我们再看第三处景，酿泉。先是沿着山路要走多远？

生：六七里。

师：然后写到什么？

生：听到水声。

师：再然后呢？

生：看到水从两峰之间流出。

师：从哪个字可以看出水是怎样流出的？

生：泄。

师：很好！所以水流是比较大的。再往下第四处景，醉翁亭。醉翁亭的位置在哪？

生：临于泉上。

师：“临”的意思是什么？

生：靠近。

师：从哪个词语可以看出亭子是怎样临于泉上的？

生：翼然。亭子的四角翘起来，像鸟张开翅膀似的。

教师通过让学生朗读课文，梳理文章，同时描绘出文章中描写的美景，使学生对文章有初步的把握。除此之外，教师还注重学生的语言实践和形象思维，让学生尝试用自己的语言把美景描述出来，或让学生用画笔结合自己的想象画出来，把语言文字还原成一定的直观形象，使学生更深刻地体会到语言美和画面美，并在充实画面的过程中丰富学生的想象力，促进学生对文章进一步理解。

（三）梳理文章，把握文意

在激起学生的学习兴趣之后，通过朗读促使学生对文章有了初步的理解，然后教师更进一步引导学生梳理文章结构，理解文意。

片段三：

师：大家再次朗读课文并尝试给文章分层次。

（学生自由朗读）

师：课文前两段的主要内容是什么？

生：写景。

师：后两段呢？

生：叙事。

师：对！作者在前两段写景描绘环境，是按什么顺序写的呢？又写了哪些内容？

生：作者是按空间和时间顺序来写的，主要写了滁州城—琅琊山—酿泉—醉翁亭—朝暮美景—四季景色。

师：作者主要抓住了景物的什么特点来写的？

生：美的特点。

师：那后面两段主要写了哪些内容呢？

生：写了滁人游—太守宴—众宾欢—太守醉—太守归—游人去—禽鸟、从人、太守乐。

师:现在请同学们再次朗读课文,对文章各段落进行概括。

师:若以图画给每段内容命名,第一段可以概括为什么图?

生:醉翁亭图。

师:好! 第二段可以概括为什么?

生:朝暮四季图。

师:那么,第三段概括为什么呢?

生:太守欢宴图。

师:最后一段可以概括为什么图?

生:日暮醉归图。

教师在学生朗读课文并对课文有了初步的了解之后,指导学生对全文的结构进行整体梳理。这里,老师注重运用朗读法让学生对课文进一步感知理解,在此基础上对文章各部分内容进行概括,锻炼学生的逻辑思维,提高学生的概括能力。

片段四:

师:滁州城的地理特点怎样? 用文中原话回答。

生:环滁皆山也。

师:西南诸峰的特点怎样?

生:林壑尤美。

师:琅琊山的特点呢?

生:蔚然而深秀。

师:"来饮于此"的"此"是指什么?

生:醉翁亭。

师:谁能谈谈作者自号醉翁的原因?

生:饮少辄醉,而年又最高。

师:醉翁之意在何处?

生:在乎山水之间。

师:这里有何深意呢?

生:这里通过写山水美景,表现作者畅游其中而使内心的忧愁苦闷得以排遣。

师:这里的"醉"只指醉酒吗?

生:不是,还指陶醉。

师:同学们理解得很好,能不能说的更详细点呢?

生:"醉翁"的"醉"不只是指醉酒,还指陶醉,写作者陶醉于山水美景。

教师用一个个问题把课堂串起来,层层递进,在教学过程中,主要以问答的形式进行，注重与学生互动交流，循循善诱地引导学生理解文章内容。

（四）品析文章，体会情感

在教学过程中，教师注重根据学生的学习规律以及文章的顺序设计教学环节，层层深入，由表及里，体现了语文课程工具性与人文性统一的特点。

片段五：

师：同学们已经读过几遍文章了，在读课文的时候有没有发现文章中句末有很多“也”字呢？这些“也”字有何作用？

生：有判断的作用。

生：有舒缓语气的作用。

师：很好！我们一起来看一下，如果没有这些“也”字，读出来是什么样的感觉。

（放映幻灯片。环滁皆山。其西南诸峰，林壑尤美，望之蔚然而深秀者，琅琊。山行六七里，渐闻水声潺潺而泻出于两峰之间者，酿泉。峰回路转，有亭翼然临于泉上者，醉翁亭。作亭者谁？山之僧智仙。名之者谁？太守自谓。学生齐读）

师：同学们读完之后有什么感觉？

生：觉得有些呆板。

生：有空落落的感觉。

生：好像没有感情，有种话没说完的感觉。

师：那大家带上“也”字再读一遍，仔细体会一下到底有什么不同。

（幻灯片放映，学生齐读）

师：有没有什么不一样的地方？

生：感觉更顺畅。

师：顺畅，对，也可以说加上“也”字使句子更加完整了。

生：读着有种说不出的韵味，更舒服。

师：对，舒缓语调，陈述语气。

生：更能抒发出情感。

师：很好！带上“也”字还有抒发情感的作用。

师：“也”字抒发感情的句子，文中还有吗？

生：醉能同其乐，醒能述以文者，太守也。太守者谁？庐陵欧阳修也。

师：这一句读出来有什么情感呢？

生：带有一种自豪的情感。

（幻灯片放映“也”字的作用）

这一教学环节，教师十分重视学生个体的主观感受，引导学生在朗读过程中运用对比的方法品味句子的意义和情感的不同，给学生留下了深刻的印象，使学生对文章有了更深刻的理解，在这一过程中也学习了文言句式。

片段六：

师：作者在第三段主要记叙了哪些内容？

生：滁人游，太守宴，众宾欢。

师：大家思考一下，作者为什么不把太守宴放在滁人游之前写呢？

生：是为了表现作者以人民为先，与民同乐的思想。

师：对！是为了给太守宴创造一个快乐的氛围，体现出太守与民同乐的旨趣。那么，文中是怎样写滁人游的呢？从哪里可以看出？

生：至于负者歌于途，行者休于树，前者呼，后者应，伛偻提携，往来而不绝者，滁人游也。

师：对的，第三段第一句就写出了滁人游山。歌唱休息，前呼后应，老老少少，络绎不绝。写出了太守治理下的老百姓纵情山水，也突显了太守对滁州治理有方。

师：文中描写宴酣之乐的句子有哪些呢？

生：射者中，弈者胜，觥筹交错，起坐而喧哗者。

师：很好！这些写出了宴会上众宾欢乐的场景。

师：那文中哪句是描写了太守形象呢？

生：苍颜白发，颓然乎其间者，太守醉也。

师：很好！苍老的容颜，满头白发，醉醺醺的，这就是当时太守的形象。

师：这段从滁人游，到太守宴，到众宾欢，最后又落到太守醉上面，有什么作用呢？

生：以周围的热闹环境以及众人游的场景来突出太守。

教师引导学生层层深入，分析文章内容，体会文章中所表达的情感。与学生一问一答，指引学生逐步剖析文章，在一定程度上也测验了学生对课文的熟悉程度，帮助学生进一步理解课文。教学中，教师注重学生的主体地位，鼓励学生去理解文中所表达的意思。在层层递进中引导学生一步步向文章主旨靠近，充分发挥了学生的主观能动性。

（五）探究主旨，领悟内涵

在学生对课文内容以及情感有了较为深入的把握之后，教师进一步提出问题，创设情境，让学生运用想象，身临其境，领悟文章内涵，收获人生启示。

片段七：

师："乐"贯穿了全文，文章第四段都写出了哪些乐？

生：禽鸟乐，太守乐，众宾乐。

师:禽鸟乐是因为山林茂盛,游人离开了。那太守和众宾是为何而乐呢?

生:众宾是因为太守乐而乐。

师:众宾知道太守是为什么而乐吗?

生:不知道。

师:从哪里看出来的?

生:不知太守之乐其乐。

师:同学们知道太守是为何而乐吗?

生:因为与民同乐。

师:很好!除此之外还有吗?

生:山水之乐,宴酣之乐。

师:同学们真的是太棒了!

师:前面写到的滁人游的欢乐场景全是从太守眼中反映出来的。从写滁州百姓之乐中,可以体会出什么内涵?有没有太守之乐在里边?

生:有。可以体会出太守是以百姓之乐为乐的。

师:同学们回答得很好。从写滁州百姓之乐可以看出不管是太守还是百姓,皆畅游山水。这主要是因为太守管理的滁州城政通人和,人民生活安定富足,才可以兴高采烈地出游,这与太守的励精图治是分不开的。

师:文中写到"太守之乐其乐"这句应该如何理解呢?同学们可以根据文章发挥你们的聪明才智交流讨论一下。

生:写出太守因宴会上众宾欢而乐。

生:体现了太守纵情山水之乐。

生:这句话写出了太守看到在自己的努力下人民生活安逸快乐而快乐。

生:太守游山醉酒,酣畅欢宴,借此来排遣被贬的抑郁心情。

师:看样子同学们都认真交流了,大家说的都很好,"太守之乐其乐"其实是点睛之笔。作者在这里含蓄地抒发了自己复杂的感情,体现了作者的爱民之心,既包含寄情山水排遣郁闷的欢乐,也包含看到自己的政绩——政通人和后的欣慰。

探究主旨是引导学生进一步理解文章内涵体会作者情感的重要方式。教师特别注重与学生交流,以互动问答的方式贯穿整个课堂环节,并且在设疑、解疑的过程中让学生对作者的情感有了较为全面的把握。在整个教学过程中,教师重视学生对文章内容理解和对思想情感的感悟,成功运用了讨论和探究的方法,把学生带入到课文情境中,让学生深入文本,实现与作者的深层共鸣,引导学生步步深入地领悟文章内涵,获得人生启示,提高了学生的综合素养。

结语

《醉翁亭记》的教学充分体现了文言文教学设计和实施的特点。案例围绕着培养学生语文核心素养的目标，尊重学生的主体地位，注重学生的言语实践，积累文言文知识，采用了朗读法、讨论法、提问法和探究法等教学方法实施教学，环环相扣，教学节奏张弛有致，收到了明显的教学效果，促进了学生语文核心素养的提升。在教学过程中，指导学生把朗读、品鉴、对话交流等学习方式紧密结合在一起，并根据教学内容、教学目标、学生的学习情况等设计教学环节，带领学生一起体会游山之乐、宴酣之乐以及太守之乐，引导学生领略文中美景，体悟文章内容，感受欧阳修寄情山水的豁达与政通人和的欣慰之情。学生在领悟《醉翁亭记》文本内涵的同时，学习了欧阳修的乐观情怀，获得了人生启示，提升了人生境界。

案例思考题

1. 初中文言文课文在教材中是怎样编排的？如果你来执教《醉翁亭记》，你会怎样设计教学？
2. 简述你对文言文阅读教学内容的理解。
3. 阅读本案例，你是如何看待教学方法设计的？
4. 阅读本案例，简述教师是如何引导学生探究文本内涵的。
5. 本案例为文言文教学带来哪些借鉴与启示？

案例使用说明

1. 适用范围

适用对象：汉语言文学(师范)专业本科生或中学语文教育专业研究生，教师教育相关专业的本科生或研究生，以及在职语文教师。

使用课程：《中学语文教学设计与实施》《语文课程与教学论》《教学设计》《中学语文课程与教材研究》《教学技能》等相关章节。

2. 教学目的

(1) 掌握文言文阅读教学设计与实施的方法与艺术，提高教学能力。

(2) 学习如何赏析语言，体会写法，把握欧阳修的思想感情。

(3) 学习如何引导学生探究文本，领悟文章内涵，学习作者的人生态度。

3. 要点提示

相关理论

教学设计、语文课程与教学、语文学习心理、教学实施与评价

关键知识点

理解文言文内容;掌握重点词句;朗读品析;思考交流

关键能力

研读教材的能力、学情分析的能力、教学设计的能力、教学实施的能力

案例分析思路

使用本案例时,可根据具体课程内容的需求,结合相关的理论与方法,从以下几个方面进行分析。

首先是研读教材,理解教学内容。本案例中教师对《醉翁亭记》的内容与教材编排进行了深刻分析,并进一步思考了如何设计教学才能让学生从更深层面品析字句,领悟思想内涵,掌握学习内容等。在此基础上,利用学生的原有知识经验,并在新的情境中探究新的问题,引导学生积极主动地思考,使学习真正发生。通过教材的分析和对教学内容的处理,使学习者意识到研究教材或教学内容要抓住重点,根据课堂教学需要与学生实际情况进行灵活调整。

其次要把握学生的学习特征设计和实施教学。教师应当了解学生已有的知识和能力水平,提高学生学习文言文的积极性,克服学习文言文的畏难情绪,掌握文言文学习的基本方法。教师要根据学生的已有知识设计教学目标,选择促进学生更进一步发展的教学内容,导入课文要自然,教学环节要紧凑,抓住重点设计问题,组织学生活动,注意随堂评价。实施教学要重点突出,讲究教法,注重教学效果。

再次应引导学生从问题的提出入手进行分析。教材中已有的问题探究是教材编者在理解这部分内容的基础上设计的。实际教学中,可以参考教材设计的问题,也可以根据实际需要设计思考题。本案例中教师提出问题,组织学生朗读对话和品析交流是为激发学生积极性和把握教学内容的关键信息而精心设计的。通过解决问题,学生掌握了《醉翁亭记》的内容,体味了作者的思想感情,培养了学生的语文素养,陶冶了他们的情操。

最后要给学生提供充分思考的机会。在教学过程中,教师提出问题后,并没有急于公布答案,而是让学生自主思考,表达想法。在学生朗读体会情感中,教师请学生回答问题,从而掌握学生对教学内容的掌握情况。在描绘美景中,带着学生想象,让学生还原景物的直观形象,体会作者的情感。在学生提出问题后,对学生的问题进一步追问,引导学生深度思考。教学中,教师一直在鼓励学生自己发现问题,解决问题,在交流分析中理解文章内涵。为此,教师需要有预设,引导学生思

路，注意对教学过程的调整与把握。

此外，本案例体现了文言文教学的特征。通过对本案例进行分析，掌握文言文阅读教学设计的流程和内容，包括如何研读教材以深入理解文言文教学内容，如何进行学情分析，如何在教学中设计与运用问题情境等等，进而从对个别案例的学习上升到对所有文言文教学设计和实施规律的掌握。

4. 教学建议

时间安排：三课时。

环节安排：布置预习，对《醉翁亭记》的内容进行梳理→小组讨论初步的教学设计→小组研读案例并进行汇报→小组合作，选择文言文领域中其他的内容进行教学设计→学生在课上进行教学实践→教师点评。

人数要求：40 人以下的班级。

教学方法：朗读法、串讲法、赏析法、探究法等，以师生的讨论为主，讲授为辅。

工具选择：多媒体、案例资料、录像机。

组织引导：布置任务清晰，预习要求明确；
提供给学生必要的参考资料；
给予学生必要的技能训练，便于课堂教学实践的进行；
对学生课下的讨论予以必要的指导和建议。

活动设计建议：

(1) 阅读《义务教育语文课程标准(2022 年版)》和教材中文言文阅读教学的相关内容，同时查阅相关的教学设计和实施的文献，对《醉翁亭记》内容进行初步的教学设计。

(2) 阅读本案例，有条件的可观看案例视频，独立思考，记录思考与问题。

(3) 小组讨论交流，将最终的小组问题列在记录单中。在小组的交流与汇报中，教师进行点评。

(4) 指导学生在课下对自己的设计进行完善，教师给予必要的建议。

(5) 在进行小组汇报交流时，聆听小组要做好记录，便于提问与交流。

(6) 教师对小组的设计进行点评，适时的提升理论，把握教学的整体进程。

5. 推荐阅读

[1] 付煜. 中学语文课程标准与教材研究[M]. 北京：现代教育出版社，2013.

[2] 何更生. 新编语文教学论[M]. 芜湖：安徽师范大学出版社，2018.

[3] 俞泽峰. 语文教学技能训练[M]. 济南：山东人民出版社，2015.

[4] 李斌辉，王晓敏. 文言文“古为今用”教学策略的理论与实践[J]. 语文教学与研究，2018(17).

口语交际教学设计与实施

——以《讨论》为例

摘要：口语交际能力是现代公民的必备能力，也是关系学生发展的关键能力，在培养学生的语文核心素养和促进学生全面发展的过程中有不可替代的作用。但口语交际教学长期处于边缘化的地位，这需要教师重拾口语交际教学的热情，锻炼教学技能，促进自身专业能力发展。本案例通过统编版语文教材《讨论》一课的教学，展示口语交际教学设计与实施的过程。案例体现出教师在教学环节、小组讨论、拓展训练等方面进行了精心的设计，也反映了教师对口语交际本质的理解、对学情的透彻分析以及对课堂的有效把握。

关键词：初中口语交际；教学设计与实施；《讨论》

背景信息

教材是教师教学和学生学习的重要载体，是实现教学目标和发挥教育功能的重要媒介。语文教材作为教学凭借，代表着国家培养人才的价值取向，体现国家意志，其重要性不言而喻。随着课程改革的不断深入，统编版初中语文教材于2016年投入使用，并于2019年全部取代其他版本的教材，直至2023年该教材还处于修订完善之中。统编版语文教材在编排上相较于过去的教材有了明显的进步。首先，统编版初中语文教材秉承“立德树人”的价值理念，体现了时代价值观；其次，统编版初中语文教材遵循中学生心理发展规律，适合学生认知发展；再者，统编版初中语文教材以语文学科课程理论为依据，夯实了理论基础；最后，统编版初中语文教材遵循义务教育课程标准所提出的关于教材编写的要求，彰显了课程编写理念。这些进步之处在语文教材中都有明确的体现，下文的教学案例就是以统编版初中语文教材的口语交际板块为主的。

统编版语文教材总主编温儒敏曾经提到新教材的“五个板块”，“五个板块”是指教科书中的“阅读”“写作”“口语交际”“名著导读”“综合性学习”①。口语交际是听和说的整合，使用频率高、范围广、日常化，是学生综合运用语文知识与语文能力的体现。《义务教育语文课程标准(2022年版)》明确提出口语交际的目标：“学会倾听与表达，初步学会用口头语言文明地进行人际沟通和社会交往。”②时代在不断向前发展，国际竞争也日趋激烈，社会和时代对人综合素质的要求不断提高，这对学生口语交际能力提出了更高的要求。

从内容上看，统编版初中语文教材的口语交际内容安排有三个层面。第一个层面是口语交际专题。口语交际专题可以分为六个板块，八年级上册分为讲述、应对；八年级下册分为应对、即席讲话；九年级上、下册分为讨论和辩论。基于不同的口语交际主题分别培养学生多样化的口语交际能力。第二个层面是综合性学习和活动探究单元中出现的口语交际内容。例如七年级上册中“有朋自远方来”综合性学习中的自我介绍环节，目的是培养学生正确的交往态度以及从容大方地进行自我介绍的能力。第三个层面是选文阅读后的“思考探究”或“积累拓展”中出现的口语交际活动。例如七年级上册《皇帝的新装》课后练习中的“把握故事情节，并用自己的话简要复述”，这种随文式的思考可以锻炼学生的思维和想象力，能够在思维的碰撞中提高学生的语言概括能力。其中八年级上册的“讲述”、八年级下册的“即席讲话”是侧重于自我能力展现的独白类口语交际专题，主要通过设定情境和主题，提高学生的参与度，调动学生的学习积极性来开展教学；而七年级上册的“自我介绍”“文学部落”、八年级上册的“复述与转述”是侧重于感悟、介绍的口语交际内容，主要通过推介会、介绍会的方式开展，教师引导学生敢于站在讲台上交流自己的感受，表达自己的观点；像七年级下册的“我的语文生活”、九年级上册的“讨论”是侧重于学生表达自己想法的对话类主题，主要通过班级讨论会、交流会的方式来进行；八年级下册“应对”是侧重于劝说、调解类且现实性、应用性强的对话类话题，主要通过情景模拟的方式，把学生带入具体的交际情境，引导学生学以致用。③

案例正文

一、统编版初中语文教材口语交际内容及特点分析

统编版初中语文教材在口语交际内容编排上有三个层面。第一个层面是口语

① 杨梦.现行部编版初中语文教材研究[D].南京师范大学，2018.

② 中华人民共和国教育部.义务教育语文课程标准(2022年版)[S]，北京:北京师范大学出版社，2012:6.

③ 李英楠.统编版语文教材初中年级口语交际教学研究[D].山东师范大学，2021.

交际专题，第二个层面是综合性学习和活动探究单元中出现的口语交际内容，第三个层面是选文阅读后的“思考探究”或“积累拓展”中出现的口语交际活动，下面就来分析这三个层面不同的口语交际内容和特点。

（一）口语交际专题内容及特点

统编版初中语文口语交际专题板块在不同的年级有不同的设计。七年级没有口语交际专题板块，八年级上、下册各有两个专题，九年级上、下册各一个专题。整理如下图：

<table>
<tr><th colspan="2">年级</th><th colspan="2">专题</th></tr>
<tr><td rowspan="2">八年级</td><td>上册</td><td>讲述</td><td>复述、转述</td></tr>
<tr><td>下册</td><td>应对</td><td>即席讲话</td></tr>
<tr><td rowspan="2">九年级</td><td>上册</td><td colspan="2">讨论</td></tr>
<tr><td>下册</td><td colspan="2">辩论</td></tr>
</table>

通过上图，可以直观地看到这套教材在口语交际专题方面的安排有如下特点：

1. 注重口语交际能力的整体性发展，力求梯度性

统编版语文教材的口语交际受到缩减，六本教材一共八个专题。相比于人教版的每册七个和苏教版的每册三个，数量明显偏少，但统编版语文教材更加紧贴课程标准的要求，致力于培养学生口语交际的综合能力。七年级虽然没有编排口语交际专题，但是提出了听他人说话要注意的事项，例如“听话时有礼貌”“注意力集中”等，传授学生关于听的知识，培养学生听的能力。《义务教育语文课程标准（2022 年版）》第四学段“表达与交流”的教学目标第一条是“注意对象和场合，学习文明得体地交流。耐心专注地倾听，能根据对方的话语、表情、手势等，理解对方的观点和意图”；第二条是“自信、负责地表达自己的观点，做到清楚、连贯、不偏离话题。注意表情和语气，根据需要调整自己的表达内容和方式，不断提高应对能力，增强感染力和说服力”；第三条是“讲述见闻，内容具体，语言生动。复述转述，完整准确、突出要点，能就适当的话题作即席讲话和有准备的主题演讲，有自己的观点，有一定说服力”。[①] 八年级教材的专题就紧贴这些目标，对“说”的几个基本方式进行分项训练，逐层深入，提高学生说的能力。九年级的“讨论、辩论”专题则立足于人与人之间的互动交流，让学生了解听话、说话的技巧和方法并综合运用，培养学

① 中华人民共和国教育部. 义务教育语文课程标准（2022 年版）[S]. 北京：北京师范大学出版社，2022：15.

生的口语互动交流能力。听、说能力均为口语交际的重要组成部分，缺一不可，并且层次与难度逐渐递进。统编版初中语文教材的几个专题注重培养学生口语交际整体能力的发展，并且先易后难，由浅入深，力求口语交际的梯度性。

2. 注重口语交际知识体系建构，一课一得

虽然口语交际专题数量减少，但统编版教材的口语交际专题涉及了听、说和互动的能力，构建了口语交际的知识体系。统编版教材中的每个口语交际专题大致分为两部分：知识传授和实践训练，理论与实践相结合，力求学生能够一课一得，避免学生只知理论不懂运用或者只重实践却没有扎实的理论基础。例如八年级上册第一单元的"讲述"专题，旨在帮助学生掌握讲述技巧，培养讲述能力。讲述的技巧非常多，但是教材主要聚焦三个方面："注意讲述的对象和场合""要重点突出，条理清楚，运用一些叙事技巧"和"注意口语表达的特点"。在知识传授部分帮助学生梳理重点内容和注意事项，帮助学生掌握口语交际知识，这样当学生按照所学知识进行实际操作时更有方向感，并且能够在实践的过程中进行恰当的自我评价，巩固理论知识。

(二) 综合性学习和活动探究单元中口语交际内容及特点分析

整合教材中综合性学习以及活动探究单元中所出现的口语交际内容，得到以下图表：

年级		专题	口语交际形式	次数
七年级	上册	有朋自远方来	讨论交流	1
			自我介绍	1
		少年正是读书时	讨论交流	2
		文学部落	讨论交流	1
	下册	天下家国	故事会	1
			朗诵会	1
		孝亲敬老，从我做起	讨论交流	1
		我的语文生活	讨论交流	2
八年级	上册	活动探究：新闻	采访	1
		人无信不立	讨论交流	2
			演讲会	1
			访问	1

续　表

年级		专题	口语交际形式	次数
八年级	上册	我们的互联网时代	讨论交流	2
		身边的文化遗产	讨论交流	1
			答辩会	1
	下册	倡导低碳生活	宣传	1
		古诗苑漫步	讨论交流	1
			评价	1
		以和为贵	讨论交流	3
		活动探究:演讲	演讲比赛	1
九年级	上册	君子以自强不息	讨论交流	1
			故事会	1
			采访	1
			演讲	1
		走进小说天地	故事会	1
			讨论交流	1
	下册	岁月如歌—我们的初中生活	讨论交流	1
		活动探究:戏剧	评论	1

通过上图所示,我们可以清晰地看到,统编版初中语文教材在综合性学习和活动探究单元的口语交际内容有以下特点:

1. 注重发挥学生的主体地位,加强合作学习

新一轮的教育改革提倡“自主、合作、探究”的学习方式,在统编版初中语文教材综合实践和活动探究的口语交际部分,实行教师明确所要研究、讨论的对象,学生分小组合作探究,交流讨论,最后发表集体成果的教学方式。这样的教学模式充分体现学生在课堂中的主体地位,通过学生主动参与学习过程,发挥学生学习的主动性和积极性,提高学生主动探究的意识,培养学生主动探究的能力,并在交流讨论中获取语文知识。在小组交流讨论的过程中,学生要倾听他人的意见,并且通过互动有针对性地发表自己的意见,最后小组要对所有成员的意见归纳总结。这样既有利于培养学生的沟通、交流、反思能力,也能让学生在讨论中体验合作学习的乐趣,培养团队合作的能力。在合作性口语交际任务中,统编版初中语文教材还强调了小组间的任务分工,小组成员要共同对小组成绩负责,这样能够培养学生的集体荣誉感和团队精神。

2. 注重融入社会主义核心价值观,加强思想熏陶

每套教材都有自己的价值取向,党的十八大将"立德树人"确定为教育的根本任务,要求充分发挥课程在人才培养方面的核心作用。统编版初中语文教材不仅在选文阅读方面重视社会主义核心价值观的自然渗透,在综合性学习的口语交际实践活动方面也将社会主义核心价值观的培养融入其中。例如,在八年级上册的"人无信不立"综合性学习活动中安排了"讲述身边的诚信故事"和"说诚信演讲会"等口语交际实践活动,在让学生了解诚信的内涵和价值的基础上,通过口语交际实践培养他们诚信做人的品质。统编版初中语文教材口语交际还特别注重两个"传统",即中国优秀传统文化和革命传统教育的融入,例如"申遗模拟答辩会",让学生了解中国文化遗产,感受中国文化的博大精深,培养学生的民族自信心,增强民族认同感和中国文化保护意识。这样的口语交际实践活动能使学生在潜移默化中得到社会主义核心价值观的熏陶,培育学生正确的世界观、人生观、价值观,进而体现语文课程工具性和人文性相统一的性质。

3. 注重口语交际实践,培养学生的语文综合实践能力

语文是一门综合性和实践性很强的学科,只有通过大量的口语交际实践活动,才能将知识内化为能力。统编版教材主张多向交流,包括师生之间、生生之间的交流互动,全员参与口语交际实践活动,让每一位学生都能够在口语交际实践活动之中感受到口语交际的乐趣,燃起表达的欲望。统编版初中语文教材中的口语交际专题虽然变少,但是每一个综合性实践活动中都包含了口语交际实践,如此编排的目的是防止文本与活动的割裂。口语交际活动并没有脱离文本的学习,但是文本学习是为口语交际活动的展开奠定基础,利用文本中所学知识开展实践,例如采访、模拟演讲、朗诵鉴赏等。这样文本学习与口语交际实践活动相结合的方式更能让学生体会到口语交际实践活动的重要性,培养学生综合运用语文知识进行实践的能力。

(三) 选文课后练习中口语交际内容及特点分析

整合统编版初中语文教材选文课后练习部分的口语交际内容,得到以下图表:

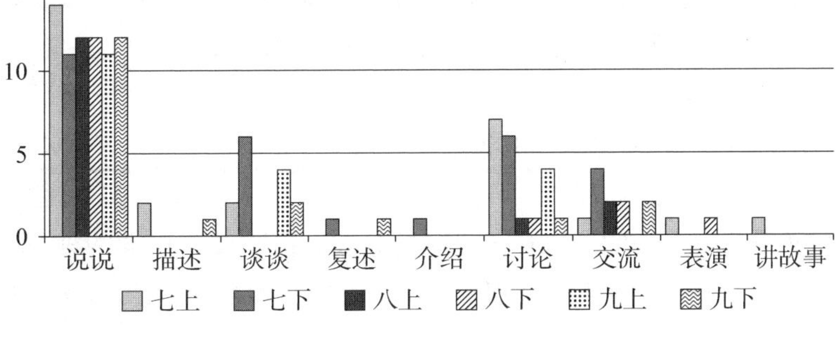

通过上图所示，我们可以清晰地看到，统编版初中语文教材在选文后出现的口语交际内容有以下特点：

1. 注重在阅读教学中渗透口语交际，促进学生对文本的理解

统编版初中语文教材的口语交际专题明显减少，温儒敏解释说："新教材的口语教学表面上要比以往教材少，实际上是分散了，在综合性学习中有安排，在阅读教学中也有所体现。"口语交际能力的培养不是一蹴而就的，需要长时间的训练，而阅读教学作为语文教学中占比较多的部分，必须与口语交际教学相辅相成，相互渗透。阅读的重点在于"信息输入"，口语交际的重点在于"信息输出"。统编版语文教材将课文内容与形式相结合，学生把文本信息转化为内部语言，再通过口头语言表达出来，完成知识的转化和运用，这加深了对文本的理解。阅读教学部分的口语交际内容为口语交际教学提供了可以直接使用的文本，教师可以直接利用文本内容进行口语交际教学，促进学生、教师、文本之间的对话，加强阅读教学中听、说、读、写的有机联系。

2. 利用多种口语交际方式，提高学生的语文素养

阅读教学中的口语交际可以分为三种形式，分别为：独白型、对话型和表演型。统编版语文教材阅读板块的独白型口语交际占绝对优势，对话型次之，表演型最少。独白型口语交际，如"说说你的看法""谈谈你的见解"，重点在于"师生互动"。学生紧贴文本，根据一定的文本内容发表自己的看法和主张，教师再加以引导，有利于学生体悟文本所要表达的情感，把握文章主旨。在具体教学情境中，教师所选择的课程内容应该随着学生的参与情况而改变，在阅读教学时与口语交际相结合，教师能够更好地了解学生对知识的掌握情况，以更好地促进阅读教学的顺利进行。对话型口语交际，例如"讨论""研讨"，重点在于"生生互动"。每个学生在阅读时对文章的理解可能不相同，在阅读教学时让学生就某一问题进行讨论交流，不仅能让学生在交流中提高口语交际的能力，还能让学生在交流的过程中发生思想上的碰撞，促进思维的发展。表演型口语交际，例如"角色扮演""辩论会"等，重点在于"情境互动"。根据一定的文本内容在一定的情境中让学生进行表演，可以活跃课堂气氛，提高学生的课堂参与度。同时表演型口语交际能够培养学生的应对能力、思维能力，发展学生的综合表现能力，有利于学生的个性发展。

二、实施初中口语交际教学的建议

实施口语交际教学，教师应准确理解义务教育语文课程标准的理念，把握学生核心素养发展的规律，创造性地开展教学，创设真实而富有意义的学习情境，凸显口语交际教学的实践性。

（一）实施多板块统筹教学策略，拓展口语交际教学主题

口语交际教学任务并不是完全独立于其他教学板块的，温儒敏把语文教学板块分成“阅读”“写作”“口语交际”“名著导读”“综合性学习”五个板块，教师应该将这五个板块融会贯通，生成适合教学的口语交际主题。温儒敏提到：“新教材的口语教学……有些习题就设计了课堂的讨论，也是口语表达的练习。”另外“听说读写”本来就是紧密结合无法分割的整体，因此语文教师要统筹好四者的关系，把口语交际与其他三者有机地融合在一起。教材中也出现了相关的练习，有的在课后的练习题中，以角色扮演、讨论、辩论等形式出现；有的在单元的综合学习中出现，比如七年级上册，以“有朋自远方来”为主题展开“讨论与交流”和“自我介绍”，教师要抓住组织学生练习的机会，根据原文或者单元主题拓展口语交际内容，丰富教学资源。

（二）创设多样化教学情境，促使口语交际生活化

语文的外延等于生活的外延，语文教育家陶行知提出“生活即教育”，认为语文要与生活建立紧密联系。口语交际的内容和主题应来自学生熟悉并且感兴趣的生活，只有具备这样的生活基础，学生才能沉浸式地进行口语交际。因此教师需要根据学生的身心发展和时代的潮流捕捉现实生活中精彩的画面，用具有感染力的语言和多媒体设备，创设丰富多彩的口语交际情境。比如在统编版九年级上册语文教材第五单元《讨论》中，有一个练习题是“中学生上学应不应该带手机？为什么？”这是与学生的学习生活密切相关的话题，必然会引起学生热烈的讨论。这种贴近生活主题的讨论可以激发每个学生分享思想的欲望，让学生全部参与进来。但是教师需要确保的是，课堂的氛围应该是民主、平等、和谐的，教师要鼓励学生畅所欲言，对学生的讨论给予回应和反馈，以促使口语交际生活化。

（三）选择恰当的教学方法，提高口语交际水平

初中语文口语交际的形式主要有：讲述、复述、应对、即席讲话、讨论、辩论、演讲等。以九年级上册的“讨论”为例，口语交际的讨论，与一般意义上的交谈不同，讨论要围绕着议题展开，有的放矢，突出重点，切不可东拉西扯，离题万里。这种形式的教学要求每个参与讨论者都要积极发言，理性客观地发表意见，坦诚谦虚地对待不同看法，保证讨论在互相信任、互相帮助的氛围中进行。因此教师为了确保讨论的有序进行，需要选取合适的方法。例如选择情境教学法，创造一个激发学生主动参与口语交际的情境，之后分组讨论，教师总结观点。但要注意的是在课堂讨论

时，有些小组看起来说得热火朝天，却难以形成成果，其重要原因就在于讨论时跑题，甚至把讨论变成了漫无边际的聊天。教师需要在讨论过程中进行一定的指导，提醒学生贴合主题，分派一定的任务，必要时给予一定的纪律约束。也可以采用表演法、头脑风暴法、探究法、合作学习法等。总之，应根据口语交际教学的需要，灵活选用教学方法，只有这样才能加强口语训练，提高口语交际水平。

三、《讨论》的教学设计与实施

下文将分析口语交际《讨论》的教学设计与实施，以展示口语交际教学目标、重难点、教学过程和教学方法等。

（一）创设情境，问题导入

导入是一堂课的起始环节，但也容易被许多教师忽视。教学的导入环节既不能过于冗长，但也不可缺失。导入的目的之一是创设教学情景，它关系到整体教学进程的推进和展开，影响学生的学习内容和过程体验。这堂课，教师总结以往教学经验，针对学生的口语交际能力发展的需要，选择了问题导入，引发学生的思考，从而引出此次口语交际的主题。

片段一：

师：同学们下午好！咱们开始上课！

生：起立！老师好！

师：同学们好！老师有一个很喜欢的作家，他叫萧伯纳。他曾经说过这样一句话：你有一个苹果，我有一个苹果，互相交换，各自交换得到一个苹果；你有一种思想，我有一种思想，互相交换，各自得到两种思想。

（大屏幕出示名言）

师：大家一起来思考一下：萧伯纳的这句名言在强调什么？

生：大概在强调交换的重要性。

师：嗯！不错，大概意思是对的，可是具体交换什么呢？有没有同学可以说得更加具体一点。

生：我认为交换的东西很多，但是萧伯纳这句话明显是在强调交换思想，也就是交流。

师：非常好，你的见解很深！两位同学都找到了关键点，这句话其实本质上就是交换、交流、沟通对吗？

生：对！

师：联系到本单元的内容，我们不妨把交流换成讨论。同学们在学习中需要互相讨论，在讨论中的思维碰撞可以产生很多知识的结晶，正如萧伯纳所说的“你有一种思想，我有一种思想，互相交换，各自得到两种思想”，那么同学们，你们觉得讨论重不重要呀？

生：非常重要！

师：不管是学习还是生活，我们经常需要与他人进行讨论，以解决共同面临的问题或者达成某种共识。既然如此，那就让我们一起走进今天的《讨论》，看看我们应该怎么进行讨论。

（板书：讨论）

这节课的主题是讨论，但是上课开始教师并没有直接点出讨论的主题，而是由问题导入，引导学生思考萧伯纳的名言到底有怎样的深刻意蕴。一方面，作为教师准备的课外资源，丰富了学生的知识储备；另一方面，也锻炼了学生思考问题的能力，即抽象概括能力。教师在引导学生思考的过程中，将学生的思维带入一个更高的层次，也使学生逐渐认同讨论的重要性。值得肯定的是，执教者是一名经验丰富的教师，不喜欢过于夸张的开场方式，九年级的学生心智逐渐成熟，也不喜欢过于花哨的方式。这个年龄阶段的学生喜爱思考，因此老师选择引导学生思考作为课堂的起始。

（二）探究新知，深化理解

1. 明确讨论的含义

所谓讨论，是指就某一问题交换彼此意见。

2. 事例分析，明确讨论的原则

片段二：

师：刚才我们明确了讨论的含义，包括课本中也有相关的定义。我想请同学用最简洁的话来概括讨论的涵义。

（学生踊跃举手，课堂氛围热烈）

生：讨论就是双方根据某一个主题交流各自的意见。

师：没错，非常好，很简洁地概括出了讨论的含义，请坐！

……

师：既然大家都对讨论有了明确的认识，那么老师就要考考大家对这个概念的理解，你们准备好了吗？

生：准备好了。

（师走下讲台，随机找了一位学生发问）

师:你今天早上吃饭了吗?

生:吃了。

师:吃的什么?

生:鸡蛋和小米粥。

师:那你中午打算吃什么?

生:吃排骨和米饭……

师:好,同学们,刚才我和这位同学展开的对话是讨论吗?

生:不是,这是在谈话。

师:你们说得很好,这是我们之间的对话,是在交谈。那么这种交谈与我们平时在课堂上进行的讨论之间有什么区别呢?大家思考一下。

生:有区别。交谈是随意性的,想谈什么就谈什么,而讨论有规定的主题。

师:你说得非常好,基本抓住了这两个概念的核心。哪位同学再来补充一下呢?

生:我也认同刚才那位同学的说法,但是我想补充的是,讨论会让双方得到一定的东西,可能会产生心得想法。

师:嗯,没错。这两种虽然都是你一言,我一语,相互引发、交织进行的。但是交谈是现实生活中你、我、他面对面的言谈交际,带有许多随机成分和散漫性。而讨论要围绕着某一议题展开,要突出重点,切不可东拉西扯。因此讨论非常重要的一点就是——紧扣议题。

(板书:紧扣议题)

……

师:刚才咱们总结出了讨论的关键原则——紧扣议题,课本上罗列了大家在讨论过程中应该遵循的原则,大家快速地浏览一下,大概五分钟时间,马上我们就要开始实战演练了!

在这个片段中,教师首先让学生明确讨论的概念,在对学生讲授概念后,突如其来的随堂测验把学生迅速带入学习状态中。通过教师与学生对话这个简单的例子,学生能够迅速分辨讨论和对话的区别,在老师的鼓励下,学生参与感很强,即使有的学生没有发言,也对讨论和对话的区别了然于心,再一次加强了对概念的理解。学生在对概念理解的基础上自然而然就会总结出讨论的核心——紧扣议题。在课堂中,学生真正成为学习的主人,发挥了学习的主动性。

3. 实例分析,深化讨论原则

(PPT 出示口语实践第一题的事例)

甲:我觉得应该放古代文化名人的塑像,比如孔子、孟子、老子、庄子、司马迁等，这样才有中国味。

乙：你要把咱们学校变成国学馆是吧？就知道古代，古代就好吗？照这么说，你干脆穿长袍来上学得了。

丙：我也觉得不能只有古代文化名人的塑像。我们是现代中学生，要全面发展。我觉得托尔斯泰这样的外国作家，爱因斯坦这样的大科学家的塑像都可以考虑。

丁：各位，我们是不是应该把思路打开些？不要总盯着作家、思想家、科学家嘛，革命先烈、英雄模范的塑像也应该在校园里占有重要的位置。

片段三：

师：看了这几个同学的讨论记录，你觉得他们表现得怎么样呢？有哪些值得我们学习的地方，又有哪些需要改进之处呢？可以小组讨论，记得要参照课本中的表格进行评价。

小组1：甲、丙、丁三个同学的表现很好，都积极发言，表达出自己的看法，提的意见比较中肯。

小组2：我们认为乙同学的表现不好，语气生硬，态度强硬，不知道尊重他人。讨论问题时，容易产生矛盾。

小组3：我们小组也觉得甲、丙、丁三个同学，都将自己的想法以合适的方式表达出来了。

师：大家的想法老师也很认同，讨论问题时大家都应该积极参与，虽然大家的观点不是那么完善，但是讨论就是让“不成形”的观点之间碰撞出火花。只有言无不尽，互相启发，才能达到最好的讨论效果。因此每个讨论者应该怎样做？

生1：应该踊跃发言。

生2：积极地将想法表达出来。

师：很好，我们总结一点就是“言无不尽”。

（板书：言无不尽）

师：同学们，我们都知道老祖宗给我们留下了很多宝贵的财富，其中非常重要的一项就是礼仪，要以礼待人。当我们不认同他人的观点时，我们也要包容与合作，理性发表自己的意见，要虚心对待不同的看法，扬长避短，文明表达，案例中的乙同学语言粗鲁，违背了讨论的原则。哪一项原则呢？

生：包容合作！

（板书：包容合作）

在该片段中，教师的目的是让学生对讨论原则有真切的感受，教材中虽然对讨论的原则和要求有十二字概括，但学生往往缺乏真切感受。本环节中，教师让学生对教材中的练习题进行小规模演练，激发学生的学习兴趣，从练习中归纳、深化讨论原则，符合学生的心理特点。

（三）情景模拟，践行规则

讨论主题

中学生在校内使用手机已经非常普遍，学校对学生在校使用手机有明确的规定，有些学校禁止中学生带手机进校，大家对学校的做法有什么意见和看法？就此问题召开一次班级讨论，每个人发表自己的看法，最后由主持人总结大家的发言。

● 讨论准备阶段

1. 确定讨论观点。由学生自由组合（四至六人）商讨确定观点。

2. 搜寻论据。针对观点，搜集论据。

3. 整理所收集的论据，组内讨论。猜测对方的论证思路，设计应对策略，做好前期准备。

4. 教师公布具体讨论规则，包括主持人保持中立、参与者发言机会均等、发言的观点要明确、发言的时间和次数受限、不同问题依次讨论、就事论事、文明表达、尊重发言的完整性等。

● 讨论进行阶段

1. 教师宣布议题，交代议题含义和讨论目的，说明讨论程序，突出要求，鼓励畅所欲言。

2. 小组代表围绕议题发表意见，阐明理由和根据。

片段四：

师：同学们，讨论的规则大家应该都很了解了，现在我们就围绕“中学生应不应该在学校使用手机”这个议题进行讨论。大家各自准备自己的观点，畅所欲言，待会请一组成员展示讨论过程。

（学生讨论 8 分钟）

小组 1 展示：

生 1：我担任主持人的角色，下面宣布议题：中学生应不应该在学校使用手机？大家自由发表意见，时间不要太长。

生 2：我觉得不应该。这会对学习造成严重影响。一些学生在午休、睡前、半夜甚至课堂上玩手机，几乎达到痴迷状态，不但严重影响了自己正常的学习和休息，也影响到其他同学。

生 3：我觉得应该。携带手机能方便与家长联系，便于家长关注孩子的行踪，方便家长对孩子的管理和教育，有效防止不良事件的发生。特别是住校学生，使用手机大大便利了家长的接送，在当今复杂的社会背景下，发生意外事情时也可以随时联系呼救。

生 4：不应该。手机给未成年人带来辐射，严重影响他们的生长和发育。沉迷于手机的中学生一天好几个小时都盯着手机屏幕，会给眼睛带来疲劳，影响休息，浪费精力。

生 2：我认为我们学习累了的时候可以用手机听音乐的方式来放松心情，其实是有利于学习的。

生 5：我觉得恰恰相反，咱们都知道我们现在还没有那么强的自制力，如果没有时间约束，不可能自己放下手机的，所以我认为还是不要在学校使用手机。

……

生 1：大家还有其他想要表达的想法吗？如果没有的话这次讨论就结束了。

（小组 1 结束发言后，其他同学贡献了震耳欲聋的掌声，课堂气氛被带动起来了，大家很喜欢这种学习节奏，脸上都挂着喜悦的笑容）

师：很好！请坐！大家觉得这个小组表现得好不好！

生：好！

师：你们的发言很精彩，小组五位同学都将自己的想法表达得很好，我真的非常惊讶！这是你们的发光点，但是我觉得唯一美中不足的是主持人的总结不太完美。你们觉得呢？

（有个别学生举手）

生 6：老师，我觉得主持人应该总结一下两种不同观点，做一个小结，这才算一个完整的讨论过程。

师：嗯！你简直是把我的心声说了出来，虽然主持人要保持中立，但是并不代表就要回避双方的观点，而是应该在讨论结束时总结他们各自的观点，大家记住了吗？

生：记住了！

师：现在我来担任主持人的角色，大家作为讨论的成员，还要找出两位议题的记录者，两位点评者。

（学生自愿举手，敲定角色分配，进行讨论）

……

这个讨论过程很精彩，学生参与度很高，课堂气氛非常热烈。教师首先采用小组讨论的方式让学生体会一下讨论的流程，并针对学生的表现给予反馈和意见。学生在这个阶段能够进一步加深对讨论的理解并且学会讨论的流程。接着教师组织全班同学参与讨论，自己担当主持人的角色，展示了一次结构完整的讨论过程。

（四）课堂小结，畅谈感受

片段五：

师：这一次的讨论主题是“中学生上学该不该带手机”，大家都准备得很认真，收集了大量的素材并进行了小组讨论。在这次讨论中，你们有什么收获吗？

生1：讨论是一种交流的方式，我在讨论的过程中学到了很多知识。

生2：当我担任主持人的时候，我必须保持中立，不能偏袒某一种观点，而是要总结不同的观点。

生3：我觉得我以后在问题的解决上，会经常采用讨论的方法来表达自己的观点和采纳他人的观点。

师：想必这些都是大家在这堂课所收获的内容。当面对一个问题，我们有自己的看法的同时不妨与他人讨论讨论，集思广益，交换彼此的思想，那样你就有了两种以上的思想。讨论能让我们的思想碰撞，在以后的学习和生活中，我们也要继续运用讨论的方法来促进我们思想的发展。

师：非常短暂的相处，让我们了解了彼此，希望这节课你们学得开心！大家不妨在课下组织一个讨论，就以教材中的练习2为主题。这节课就上到这里，下课！

在课堂的收尾阶段，教师请学生自己总结这一堂课的收获，再次将课堂交给学生，学生畅所欲言，这何尝不是一种讨论呢？再一次点题，学生纷纷表示很喜欢讨论这种形式，可以获得其他不同的想法，拓宽了自己的视野。总结下来，整堂课的教学氛围很好，结构紧凑，学生的参与度很高。在结课前，教师让学生自由表达这堂课的收获，尊重了学生的主体性。

结语

《讨论》是统编版九年级上册语文教材第五单元的口语交际板块的内容，虽然讨论法是教师上课时经常用到的方法，但是又与口语交际——讨论板块有所不同，这节课的学习目标应该定位在学生了解讨论的原则，培养讨论的能力上。这堂观摩课展示了学生在学习中的主体性如何得到保障，也体现了教学的科学性与艺术性的统一。九年级的学生思维独立性逐渐展现，应该用循循善诱的方式激发学生的求知欲，培养他们的学习兴趣。在案例中，教师通过语言的引导和有层次的提问使学生逐渐掌握与讨论有关的知识，辅之以实践演练，对讨论的知识进行了实践和巩固，发展了学生的语文综合运用能力。

案例思考题

1. 如果你来执教口语实践板块的《讨论》，你会怎样设计？
2. 阅读本案例，简述这位教师进行口语交际教学的特点。
3. 阅读本案例，你是如何看待教学中的课堂讨论的？
4. 本案例《讨论》的教学设计与实施给你带来了哪些启示？

案例使用说明

1. 适用范围

适用对象：汉语言文学（师范）专业本科生和学科教学（语文）专业研究生，教师教育相关专业的研究生，以及在职语文教师。

适用课程：《中学语文课程与教材研究》《中学语文教学设计与实施》《教学设计》《课程与教学论》《教学技能》等相关章节。

2. 教学目的

（1）获得对初中语文口语交际教学方面设计与实施的知识与经验，提高教学设计能力。

（2）从专业角度，深入思考初中口语交际教学的相关知识与实践问题。

（3）提高对中学语文口语交际内容本质的理解与把握。

3. 关键要点

相关理论

教学设计、语文课程与教学论、语文学习心理、教学实施与评价

关键知识点

初中口语交际内容的本质理解；口语交际教学设计；教学实施和评价

关键能力

研读教材的能力、学情分析的能力、教学设计的能力、教学实施的能力

案例分析思路

使用本案例时，可根据具体课程内容的需求，结合相关的理论与方法，从以下几个方面进行分析。

第一，对教学内容的理解与教材的研读。本案例中的教师对《讨论》一课的内容本质进行了深入分析，将预设与生成相统一。口语交际教学的目的是锻炼学生的口语表达能力，并且能将所学知识运用到生活实践中。而语言的运用不可能脱

离具体的运用情境，因此情境的创设非常重要。通过创设实际运用的情境，采用合理的口语交际形式，在实际锻炼中培养学生的口语表达能力。在本案例中，教师没有对理论进行过多的讲解，而是给了学生很多实践的机会，引导学生在运用中总结讨论的原则，学生既发展了实践技能，又掌握了理论知识。

第二，把握学生的学习特征设计口语交际教学。学生是学习的主体，教师在备课时应该考虑学生的学情，根据学生的实际情况进行备课。学生的认知特点非常重要，关系到一堂课的成败。九年级的学生已经具备了简单的抽象思维能力，而且他们活泼好动，表现欲强，倾向于独立思考，有了独立解决问题的能力。因此教师应当正视学生的学习特点，选择贴近学生生活的主题加以讨论，鼓励他们各抒己见，观点互享，落实口语交际教学的要求。

第三，教师要善于创设情境，激发学生口语交际的兴趣。在教学过程中，教师巧妙设计讨论的主题，明确讨论的原则，激发学生的好奇心，引发学生的讨论和思考，使教学在轻松愉快的氛围中进行，不仅有利于培养学生讨论的兴趣，还能在一定程度上提高口语交际教学质量。情境教学法是很重要的一种教学方法，教师要为学生创设不同的学习情境，改变学生被动参与的状况，激发学生的主动参与讨论的意识，对口语交际产生兴趣，主动地去讨论交流。在口语交际教学实践中，教师可为学生创设具体多样的真实情境让学生在情境中完成讨论的任务。

第四，教师要为学生提供口语交际练习的机会。练习法是教师在教学过程中经常会用到的方法，教师要根据教学目的安排一定的练习任务，以达到巩固所学知识，提高教学质量的效果。学生在练习时能够有效地将知识联系实际，从而达到全面发展。口语交际是需要学生主动张开嘴巴练习的活动，掌握理论知识是远远不够的，要落实在实际训练中，因此在课堂上教师就要鼓励学生参与到练习中去。

4. 教学建议

时间安排：一课时。

环节安排：以问答引发学生思考，展开本课内容→探求“讨论”概念，明确讨论原则→利用案例，初步感受原则→实战演练，小组展示，深化理解→教师总结，学生畅所欲言谈感受。

人数要求：40 人以下的班级。

教学方法：情境教学法、小组合作法、讨论法、练习法等。

工具选择：多媒体、讨论材料。

组织引导：教师布置讨论任务清晰，要求明确；

提供给学生必要的讨论参考资料；

给予学生必要的讨论技能训练，便于课堂教学实践的进行；

对学生课下的讨论予以必要的指导和建议。

活动设计建议：

（1）阅读《义务教育语文课程标准(2022年版)》和教材中《讨论》一文的相关内容，同时查阅相关的教学设计和实施的文献，对《讨论》一课进行初步的教学设计。

（2）阅读本案例，有条件的可观看相关案例视频，独立思考，记录思考与问题。

（3）小组讨论交流，将最终的小组讨论列在记录单中。在小组的交流与汇报中，教师进行点评与提升。

（4）指导学生在课下对本节课的收获进行总结，教师给予必要的指导。

（5）在进行小组讨论交流时，聆听小组要做好记录，便于提问与交流。

（6）教师对小组讨论情况进行点评，适时的提升理论，把握教学的整体进程。

5. 推荐阅读

[1] 张欣，姜良存. 叶圣陶说话训练思想对口语交际的指导意义[J]. 语文建设，2021(12).

[2] 夏家发，康晓盟. 统编版教材口语交际教学：异步累进，整体发展[J]. 语文建设，2020(22).

[3] 李夏. 如何把语文口语交际教学中的“创设语境”落到实处[J]. 内蒙古师范大学学报(教育科学版)，2014(11).

写作教学设计与实施(一)

——以七年级上册《写人要抓住特点》为例

摘要:写作是中学语文教学的重要环节,也是教师在教学中较难把握的一个环节,能否让学生准确把握题目立意游刃有余地写出一篇佳作,进而成为一名高效的学习者是目前作文教学面临的问题之一。所以,温儒敏提及统编版教材说:"写作课很难教,写作教学内容编写也很难,几易其稿,也未能达到理想状态。"但统编版教材还是突破了既有写作教材模式,开辟了新的写作教学道路。本案例通过关于统编版七年级上册语文教材写作教学展示课的教学设计,分析初中写作教学的要点和思路,以利于培养学生的语文素养,提高写作教学的效率,促进学生的精神成长。

关键词:初中写作教材;教材分析;教学设计与实施

背景信息

教材是各门课程进行教学的依据,承载着传递各门课程具体内容的任务,也是教育工作者们关注的一个重要话题。2017 年 9 月秋学期,由教育部统编,温儒敏主编,人民教育出版社出版的义务教育语文学科教材在全国范围内投入使用,与以往的语文教材相比较,统编版语文教材更加注重传统文化的渗透,更加注重培养学生的语文素养,而其中写作部分的编写,则是该教材最大的一个亮点。

在此次统编版教材中,每一个写作训练部分都包括了导语以及写作实践两大部分。写作导语通过对每一次写作训练要点和注意事项进行清晰、明了的点拨,使写作教学具有明确的方向性和鲜明的导引性,为接下来写作教学的正式开展打下了良好的基础。因此,学生对导语进行阅读之后,也就有了不少关于写作的想法,从而对每次写作更加得心应手,同时也掌握了许多的写作方法和技巧。写作实践部分涵盖了三个写作实践活动,内容与前面的写作主题相照应,方式丰富多彩,每个活动还会搭配对此次写作的一些提示。这样的写作实践设置贴近学生日常生活，指导细致入微，对于学生写作能力的养成帮助极大。可以说编者把自己当成了一名普通的初中生，用初中生的眼光和掌握知识的程度去思考，同时在其中进行有效地指导，但这种指导并不意味着将自己的思想强加于学生，而是充满灵活性，给了学生自身巨大的思考空间，对于其良好思维习惯的养成具有巨大的意义。

统编版初中语文教材写作部分的特点主要有以下四点。第一，以单元作为写作训练的基本单位，层层推进。统编版初中语文教材十分重视写作训练，仅初一两个学期就有 12 次写作课，每个单元 1 次。统编版初中语文教材更加注重教学的循序渐进，通过科学的方法让学生掌握写作的技巧。七年级上册将写作教学的重点放在了学生写作兴趣的培养和良好的写作习惯的养成上。第二，主题与教材的选文有着极大的联系。统编版初中语文教材的写作部分，大部分都是以本单元的课文作为示例进行具体指导。学生在学完一个单元的课文之后，必然会对在该单元所积累的语文知识有极其深刻的印象，并且对其如何运用在文本中有基本的认识。第三，在实践中锻炼学生的写作能力。为了落实语文课程标准的要求，使写作更加贴近学生的现实需求，每个写作训练都采用浅显易懂的语言表达训练的要求以及具体注意点，大多数初中生均可自行领悟并展开训练。同时，统编版初中语文教材紧紧抓住学生的兴趣点，用学生在日常生活中容易产生想法或问题的地方作为写作训练的对象，大大激发了学生写作的热情和积极性。第四，在点拨和提示中进行写作。统编版初中语文教材写作部分的导写完全抛弃了空洞乏味、晦涩难懂的理论，在关键处都会有恰到好处的点拨和提示，来解决学生在写作过程中遇到的问题，从而预防学生写作半途而废，同时也能够在一定程度上提高学生的写作质量。

统编版初中语文教材写作部分的教学建议。首先，遵循语文课程标准的导向。《义务教育语文课程标准(2022 年版)》第四学段(7～9 年级)对于写作目标的具体要求分散在基础型学习任务群、发展型学习任务群和拓展型学习任务群中，概括起来就是要重视养成最基本的写作习惯，培养重视写作的意识，认真指导学生的写作过程，仔细指导学生对自己的文章进行自我修改，重视写作次数、字数等量的积累。其次，深入研读文本，聚合已学课文的力量。有很多人不知道提高写作能力从何入手，教师在对教材中的选文进行教学时，要有的放矢，将其中的知识点讲全讲透，不仅要让学生明白每篇课文所要掌握的知识点是哪些，而且要让他们知道这些知识点是如何在选文中体现的，对于选文中的一些名段名篇，亦可组织学生进行仿写，或是将学生写的相关作文与其进行比较，使学生清晰地了解到自己的优劣得失。再次，学会利用广泛的语文课程资源，丰富自己的写作内容和形式。语文课程资源与学生的日常生活有着十分紧密的联系，而写作的来源正是学生平时的所见所感，因此，教师要充分挖掘并吸收一定的语文课程资源；同时，语文课程资源因为具有极大的包容性，这让学生在接触它的过程中有更为丰富的生活体验，并且将这种体验与课文有机结合，促进学生对教学文本的理解和感悟。最后，将个别指导与集体讲评相结合，做好学生作文的批改工作。好文章是修改出来的，但并非文章经过别人的修改后就一定能提高自身的写作水平。对于在写作中出现的共性的或较为明显的问题，我们可以在作文评讲课中一起指出，而对于那些个性的或是较为低级的写作错误，我们则可以将犯这些错误的学生叫来，进行有针对性的个别辅导。

案例正文

一、理解统编版语文教材七年级上册写作的编排特点

统编版初中语文教材吸收了诸多教材版本的编写经验，采用“人文主题”和“语文要素”双线结构，整体规划，在写作教学的安排中按照学生写作的规律和方法来安排，考虑到了写作教学的科学性、时效性和创新性。

（一）以兴趣为导向的写作

亚里士多德认为：“古往今来人们开始探索，都应起源于对自然万物的惊异。”当人们对一个事物或一项活动生发出积极的心理倾向，就会对该事物产生极大的热情或热衷于参与这项活动，这是兴趣使然。在写作教学过程中从兴趣入手，激发学生对生活的热爱，对写作的热情。只有产生了兴趣，学生写作才会流露真实生活的情感，才会在写作中审视自己的精神现状、社会生活的现状和民族发展的现状。

提及写作，学生们往往避之不及，不仅喊出“前有周树人，后怕写作文”的口号，在他们的大多数作文中频繁出现相似的生活经历和僵化的记事老三段思维，学生们对于写作活动没有染上积极的情绪色彩，写作也无法被他们接受和喜爱。

统编版语文教材七年级上册第一篇写作单元开宗明义：热爱生活，热爱写作。叶圣陶在《作文论》中说：“‘要写出诚实的、自己的话’，空口念着是没有用的，应该去寻到它的源头，有了源头才会不息地倾注出真实的水来……知道这源头很密迩，很广大，不用外求，操持由己，就是我们的充实的生活。”生活是写作的源泉，对生活有所感对写作才有兴趣。在“热爱生活，热爱写作”教学中，教师将书面语要求口语化地表达出来，以平易近人的态度、温和亲切的语气与学生对话，让学生放下对写作的畏难心理，放下写作条条框框的束缚，引导他们贴近生活，亲近自然，鼓励他们抒发真挚的情感，表达真实的感受；另一方面，教师又创设情景，测试学生对细节的

观察,如“爸爸每天到家后第一件事做什么”“校园里最安静的角落在哪里”“你的语文老师最喜欢穿什么颜色、什么样式的衣服”,通过唤起记忆,训练思考的方式引导学生留心生活,创意表达。

在整本教材中,每单元的写作渗透了以兴趣为导向的理念。在“写人要抓住特点”里插入了鲁迅和爱因斯坦照片和漫画的对比图,给学生强烈的视觉刺激,促使他们带着浓厚的兴趣阅读文字,教师会适时点拨,明确写作的要求,这比起传统的直接教学生抓住人物性格、外貌、特征写作更具启发性。“思路要清晰”“如何突出中心”等是以图表的方式呈现,要求学生完成填表,从填表到思考,从感性认识到理性表达,学生的写作兴趣大大提高,同时其思维也会发散,思路也会拓宽,认识也会深刻。

本案例中,教师在教学中不直接提供写作素材,而是让学生自己感悟生活,积累素材,也不是单纯地教学生怎么写,而是从写作的人文性考虑,激发他们对写作的兴趣,引导他们回归充实的生活,主张他们去认识自我,观察周围的人和事,进而自由地抒发内心的情感。

(二)与阅读相结合的写作专题

叶圣陶先生说过:“阅读是吸收,写作是倾吐,倾吐能否合乎法度,显然与吸收有密切关系。”①统编版初中语文教材也没有割裂这种联系,七年级上册的写作部分的编排与每单元的阅读内容相配合,在教学过程中,教师提倡由读悟写,读以致写。以第六单元写作“发挥联想和想象”为例,这一单元的阅读以“想象”为主题,课文囊括童话、诗歌、神话和寓言等,《皇帝的新装》荒诞离奇,《天上的街市》缥缈美好,《女娲造人》想象奇特,《寓言四则》滑稽可笑。教师通过这些作品中丰富新颖的联想和想象,激发学生运用大胆、新奇而合理的联想和想象去构思文章,拓展学生写作的思路,丰富学生语言的表达。教师认为阅读不仅有利于学生积累素材,丰富思想,也能促进学生表达能力的发展,而且学生学习这些奇幻的作品,也能丰富他们的感性认知。教师指导学生将课文创作的表达方法、艺术技巧用到写作上,可以使他们的写作有较大的借鉴与创新的自由度,实现从读到写的迁移。

统编版语文教材写作与阅读结合的同时,形成了写作独有的专题体系。统编版教材避免了弱化知识体系,坚持“一课一得”理念,作文教学亦是如此,案例中教师针对统编版初中语文教材的特点,不再笼统地去教学生构思框架,面面俱到地要求学生,而是根据专题由点到面,由浅入深,细化教学,使学生每节课都有所得。第

① 叶圣陶.叶圣陶语文教育论集[M].北京:中国教育科学出版社,2018.

三单元课文主要写学习生活，每篇课文都出现了伴随学习生活某个记忆点的人物，通过正面或侧面的描写塑造了性格鲜明的人物形象。在作文章节，教师重点强调写人要抓住人物的特点，让读者一读就知道他是谁，避免了学生刻板的思维和一写人就两只眼睛一张嘴的习惯；此外，教师指导学生写人要抓住特点，点拨了学生描写人物要从外貌、语言、动作、性格、品行、心理活动等与众不同的地方着笔，不能局限在外貌上，进一步要求学生善于观察，留心发现以获取作文鲜活的素材。

本案例中的教师善于结合文本开展有效的序列化教学。统编版初中语文教材七年级上册写作的专题体系还体现在专题间的循序渐进，层次分明。教师从培养学生的写作兴趣和良好的写作习惯开始指导学习记叙文，从写作要点"学会记事"和"写人要抓住特点"到写作方法"思路要清晰""如何突出中心"和"发挥联想和想象"一步步深入，由简趋繁，层层递进，符合学生的认知和思维发展规律。这种设计不仅有利于学生在螺旋式学习中切实提高写作能力和更高层次的语文素养，也使语文教学有一定的梯度。

（三）以学生为主体的写作实践性

《义务教育语文课程标准（2022 年版）》教材编写建议提到："教材要体现时代特点和现代意识，要适应学生的认知特点和身心发展水平，密切联系学生的经验世界和想象世界；要有助于激发学生的学习兴趣，培养创新精神，发展实践能力，形成健全人格。"①它彰显着以学生为主体的教育理念，在本案例中，学生是学习的主体，作为指导者和学习伙伴的教师不能再采取灌输法，而要引导学生自己去参与实践，积累经验。

统编版初中语文教材七年级上册的写作渗透语文核心素养，致力于构建新的教材系统，促进学生综合素质的提高。它确立了学生在学习中的主体地位，每单元都安排了写作实践，有片段写作和修改，有半命题或命题作文，有话题作文，每次写作实践会有三个活动供学生选择，学生成为学习的主人。在写作教学中，教师让学生自主选择任一活动进行训练，使学生在作文中有话可说，而不是强制性指定一个命题，限制学生的选择权。教师为使实践性与趣味性有机结合，很多写作实践都是以活动开始，例如"如何突出中心"让同学们以"书包"为话题，从"我的书包""我是书包""我和书包"等方面开展活动，每个学生都有机会在情境中发散思维；教师要求"发挥联想与想象"开展故事接龙活动，让同学们分组围坐，一个接着一个充分发挥联想和想象编出情节连贯的故事，每个人都参与其中，课堂没有机械训练，不再

---

① 中华人民共和国教育部. 义务教育语文课程标准（2022 年版）[S]. 北京：北京师范大学出版社，2022：52.

枯燥乏味,学生更加积极主动全面地发展。

语文课程是实践性课程,应着重培养学生的语文实践能力,而培养这种能力的主要途径也应是语文实践。写作教学虽然强调构思和动笔,但笔下的内容大多来源于实践,教师要在写作实践活动中提供相关提示来引导学生,以“思路要清晰”为例,以《对________的一次访问》为题,让学生写一篇作文。教师鼓励学生先去访问他人,然后提示学生访问时的注意事项,最后指导学生写作要求,点明写访问感受不仅可以写访问前的心理也可以写访问过程中的体验,还可以写访问后的感想。这种实践活动既锻炼学生的口语表达能力,提升学生的自信心,也让学生在写作实践中学会组织语言,掌握写作的技巧。

二、把握统编版语文教材七年级上册写作的重难点

我国近代教育家陆费逵在《中华书局宣言书》中明确提出了“教科书革命”的口号,他说:“国立根本,在乎教育,教育根本,实在教科书。”教材是教师执教的依据,也是学生学习的依据,它的内容设计考虑众多因素,形成了一些重难点,统编版初中语文教材写作部分亦是如此。

重点作为学生必须掌握的知识和技能,是教会学生写作最核心最基本的要点,需要反复学习不断强化,本册教材写作单元重点主要有两点:

(一)培养兴趣,注重积累

写作本就是表情达意的一种方式,初中生对于写作往往因为应试等原因产生厌烦情绪,每次下笔胡诌乱造,缺乏真情实感,缺乏内在价值。在作文上的无话可说可能会演变成个人话语权的逐渐丧失,而且初中生生活阅历浅薄,知识积累贫瘠,情感体验匮乏,加上繁重的课业任务,现代传媒的吸引,提笔无文可写,落笔无话可说的困境着实需要改善。教师以培养学生写作兴趣为重点,在每单元渗透激发学生写作兴趣的实践活动,将“乐之者”的态度沉浸到教学之中。积累包含生活体验和间接阅读,统编版初中语文教材写作以记叙文为主,教师引导学生积累写作技巧,找到适合自己的写作方法,如在“如何突出中心”中,教师对写作方法进行点拨,指出《雨的四季》开门见山,点明主旨,《狼》议论点题,卒章显志。教师指导学生多读多看多听多写,逐步落实写作重点,突破难点。

(二)培养学生的观察能力

鲁迅说:“如要创作,第一需要观察,对于任何事物必须观察准确才好下笔。”初

中生有强烈的好奇心，对新奇事物和新知识有强烈的求知欲，写作时他们能够感知事物的外部特征，对事物作简单的描述，但不善于分析、综合、抽象、概括从而把握事物的本质特征。所以需要老师指导学生学会观察，教会学生在生活中随时留意，认真细致地观察事物，如设置由夏入秋天气转凉的情景，让学生观察自然景物，人们穿戴的变化；设计为同学画肖像的活动，让学生观察同学的特点；创设和家人吃饭的情境，让学生观察餐桌前家人谈话的内容、家人的神态等。除此之外，教师还要教给学生观察的知识和方法，学生要学会将这些知识和方法应用到作文中。事物是错综复杂的，观察要循序，有次序的观察会帮助他们理清思绪，深入思考事物的本质，写作才具有逻辑性。

难点包括两项内容：一是学生容易出错的内容；二是不易理解和掌握的内容。本册教材突破写作难点需要做好以下两点：

（一）记叙事件详略得当，情节连贯，情感饱满

记叙文是用来记人叙事的，所以必须要有详有略，而初中生常常抓不住重点，只言片语能写清的却写得反复冗长，需要长篇大论的却三言两语一笔带过，有时导致文章头重脚轻。针对这一问题，教师要引导学生安排好文章内容的主次详略，以点概面，点面结合，根据中心选择合适的材料，舍弃无关的内容。当学生出现详略不当的问题时，会产生连带反应——上下文不连贯，语句简单拼凑，没有曲折的情节，加上语言平淡寡味，往往写着写着便不知所云。对此，教师应根据单元要求，从整体构思到确定写作顺序再到列提纲一步步要求学生做到条理清楚，层次分明。“缀文者情动而辞发，观文者披文以入情”，作文需要真挚情感的灌溉，也是情深意切的流露，学生作文中仅有平实的语言而缺乏充沛的情感也是弊端，解决这一难点，需要教师调动学生的情感，引导学生积极地感受生活，培养写作兴趣，做到写作时以情感人。

（二）养成学生认可作文指导的态度

语文教师在教学时，以阅读课文为重点进行授课，写作单元只是布置写作任务而跳过了指导环节，讲解试卷和习题时也只选择语文基础题和文本理解题分析，这种教学行为反映了作文指导的缺失，会造成学生对作文指导不认可，认为作文有什么好讲的，自己写出成品就行了，殊不知成品也有好坏之分。为了突破以上难点，本案例中的教师在指导写作时，不是让学生记诵好词好句、名人名言，然后死板地复制粘贴，而是让学生理解适当的引用能收到画龙点睛之效，不适当的引用会弄巧成拙，教会学生明白什么情况下需要引用，怎么引用。教师循序渐进地深入引导，

潜移默化地让学生接受作文指导,效果相当好。比如在“热爱生活,热爱写作”中让学生回忆成长中有意义的事,在“学会写作”中让学生感受家庭的温暖和亲情的可贵,在“写人抓住特点”中让学生畅谈自己的偶像,在“思路要清晰”中让学生交流触动过自己内心世界的事。老师提出的这些话题没有超出学生的能力,也没有脱离现实生活,学生看到就不会排斥,甚至会畅所欲言,这样写作在轻松愉悦的情境中开展,学生才可能妙笔生花,写作才会“胸中有丘壑,立马振山河”,而不是“为赋新词强说愁”。

三、遵循《写人要抓住特点》的要求实施写作教学

写作囊括多方面学习内容,而学习内容都有特定的学习目的,教材的存在价值除了需要学生自己阅读理解去发现,更需要通过教师教学来传递。对于统编版教材的使用,每个教师都想提高教学效率,本案例教师从统编版语文教材七年级上册写作的特点和重难点出发,围绕第三单元的《写人要抓住特点》进行教学设计与实施。

(一)深入教材,挖掘写作文本

教师需要具备教学研究能力,写作教学要求教师熟读教材,钻研教材。挖掘写作文本也不仅局限于写作单元,也包括阅读、口语交际、综合性实践活动和跨学科学习等领域。

片段一:

师:同学们,上课!

生:起立!

师:同学们好!

生:老师好!

师:同学们请坐!

师:同学们,上课前请大家欣赏一幅漫画,细心观察,猜一猜所画之人是谁?

生(齐声):鲁迅。

师:大家的回答如此一致,我们来看看是不是鲁迅先生呢?

(出示PPT)

师:原来真的是鲁迅先生。大家是抓住了画中之人的哪些特点一下子就猜出是鲁迅先生的呀?

生:他的头发。鲁迅先生的头发是直立的。

师:除了这个特征,还有其他的吗?

生:从整体来看,鲁迅先生面容瘦弱,但眼神却十分深邃、平和,可见他内心的坚定。

师:这位同学道出了鲁迅先生的内心,由表及里,观察得非常仔细,有自己的想法。大家再看看还有一个非常重要的特征是什么呀?

生(齐声):胡须。鲁迅先生的胡须十分浓密。

师:对,画家抓住了鲁迅先生面容很瘦、头发直立、胡须浓密等特征作画,使鲁迅先生的形象跃然纸上。接下来我们来看看作家是怎样描写鲁迅先生的吧。

(出示PPT)

师:请大家一起大声地读出来。

(生齐读)

师:嗯,同学们读得真好。作家抓住了鲁迅先生的哪些特征进行描写的呢,请同学们找出片段中的原话。

生:"面孔黄里带白",抓住了鲁迅先生的面孔,虽然面容瘦,但精神很好。

师:说得非常准确,这确实是鲁迅先生与一般人不一样的地方。还有其他的吗?

生:还有抓住了鲁迅先生的头发。"头发约莫一寸长,显然好久没剪了,却一根根精神抖擞地直竖着。"

师:对,如果我们长时间不剪头发肯定会很没精神,而鲁迅先生不是,这也是他的一个特点。还有呢,他的胡须,作者是怎样描写的?

生:胡须很打眼,好像浓墨写的隶书"一"字一样。

师:好,作者抓住了鲁迅先生的外貌特征进行描写,将鲁迅先生刻画得惟妙惟肖。

师:世界上没有完全相同的两片树叶,同样也没有完全一样的两个人。写人要抓住特点。但是,有些同学的作文却是"千人一面""众口同腔"。这样的作文,毫无新意,让人产生视觉疲劳,也很难给读者留下深刻的印象。那么,如何让我们所写的人物具有新意呢?今天,我们就来解决这个问题,帮助大家走出"大众化""脸谱化"人物描写的误区。

师:请大家欣赏下列精彩片段,边读边想:为什么这些形象不但没有被奔腾不息的历史长河所淹没,反而愈发清晰,似珍珠般熠熠生辉呢?

(出示《红楼梦》《孔乙己》《背影》《最后一课》片段,学生朗读)

师:大家的声音渐渐小了下来,想必都已经读完了吧。请大家来说一说自己的感想。

(学生自由发言,交流讨论)

生:“一双丹凤三角眼,两弯柳叶吊梢眉”是对王熙凤进行的外貌描写,写出了凤姐姣好的容貌,让人印象深刻。

生:对孔乙己的语言进行描写的有“窃书不能算偷”“不多不多! 多乎哉? 不多也”等等。这些语言描写可以看出孔乙己的愚昧麻木,被封建礼教毒害之深。

师:外貌描写、语言描写都是写人要抓住特征的好方法。还有两个写人的片段,作者是从哪些方面着手的呢?

生:《背影》是通过对父亲的动作进行描写,写出了父亲的不舍之情;《最后一课》则是将小弗朗士的心理呈现出来。

师:大家对片段的分析都十分准确。通过学习这些片段,大家得出什么结论吗?

(教师引导)

生:这些片段都抓住了人物特征,有的从外貌、有的从语言、有的从动作、有的从心理,或者几方面相结合对人物进行了细细地描摹,塑造出许多鲜活生动的形象。

师:这位同学总结得非常到位,说出了老师想说的话,大家掌声鼓励一下。

师:接下来老师要问同学们深层次的问题了,大家做好准备。同学们知道外貌描写、语言描写、动作描写以及心理描写要注意些什么呢?

(学生小组讨论,教师指导点拨)

生:外貌描写又叫肖像描写,要抓住人物特征,刻画性格,必须切合文章的主题,能为刻画人物服务。

生:语言、动作、心理等可以展示人物个性。特别是动词的使用。

师:同学们能举一个我们学过的例子吗?

生:朱自清的《背影》里写到“他用两手攀着上面,两脚再向上缩,他肥胖的身子向左微倾,显出努力的样子。”“攀”“缩”“倾”等动词用得十分传神。

师:对,这几个动词写出了父亲对即将离家远行的儿子的留恋。

师:除此之外,都说言为心声,选择人物有代表性的语句来刻画人物的内心世界,表现其个性和思想,注意语言要符合人物的身份。同学们可以再举一个相关的例子吗?

生:比如杯子里还剩半杯水,乐观的人会说:“真好,还有半杯水。”悲观的人则会说:“真倒霉,就剩半杯水了。”由此可见,不同的人说出的话也会不同。

师:说得好,语言是一个人思想的反映。除了语言,心理描写可直接反映人物的内心活动。需要注意的是心理描写要实事求是,不可主观臆断。大家回想一下我们学过的哪篇课文运用了心理描写？

（学生讨论）

生：如《穷人》一文对桑娜抱别人的孩子回家后的心理刻画有两种形式。

师：能具体说说是如何进行心理描写的吗？

生：一是直接描写，比如“她想”“她自言自语地说”“她心中发誓”等；二是间接描写，通过语言、动作、神态的描写来揭示人物的心理状态，反映人物内心隐藏着的微妙感情。

师：同学们都说得非常好。写人要抓住特点，从其外貌、语言、动作、心理等方面入手，通过细致入微地观察，塑造出鲜活生动的人物形象。

本堂课教师从漫画入手，导入新课；紧接着深入教材，挖掘文本，以学过的文章片段为例提出问题，引导学生对精彩片段进行分析，充分发挥学生学习的主动性，通过小组讨论交流，找出所运用的描写方法，教师有针对性地进行指导点拨。除了教材中的名篇佳作，课后习题的故事续写，仿句练习也是提高学生写作能力的渠道，可见要取得良好的教学效果，关键在于语文教师有针对性的教学设计和实施。

（二）理性和感性指导相结合

在作文教学中，教师需要储备大量有关文章学和写作学的理论知识，但这不意味着教学中把这些抽象的理论传授给学生，把审题立意、文章结构的细枝末节都教给学生，这只会抑制他们的写作欲望，使文章脱离现实，让学生陷入八股的窘境，限制创作的产生。相反，也不是就让学生根据题目和提示直接写作，追求文章数量和写作速度。教师需要结合教材适当地点拨，也就是理性和感性相互补充着去指导。

片段二：

师：以上我们学习了写人要抓住特点的方法，下面是老师整理的同学们之前习作中写的不恰当的语句片段，请大家运用所学的知识，集思广益，找出不足，一起修改完善。

（出示PPT）

师：“我的妈妈眼睛大大，鼻子大大，嘴巴大大。”这句话同学们能看出什么问题吗？

生：这句话是想写妈妈的眼睛、鼻子和嘴巴，但所用的修饰语太过单一了，感觉词汇量有点少。

师：这位小医生的诊断非常准确。我们在平时的学习生活中要做有心人，多积累词汇，丰富自己的语言积累，像建房子一样，为写作打下良好的语言基础。

师：我们继续往下看。这一句有什么问题？

生:“我爸爸四十多岁,明眸皓齿,精神矍铄,身体丰满,力大如牛。”我觉得这句话用词很华丽呀,应该没什么问题吧。

师:有同学有不同的看法吗?

(学生自由讨论)

生:我觉得用词华丽不是它的优点,正是它的缺点所在。

师:此话怎讲?

生:明眸皓齿、身体丰满等词语应该是用来形容女性的,与“爸爸”的人物形象不符。

师:说的有道理。鲁迅先生曾说过:“有真意,去粉饰,少做作,勿卖弄。”我们写人要根据人物特点选择修饰词语,不可一概而论,一股脑儿的往上用。

师:好。我们来看最后一句话。“我的老师长头发,柳叶眉,炯炯有神的眼睛,高高的鼻子,小小的嘴巴,洁白的蕾丝裙,发亮的小皮鞋。”

生:老师,这句话将“老师”从头到脚都写了出来,但好像没有重点,似乎缺少了点什么。

师:你的感觉真灵敏。这句话看似将人物从头到脚都进行了罗列,但忽视了写作的目的。我们写人不是为了写人而去写人,而是想通过对人物外貌、动作等的描写去突出这个人的性格、态度等内在的本质的东西。

师:接下来请同学们拿出纸和笔写一写你的同桌或好朋友,三分钟后大家交流分享,猜一猜写的是谁。

师:好。大家都差不多停笔了,时间也到了。谁愿意展示一下?举手示意老师,我们来听一听,猜猜他写的是谁。

(学生踊跃发言)

生:她苗条的身材,圆圆的脸,小小的鼻子上架着黑白相间的眼镜,但仍阻挡不住那双清澈的眼睛,似乎会说话一样。

师:大家能猜出来她是谁吗?

生:是王香香同学。

师:王香香同学,你觉得她写的像你吗?

生:像。我觉得就是我。

师:那说明这位同学的外貌描写很成功啊。还有其他同学愿意展示的吗?

生:说他像天使,他却总是眯着小眼睛捉弄我,嘴角得意地扬起笑容;说他是恶魔,他却总是一本正经地帮助我,当我说谢谢时,他总是害羞地挠挠头;他时常穿着那件红色大衣,时而如春风一般温暖,时而如寒风凛冽,冷彻人心。

(众笑)

师:语言优美生动,老师迫不及待地想知道他是谁了。

生:是张爽同学。

师:哦?是的吗?这位同学抓住了张爽同学的哪些特点呀?

生:真的是张爽同学。张爽同学喜欢穿一件红色的大衣,眼睛小小的,这是对张爽同学的外貌描写;还有挠挠头,那可是张爽同学的标志性动作。

生:对,老师,的确是我,千真万确,如假包换。

(众笑)

师:这位同学对张爽同学的观察真仔细。

师:同学们,除了外貌描写和动作描写,还有其他可以凸显人物的方式吗?大家还记不记得《阿长与〈山海经〉》中长妈妈将买来的山海经递给迅哥儿时说的那句话?你来说。

生:"哥儿,有画的三哼经,我给你买来了。"

师:对,正是这句话。通过这句语言描写,你能读出什么?好,请你来说一说。

生:长妈妈没文化,不识字,把"山海经"读成了"三哼经"。

师:长妈妈不识字竟然能帮迅哥儿把书买来,从中我们可以看出什么呢?

生:可以看出长妈妈对迅哥儿的关心和爱护。

(齐声)

师:由此可见,语言描写的作用是巨大的,简单的几个字就可以向我们传递出隐藏的内在信息。

师:同学们,不知道大家有没有发现老师课上给大家举的例子似曾相识。它们都出自哪里呀?

生(异口同声):都是课本上我们学过的文章。

师:没错,举的例子都来自课本。鲁迅先生曾经说过:"凡是已有评定的大作家,他的作品,全部说明着'应该怎样写'"。所以,课本中的名家名篇是我们学习写作的好材料,学会跟着名家学写作。

师:好,这节课我们的主题是学会写人要抓住特点。通过和同学们的讨论交流,老师觉得大家已经学得很扎实了。课后请同学们描写一位你最喜欢的老师,综合运用多种描写方法,尽可能地举一些能够展现人物形象的事例,使人物更加地饱满立体。

师:与同学们互动很开心,这节课就上到这里,下课!

教材对写作方法和写作教学方法的指导是隐形的,需要教师去拿捏教材,巧妙地给学生指点迷津。同时,熟悉的人、事、物是学生写作的最好素材,有利于激发学生的写作兴趣。教师在教学中注重了培养学生的观察能力,指导了学生表情达意的方法,有助于学生写出有血有肉的人物形象。

(三)重视作文评价

教材没有呈现写作后的评价要求,但教师在教学中往往不能忽略交流讲评这一环节。传统作文批阅就是学生在完成作文后,教师一本本阅读批改,面对几十篇同一题目的文章,不可避免地出现审美疲劳,也就造成了批阅的低效性。对于统编版教材的使用,要以学生为主体,写作自主性扩大,那么教师需要考虑评价的多元化。

片段三:

师:叶圣陶先生说:"作文不是生活的点缀,而是生活的必需,跟说话完全一个样",通过上节课的"写人要抓住特点"的学习,翻阅了大家的作文,老师发现大家已经开始学会用写作来说话了,今天这节课,就让我们一起来评析这次作文,进一步去反观自我,学习他人。

师:老师选取了一篇优秀作文,谁愿意来读一下。

(学生举手示意)

师:好,这位同学很积极,你来读,其他同学认真听,找出习作的优点或不足,待会儿大家讨论交流。

(生读)

师:这位同学果然有朗读的天赋,字正腔圆,感情饱满。谁能来说一说自己的感受或看法呢?大家踊跃发言啊。

(学生交流)

生:我觉得这篇作文条理清晰,没有听出什么病句,先写了老师的外貌,紧接着通过举例子来表现老师对学生的关心和呵护,描写得很细致。

师:听得很认真啊,你的点评恰到好处。还有同学有其他的看法吗?

生:我觉得这篇作文细节描写非常细腻,并且能够感受到浓浓的师生情。

师:对,老师觉得这篇习作文通字顺,感情真挚,并且难能可贵的是角度新颖,立意深刻,做到了不是为了写人而去写人。大家都是说的优点,那有没有不足之处呢?

生:我觉得对老师的心理描写有点多,适当地删掉些会更好。

师:说到重点了,我们写作文不能泛泛而谈,要学会取舍,做到详略得当。

师:我们写作文,并不是写完就完成任务了,同学之间的互评也很重要,大家相互评价彼此的习作,看看有没有什么需要完善的地方,学习他人作文中的长处。评价时注意改错别字、标点,看文章语句是否通顺,结构是否完整,中心是否突出,语言是否优美，指出优点和不足。

（教师巡视）

师：发现佳作的可以读出来，大家一起欣赏。你推荐方斌同学的，为什么呢？你觉得好在哪里？

生：我觉得他将数学老师的形象很生动地描写出来了，虽然作文中没有明说是数学老师，但读了他的作文我眼前浮现的就是数学老师的形象。

师：很生动形象，你的评价很高啊。

师：好，请坐。同学们，大家平时写作文一定要养成相互交流的好习惯，此外，自己可根据老师或同学的点评进行修改，不断地加工润色，做到精益求精。

师：通过本节课的评讲交流，同学们已经具备了修改文章的技能，形成了独特的审美视角，对自己的写作有了更深刻的想法，相信同学们对写作更加得心应手了，希望同学们继续用心去观察生活，感悟生活，挖掘美好，妙笔生花！好，这节课就上到这里了。下课！

生：老师再见！

师：同学们再见！

教师安排自评、互评等活动，让学生主动交流想法，自我剖析，探讨自己对写作意图和要求的理解，也可相互欣赏和质疑，从别人的习作中拓宽自己的视野，教师对学生的评价进行再评价，将讲评结合实际情况上升到理性高度，促进学生提高写作能力。新教材强调“一课一得”，教师讲评作文也需要做到一课一得，忌讳面面俱到，需要面向共性问题，触及大部分学生写作得失，需要突出重点，引起学生共鸣。

结语

习作是一种创造性活动，但对于很多中学生而言，它可能是考试的最后一题，是绞尽脑汁的七八百字的作业，是大段文字的东拼西凑。统编版语文教材中尚未有独立的写作教材，但在应对语文课程改革的大趋势下，统编版初中语文教材在写作板块的安排上努力做到中心突出，操作性强，照顾全局。相比于以往版本语文教材中的写作教学，统编版初中语文教材中写作板块的编排以其独特的理念和思路为新教材的解读注入一股清新之风。语文教师要正确认识统编版语文教材中写作内容的特点，准确把握其重难点，对其工具性和人文性有深入的认知，合理安排教学过程，兼顾写作教学全过程指导，促使学生形成写作能力的有效迁移，提高学生的写作水平。

案例思考题

1. 写作部分在统编版初中语文教材中是如何编排的?
2. 阅读本案例,简述教师写作教学的特点。
3. 阅读本案例,你是如何看待教师的写作教学设计的?
4. 案例《写人要抓住特点》的写作教学设计与实施给你带来哪些启示?

案例使用说明

1. 适用范围

适用对象:汉语言文学(师范)本科生或中学语文教育专业研究生,教师教育相关专业的研究生,以及在职语文教师。

适用课程:《语文课程与教学论》《教学设计》《教学技能训练》《作文教学训练》等相关章节。

2. 教学目的

(1) 了解统编版初中语文写作板块的编排特点,对初中语文写作教学的重难点有清晰的认识,提高教学设计的能力。

(2) 洞察教师在初中写作教学中遇到的相关问题,学习初中写作教学的实施策略。

(3) 从专业角度,深入思考初中写作教学的相关知识与实践问题。

(4) 把握初中写作教学的方式方法,提供写作教学的经验和策略。

3. 关键要点

相关理论

教学设计、语文课程与教学论、语文学习心理、教学实施与评价

关键知识点

理解写作板块的编排特点;利用学生的学习心理,激发写作兴趣;学习初中写作的教学设计、实施策略和教学评价。

关键能力

研读教材的能力、学情分析的能力、教学设计的能力、教学实施的能力

案例分析思路

使用本案例时,可根据具体课程内容《写人要抓住特点》的需求,结合相关的理论与方法,从以下几个方面进行分析。

首先是对教学内容的理解与教材的研读。本案例中的教师对写作教学的单元内容从本质上进行了深入分析，深入思考了如何更好地设计情境导入新课，教师设计找出漫画中的人物及其特点的问题，激发学生思考，导入新课，使学生认识写人要抓住特点的重要性。那么写人物有哪些方法才能突出人物特点？这引起了学生的认知冲突。通过对教材的分析和以往课文对人物刻画的回忆，使学习者学会研读教材，学会刻画人物的方法，然后实施刻画人物特点的相关知识和能力的迁移训练，这要求师生能够挖掘文本，抓住迁移联结点，并根据学生与教学的需要进行灵活调整。

其次是把握学生的学习特征进行习作教学设计和实施。初中生面对习作或多或少具有畏难情绪，主要因为他们观察积累比较少，缺乏写作指导，因此不知道该如何下笔。这就需要教师理解学生、清楚学生习作存在的困难和学生已有的习作知识和能力水平。在教学设计时能够根据学生已经学习的内容，回顾相关课文如何抓住人物特点进行描写的，在此基础上传授语言、动作、表情、心理等人物描写的方法，进而组织学生进行人物描写的片段训练。在教学实施过程中要贴近学生的生活世界，以他们熟悉的人物作为习作的训练对象，这样有利于他们抓住人物特点写作，丰富人物描写的经验。在案例中，教师以学生学过的课文片段为例，指导学生从已学的课文中学习写作人物的相关知识。教师应当正视学生关于人物描写的前概念，意识到学生一开始就将他们关于人物描写的知识和能力带进了学习中，并在学习的过程中顺利迁移写作人物的方法和技巧。

再次是引导学生从习作教学中问题情境的设计与运用入手进行分析。教师从已经学过的人物描写入手，设计问题情境，引导学生思考作者是如何抓住人物特点描写人物的，这样把学生在阅读教学中积累的人物描写知识迁移到了习作教学中。例如教师指导学生回忆教材中已学过的《最后一课》《背影》《孔乙己》等文章中如何描写人物的内容，设计关于“写人要抓住特点”的问题情境，教会学生运用人物描写的多种方法来突出人物特点。在实际教学中，教师可以根据实际需要补充文本，设计问题情境，也可以就地取材，参考教材中已学过的文本设置问题情境。在本案例中，教师为使学生更好地理解语言描写，以学生学过的《长妈妈与〈山海经〉》为例，从长妈妈的语言着手，加深学生对语言描写的理解。

4. 教学建议

时间安排：两课时。

环节安排：布置预习，对写作知识点进行梳理→小组讨论进行初步的教学设计→小组研读案例并进行汇报→小组合作，选择《写人要抓住特点》进行教学设计→学生在课上进行教学实践→教师点评。

人数要求:40 人以下的班级。

教学方法:参与式教学、小组合作,以师生的讨论为主,讲授为辅。

工具选择:多媒体、案例资料、补充的人物描写文本。

组织引导:教师布置任务清晰,预习要求明确;
提供给学生必要的人物描写参考资料;
给予学生必要的技能训练,便于课堂教学实践的进行;
对学生课下的讨论予以必要的指导和建议。

活动设计建议:

(1) 阅读《义务教育语文课程标准(2022 年版)》和教材中《写人要抓住特点》的相关内容,同时查阅相关的教学设计和实施的文献,对《写人要抓住特点》进行初步的教学设计。

(2) 阅读本案例,有条件的可观看案例视频,独立思考,记录思考与问题。

(3) 小组讨论交流,将最终的小组问题列在记录单中。在小组的交流与汇报中,教师进行点评与提升。

(4) 指导学生在课下对自己的设计进行完善,教师给予必要的指导。

5. 推荐阅读

[1] 陈晓英. 指向写作本义的过程示范教学——以“写人要抓住特点”教学为例[J]. 中学语文教学参考,2022(20).

[2] 严日. 基于“归真·求善·至美”的写作教学探索——以统编版语文教材七上第三单元《写人要抓住特点》为例[J]. 语文教学通讯,2021(32).

[3] 余映潮. 余映潮语文教学设计技法 80 讲(修订版)[M]. 广州:广东人民出版社,2014.

[4] 时金芳. 语文教学设计[M]. 北京:社会科学文献出版社,2001.

写作教学设计与实施(二)

——以八年级上册《说明事物要抓住特征》为例

摘要：作文教学一直是初中语文课堂教学的难点，而说明文是实用性很高的文体，是向学生教授各种常识知识的理想渠道。能否让学生准确提取文本信息，抓住被说明事物的特征，提高说明文写作能力是目前说明文教学中面临的问题之一。统编版初中语文教材写作系统在体例和呈现方式上做到了灵活多样，读写结合的编排体系在实际教学中可形成阅读教学与写作教学的有机结合与互动，为写作教学提供了新的指导思路。本篇案例涉及教材分析和教学案例的实录，通过中学语文教师的一节关于统编版语文教材八年级上册写作教学展示课的教学设计与实施，为统编版初中语文说明文教学设计与实施提供了有价值的教学思路与操作步骤。

关键词：初中写作教学；教材分析；教学设计与实施

背景信息

统编版语文教材是由教育部组织，以温儒敏教授为首的各专家团队合作编写的“教育部义务教育教科书”(以下简称“统编版”)。统编版教材在以往教材的基础上守正出新，充分体现教材的科学性、时代性和创新性，从不同层面激发了学生学语文的兴趣，有利于对学生语文素养的培养。

随着对语文核心素养的不断研究和统编版教材的使用，写作板块成为语文教学中的重要组成部分，这在一定程度上也是对阅读的一种反思与提升。《义务教育语文课程标准(2022 年版)》规定，初中生应当“45 分钟能完成不少于 500 字的习作”[①]。但是在实际教学中除了教学生完成规定的字数，更重要的是要在审题立意上下功夫。作文的种类有命题作文、半命题作文、话题作文、材料作文等。在写作

① 中华人民共和国教育部. 义务教育语文课程标准(2022 年版)[S]. 北京：北京师范大学出版社，2022：16.

之前面对题目的要求,首先,文章要有一个明确的中心,文章的中心就是文章的灵魂,全文也要围绕这个中心展开。其次,文章要有详尽的材料来支撑作文的要点,在写作中要避免空洞和流于形式。初中要求学生练习的大多是记叙文和说明文,议论文还在少数。因此,要求学生掌握记叙文和说明文的写作方法。最后,文章的主体部分应当有合理的布局或者明确的线索,或时间顺序,或空间顺序,或逻辑顺序。在语言方面,其基本的要求是语句通顺,不能有错别字和病句,逻辑清晰,前后呼应,在完成上述目标后再指导学生润色文章的语言就会有画龙点睛的效果。在平时的教学过程中教师也要有意识地穿插记叙、描写、议论、抒情、说明等表达方式的讲解并鼓励学生大胆应用到自己的写作过程中去。

案例正文

本案例以初二年级学生为教学对象,给我们展示了一堂精彩的写作课。在这堂写作课中,教师注重学生习作兴趣的培养,引导学生从生活中寻找写作素材,运用文学手法,帮助学生完成说明文的创作,这节课为说明文写作教学提供了宝贵的经验。

一、统编版初中写作教材分析——以八年级上册为例

八年级是学生学习的关键期,就八年级上册语文课本来说,统编版教材的写作安排体现在三个层面:

一是在写作实践中锻炼学生相应的语文能力。每个单元后安排一次写作很好地顺应了语文课程标准对学生提出的写作要求,例如第四单元的写作要求是语言要连贯。在提出写作要求之前先给了一段读起来不连贯的段落,以此来引出文章语言连贯的重要性。紧接着提出了要保持语言连贯的几点注意事项,例如"应该保持前后话题统一""注意句子间的衔接过渡"等要求,举例《叶圣陶先生二三事》的相关段落来说明在文章中应适当运用关联词或者过渡句。在写作实践中编者给出的第一个写作建议是判断既定文字的连贯与否并在此基础上进行重写。这一建议实际上是在锻炼学生运用基础知识的能力,即语用知识的考察。随后教材安排以《节日》为题,写一篇散文。这也是统编版不同于以往版本教材编写之处,彰显出"立德树人"的理念。即更加注重学生对传统美德的理解与实践,让学生在对节日故事的搜集与了解中加深对传统文化的归属感。同样的还有第六单元,本单元是几篇文言诗文,意在锻炼学生用心体会古人的智慧与胸襟。但是在单元写作中所提出的

写作要求是表达要得体。表达得体在日常学习生活中是十分重要的，编者在这里设置这一主题做到了有机渗透。在写作讲解中先介绍了表达得体的注意要点，接着给出具体的例子让学生体会。因为这方面的知识仅仅靠教师讲是比较晦涩的，配合相应的例子则会显得生动。需要提出的是这一单元的写作实践是与综合性学习联系在一起的，鼓励学生走出课堂，将校内校外联系起来，锻炼学生的综合能力，语文科各部分能力的训练是相联系的，没有先后之分，培养学生的综合素养也是语文课堂教学中必须显现且落到实处的。

二是随单元目标写作，即在整个单元目标的贯彻学习中安排写作，也可以说是贴合课文阅读体式的训练。课本总共有六个单元，每个单元都会安排一次写作任务，这部分写作安排占大多数。比如在八年级上册的第一单元，本单元的课文都是新闻通讯类文章，单元的学习目标有三个任务，分别是“新闻阅读”“新闻采访”和“新闻写作”。新闻是了解世界的窗口，学生们也很有必要了解有关新闻的相关知识，在单元目标中编者就有意识地向学生提出了试着写一写新闻的要求，所以在本单元的写作实践中也就是任务三“新闻写作”中，又分成了三个任务，分别是“必做任务”“自选任务”和“拓展任务”。三个任务的提出无疑扩大了学生写作的选择性，对于“必做任务”中所提出的写作要求，还有相应的技巧点拨，在技巧点拨中，编者介绍的条分缕析，生动形象地运用了图表和“倒金字塔结构”，加上通俗易懂的语言让学生在学习该内容时有豁然开朗之感，大大降低了学生在写作新闻时的难度。另外两项任务则是为了提高学生学习新闻的兴趣，帮助学生在今后的学习生活中更好地理解新闻的思想内容，让学生在写作中对新闻这种文体不再陌生。

第二单元的课文是几篇回忆性的散文以及人物传记。学习本单元的重点是了解回忆性散文和传记的特点，但是需要学生重点把握刻画人物的方法。所以配合课文学习，本单元的写作任务是学写传记。在任务介绍部分，编者先介绍了传记的类型，紧接着讲解了传记的写作要求，对于中学生来说写传记还是有一定写作难度的，一方面了解的人物过少，在写作时会有以偏概全的嫌疑，另一方面，平常接触的传记作品也比较少，仅靠几篇单元课文在写作指导上过于单薄。但在第二单元的写作指导中编者建议先从小传入手，由小渐大，循序渐进。同时还给出了老舍先生《著者略历》的范例以及文段的鉴赏，通过这篇短小精悍的范文让学生瞬间可以抓住自传写作的要点。在写作实践指导方面，编者给出了三条写作建议，每个写作建议后都有三条提示，任务一是写一段自我介绍，任务二是为一位家人写一篇小传，任务三是为同学写一篇小传。这样的写作实践透露出一种人文气息，在无形中将自己、家人和朋友联系在一起，这一设置无疑也是统编版教材人文性的一个显著体现，与统编版教材不同的是，这一设置一改以往教材简单堆砌材料布置写作任务的布局,呼应当代语文核心素养中情感态度价值观的追求。

“山川之美,古来共谈。”第三单元主要是歌咏山水景物的文言诗文,单元目标的重点是在把握诗文意境的基础上积累文言实词、虚词。本单元的写作任务是学习描写景物,运用“对话气泡”的形式引出本单元的写作技巧讲解,富有趣味性。引用了《春》《紫藤萝瀑布》《三峡》以及《雨的四季》中描写景物的特点,既能让学生回想复习以前所学课文的经典段落语句,又能及时讲解在描写景物时的写作要点,有一举两得之效。对于写作实践部分,编者同样给出了三点写作建议,并在每个写作建议之下配有三点写作提示。但是该单元的写作实践中主要是片段作文、命题作文和半命题作文的训练。第一个写作训练只要求300字左右,这是一个小练笔,而后两个任务要求不少于500字,这两个是大作文。这样“小大大”的搭配形式既体现了读写结合这一语文教学规律,也可以避免作文训练时间间隔长,导致教学与作文相脱节的现象。作文训练的关注点也从校园到自家窗外再到四季,无形中培养了学生仔细观察周围景物的能力,将家校结合到了一起。

第五单元主要是说明文,在单元目标伊始就提出了要体会说明文严谨、准确的特点。在单元写作任务中讲解了说明文写作的要点,本单元的教学重点是向学生介绍有关说明文的知识。“坎儿井”是我国古代三大工程之一,在本单元的写作实践中介绍坎儿井并要求据此写作一篇相关的说明文,这一题目设置一方面有助于学生了解我国历史文化瑰宝,另一方面锻炼了学生抓住景物特点的写作能力。另外两点则是建议学生介绍某座建筑和观察自己身边的生活用品,三管齐下,学生在这样的练习下对说明文的了解程度与写作水平都会大大提高。

三是随文写作。也就是在课文的练习中安排写作。这部分的写作安排较少,字数也要求不多。例如,第五单元中的《苏州园林》练习中的写作,借鉴本文说明方法,写一段文字,介绍自己曾经浏览过的公园或建筑,不少于300字,因为本单元是说明文,这一写作任务的提出呼应了单元目标,同时也能让学生加深对本文写作特点的领会,真正让学生“一课一得”。同样,在《愚公移山》的课后练习中要求学生以课文相关内容为基础发挥想象,写一个片段。不同的是,编者给出了两个选择,二选其一。本篇课文是文言文,这一写作练笔的设置意在加深学生对本篇课文的理解,加深学生对主人公愚公这一人物形象及其精神的理解。

总的来说,统编版教材吸收了诸多教材版本的编写经验,采用“人文主题”和“语文要素”双线结构,整体规划,在写作教学中遵循学生写作规律,考虑到写作教学的科学性、时效性和创新性,始终结合学情,让学生在写作中品味文章,品味语言,最终通过反复训练达到培养学生语文素养的目的。

二、把握统编版初中语文教材八年级上册写作系统的特点

统编版初中语文教材特别突出对学生语文素养的养成与基本写作方法的引导，组织形式上有一定的规律性和灵活性，涉及对学生情感价值的熏陶以及思维方法的培养。

（一）合理有效的写作实践

第一，写作实践具有层次性、灵活性。统编版教材合理的写作实践利于写作教学的开展，写作实践不仅与本单元的教学目标、教学重点相联系，且三个写作实践的设置富有层次性，方便教师在指导习作的同时顺利提升学生的写作能力。统编版语文教材八年级上册第五单元共有三个写作实践，第一个写作实践是通过一篇材料抓住坎儿井的一两个特征，整理出一篇说明文，要求字数不少于300字，该写作实践可通过师生相互交流探讨的方式来阅读材料，回顾说明文的写作方法与写作顺序，掌握说明文语言的准确、严谨。第二个写作实践从学生身边的事物入手，要求学生学会观察身边的事物，包括各种各样的建筑，通过仔细观察建筑的外观，写一篇介绍该建筑物的说明文。第三个写作实践更是从学生的生活物品出发，选择自己最熟悉的物品，查阅资料写一篇说明文，字数不少于500字。在教学中，引导学生运用本单元所学习的说明文写作方法来完成写作实践，鼓励学生从观察入手，通过小组合作、师生交流等方式，确定事物特征，激发学生创造性思维的生成。写作实践的提示部分具有灵活性，启发学生从不同角度入手进行创作。章熊先生曾经说过："灵活性是教材编制时需要重点考虑的，教材既要有基础性也要有拓展性，基础性是指要能满足全体学生的发展需要，拓展性是指教材还应为满足学有余力的同学的需要。"①因此，统编版语文教材写作实践的安排具有灵活性与层次性。

第二，写作实践提示具体入微。写作提示部分真正从学生的角度出发，每个提示分为三步，且环环相扣地帮助学生审题、确定写作方向，统编版教材的写作提示采用循循善诱的形式，注重对学生写作过程的引导，关注学生写作思维的有效形成，这种具体明了的提示，能够帮助学生即便没有教师讲解，自己也能有所感悟。因此，写作提示对学生的学与教师的教都发挥着重要作用。对教师的教学而言，具有借鉴的作用，对学生的写作而言，具有指引的作用。老师注意到提示的独特功能，在教育过程中以此为基础展开写作教学讨论。帮助学生从生活中"找米下锅"，

---

① 章熊.我对中学语文教材的几点看法——答顾之川先生[J].中学语文教学，2013(06).

激发学生创作的潜能,将写作与学生的实际生活紧密结合起来,这不但锻炼学生说明文的写作能力,而且培养了学生仔细观察、认真分析材料的学习习惯。

(二)读写结合的编排体系

阅读与写作教学一直是我国语文教学的重要组成部分,二者之间的关系也是相互促进、共同发展的。但在实际的语文教学实践中,阅读教学的地位被大大提高,而写作教学的地位却逐渐下降,写作教学并未得到应有的重视,学生对写作产生畏难心理,写作能力难以形成。后来人们意识到了读写过度分离带来的弊端,阅读与写作之间也并非泾渭分明,从传统的读写结合教育思想中汲取营养,才能促进读写能力的共同发展。统编版初中语文教材将阅读和写作紧密结合,每单元的写作内容均与本单元所学文章相结合,这便于学生在阅读课上掌握写作方法,在写作课上获得写作灵感和锻炼写作能力。这样阅读与写作贯穿语文课的始终,构成科学合理的读写系统。

首先,“显性”的读写衔接。统编版初中语文教材显性的读写衔接体现在阅读文体与单元写作文体相互配合上,即该单元学习某一文体,在写作部分就会安排该文体让学生进行写作。如八年级上册第五单元安排了四篇说明文分别是:《中国石拱桥》《苏州园林》《蝉》《梦回繁华》介绍了建筑、园林、昆虫、绘画方面的文章,学生通过这四篇文章的学习,了解说明文的特征,准确把握说明对象,体会说明文语言严谨、准确的特点。那么,这一单元的写作训练就安排成说明文写作,指导学生怎样抓住特征来说明事物,教师带领学习审题、构思,从而创作一篇说明文。将文体作为阅读与写作的衔接点是最简便、有效的读写结合方式,学生经过课文的学习,可逐渐掌握相关文体的基本写作方法,从而达到事半功倍的学习效果。

其次,“隐性”的读写衔接。读写结合的“隐性”衔接体现在单元文章虽与写作的文体之间并无直接的关联,但通过课文内容的学习能促进学生的写作,即阅读对写作起着正迁移的作用。例如,八年级上册第六单元选取的是四篇文言文,通过这四篇文章的学习,学生能够感受古人的智慧与胸襟,体会古人高尚的人格操守,这有利于学生形成正确的人生观、价值观。而写作部分的要求是表达要得体,得体的语言不仅有利于学生学写各种与人交际的应用文,也是在教育学生如何成为有素养、有道德的人,这与该单元阅读教学目标存在着内在的关联。学生在学习古人优秀品格的同时领悟到合理的语言表达对自身良好素养的形成至关重要。这种“隐性”的读写衔接遵循了学生身心发展的规律,让学生在写作的过程中收获有益的人生智慧,让阅读与写作的联系更加紧密。

总之,统编版初中语文教材每单元都包含阅读与写作,阅读与写作之间相互配合，共同发展，读写衔接点的设置将阅读能力的培养与写作能力的提高有机结合起来，最终阅读与写作能力将并驾齐驱，共同充实学生的语文素养。

（三）精心设计的写作导引

写作导引起到让学生更好地进入写作的准备状态，降低对写作的心理上的陌生感，同时达到回顾旧知的目的。写作导引就是在写作训练点之后、写作实践之前一段或几段简明扼要的文字。这段文字主要就是针对写作训练点设置的引导性材料，“主要对该次写作学习训练点作简要通俗、明白如话的讲解，围绕该写作点作一些热身准备，提示学生写作时应该注意的地方。学生阅读之后，能够有真正的收获，也就是我们常说的“干货”，有新近明白并能够掌握的方法技巧。”①因此，写作导引的设置能够帮助学生提高写作效率。统编版初中语文教材写作导引的设计具有以下特征：

1. 写作导引具有条理性与通俗性。写作导引通常设置在写作板块的开端，帮助学生明确写作重点，利于教师展开写作教学。统编版语文教材八年级上册第五单元写作导引首先明确地解释了什么是抓住事物特征，如何通过观察、比较抓住被说明事物的主要特征，并引导学生对身边事物进行观察。其次，以课文为例，要求学生回顾《苏州园林》中叶圣陶是如何突出苏州园林的独特之处，如何让读者对苏州园林的美有个整体的了解；以《中国石拱桥》为例，让学生体会资料、图表的恰当引用能够使说明对象更加准确、清晰；以《梦回繁华》为例激发学生对说明方法巧妙运用。以上的写作导引具有明显的序列性、条理性，学生在阅读写作导引的过程中既复习学过的文章，又快速进入写作状态，获得独特的写作感受。老师在本案例写作课中，以本单元的四篇说明文为例子，向学生介绍了说明文的写作方法与技巧，以帮助学生尽快掌握说明文写作的重点。

2. 写作导引具有直观性与生动性。统编版初中语文教材写作教学编写的一大亮点为图片、表格的使用，这使得写作指导图文并茂，充满阅读趣味。图片相较于文字更能吸引学生的注意力，激发学生的阅读兴趣，降低写作难度。例如，八年级上册第三单元写作导引采用图片的形式，图片上小女孩的思考：“去年暑假，在内蒙古看到的草原，给我的印象最深了，怎么才能把它描写好呢？”这激发了学生对写景文章内容的再思考，生动直观的图片配合教师的语言能起到事半功倍的教学效果。本案例教师在教学中，注意到了图片对学生写作的重要作用，于是运用多媒体

---

① 唐建新. 写作教学的艰难探索——关于部编初中语文教材写作部分的编写[J]. 语文教学通讯，2017(08)：66.

出示图片,激发学生写作思维与创造性思维的生成,从而不断提高学生的创作水平。这种写作指导的直观性、生动性有利于落实本节作文课的重点:让学生掌握描写景物的方法,这些方法包括抓住景物的主要特征、加入视觉感受、描写角度的变化以及融入人的情感等。

三、遵循《说明事物要抓住特征》的要求实施写作教学

统编版初中语文教材写作系统具有合理有效的写作实践、读写结合的编排体系和精心设计的写作导引三大优势,因此,在实际写作教学过程中,教师需要注意写作教学与生活实际的关联性,在深入钻研教材的基础上正确处理读写衔接,逐步培养学生的写作能力。为此本案例中教师从统编版八年级上册语文教材中写作板块的特点出发,进行第五单元《说明事物要抓住特征》的写作教学设计与实施。此教学过程主要体现以下特点:

(一) 联系生活,设计导入情境

写作来源于实际生活,只有积极地投入生活,才能产生真切的感受,一些学生之所以写不出作文,主要原因就是对生活缺乏理解,观察力与感受力不强,不善于在观察中思考。教师联系生活实际,创设合适的教学情境能起到激发学生写作兴趣的作用。因此,联系实际生活创设情境既能帮助学生积累写作素材,又能增加学生的写作兴趣。

片段一:

师:同学们,上课!

生:起立!

师:同学们好!

生:老师好!

师:同学们请坐!

师:这节课是写作课,同学们准备好了吗?

生:准备好了。

(齐声回答)

师:在正式上课前,老师想请同学们参与一个小活动,叫“听名言猜道理”。德国哲学家莱布尼茨说过:“世上没有两片完全相同的树叶。”是呀,一棵树上的叶子,看上去样子好像差不多,但仔细观察就会发现,没有两片树叶是完全一样的。这句名言告诉我们什么样的道理呢?

生:这告诉我们,即使是十分相似的事物也是有差别的,它们各有各的特点。

生:每个事物有自己独一无二的特征。

师:对,就像铅笔、钢笔、毛笔、圆珠笔,虽说都是笔,却不完全一样,写说明文时,我们也要注意抓住事物的特征,有没有什么方法能帮助我们抓住事物的特征呢?

生:我们可以通过仔细观察去发现事物的特征。

师:除了观察还有呢?

生(齐声回答):比较。

师:看得出来,同学们在课前认真预习了写作部分的内容,这是个良好的学习习惯。有同学知道什么叫事物的特征吗?

生:特征是事物本身所具有的特点。

生:特征是用于区分一种事物与另一种事物之间的差别的。

师:那让我们一起来总结什么叫事物的特征吧。把一事物区别于其他事物的独有标志叫作事物的特征,即该事物所特有的个性。请同学们思考:事物的特征往往表现在哪些方面呢?

生:事物的颜色、形状、材质、风格。

生:事物的位置、变化过程、性能、温度。

师:按照同学们的讨论结果,可以总结事物的特征表现在两个方面:一是外显性特征,如事物的颜色、质地、空间、形状、温度等;二是内隐性特征,如事物的成因、原理、变化过程、内部结构、习性、性能、风格等方面。既然抓住事物特征的方式有观察与比较,那么观察是漫无目的地观察,还是带着具体的目标去观察事物呢?

生:观察肯定有目标,要认真,要细致,通过反复地观察才能准确把握事物特征。

师:有没有同学愿意分享观察小技巧呢?

生:观察的过程可以动用我们的感官,主要用眼睛细心观察。

师:你分享的观察小技巧真有用,可以再细致些吗?

生:我认为在观察过程可以用眼、耳、口、鼻、皮肤等感觉器官,对要说明的事物进行看、尝、嗅、触等,必要时,还可以做些实验来全面、准确地把握事物的特征。

师:你说得很详细,还有其他同学要分享的吗?

生:老师,我认为选择好观察点很重要,可以从固定点去观察,也可以移动观察点,从运动的角度去观察。

生:老师,观察的位置有远近高低之分;观察的角度也有仰视、俯视之分。

师:同学们总结得非常全面,那么我们在今后的观察过程中就要学会使用这些小技巧,让我们能够更加快速、准确地抓住事物的特征。老师也想分享一个观察小妙招,就是在观察中,还要选择不同的观察点。这点我们可以联系前面学习过的文章来看,同学们可以尝试从《中国石拱桥》一文中找到作者从不同的观察点来描写赵州桥的语句。

生:第5自然段作者在观察赵州桥的特点时,先看到"大拱",接着看到"大拱的肩上各有两个小拱",再观察到"大拱有28个拱圈拼成",最后观察得出"全桥结构匀称的特点"。

师:对,文章第5自然段作者就是从不同的角度去观察赵州桥,从而将它的特点描写得这样准确、细致。你找得真准!同学们在今后的说明文写作中也可以借鉴这种方法让我们的文章生动起来。除了观察,我们还可以采用比较的方法,有时,观察与比较要同时进行,那么在比较时要注意哪些事项呢?

生:比较要将说明对象和类似的事物进行多方面的比较,对信息进行筛选,进行异同分析。

师:对,相类似的事物容易混淆,因此要抓住二者的"异处",以此突出说明对象的特征。比如,学习完《中国石拱桥》我们可以试着比较赵州桥与卢沟桥。有哪位同学来试一试?

生:赵州桥"全桥只有一个大拱",桥洞"像一张弓","大拱由28道拱圈拼成"等是它的特征。

生:卢沟桥的特征是"每两个石拱之间有石砌桥墩,把11个石拱联成一个整体"。

师:是的,通过比较,就能帮助我们准确把握赵州桥的外形特征。此外,除了突出每个事物的独特之处,还要注意表现一类事物的共同特点。

生:就像在《苏州园林》中虽然每处园林都有不同的假山池沼、亭台轩榭,但是叶圣陶通过细致的观察,发现了一个"小秘密",他抓住这点,就让读者对苏州园林之美有一个整体的了解。

师:你的小脑袋瓜可真灵活,你能从前面学习的文章中找到例子,真棒!那有没有其他同学,也发现了叶先生的"小秘密"。

生:老师,我知道,就是他发现设计师和匠师们一致追求的:"务必使游览者无论站在哪个点上,眼前总是一幅完美的图画"。

师:老师只不过稍微点拨了一下,同学们就能立马从文中找到对应的句子,可见你们不仅上课聚精会神而且对《苏州园林》这篇文章也很熟嘛。老师还想补充一点,就是在说明文的写作过程中要学会查阅相关资料,因为说明文要求准确翔实。

生:老师,引用资料的选择范围是什么呢?

师:你这个问题问得好,既然要学会查阅资料,那么首先要明确查阅的范围。同学们,可以想想,咱们平时写作会用到哪些资料?

生:我写作文通常会从网络上查询有关资料。

生:我比较喜欢从优秀作文选中寻找范文,然后模仿着写作。

生:我喜欢从书籍杂志上搜集一些语言优美的句子,恰当地引入我的作文当中。

师:同学们使用方法都是切实可行的。但是说明文要求准确翔实,所以在写说明文时这些资料可以是图表、数据也可以是历史文献、研究资料等等。同学们可以试着从之前学习过的文章中找例子。

生:老师,我发现引用资料在《中国石拱桥》中有体现,文章引用《水经注》中的记载,《水经注》是历史文献,引用它说明赵州桥在中国具有悠久的历史,让读者对它的敬佩之情油然而生。

师:是呀,我们以后在写说明文时也要恰当地引用资料,来帮助我们说清楚事物的特征。另外,这些例子在我们本单元学习的文章中均出现过,由此可见,阅读与写作之间的关系是十分紧密的。

本堂课,教师从生活入手,创设情境,展开教学。接着通过生活中的事例得出事物特征的概念,再分析观察、比较需注意的相关事项,帮助学生选择恰当的方法去抓住被说明事物的特征。通过以前学过的文章片段为例提出问题,引导学生深入思考,体会说明文语言的严谨,调动学生学习的积极性。学生在教师的引导下,对如何抓住说明事物的特征有了一定的理解,这为接下来的写作奠定基础。

(二) 师生合作讨论,总结说明方法

师生间的合作讨论起到突出学生主体地位,激发学生创造潜能,营造民主、和谐、活跃的课堂氛围的作用,而说明方法作为说明文的要素之一,在提高语言科学性和准确性方面发挥着无可替代的作用。因此,教师有必要帮助学生掌握常见的说明方法,引导学生选择恰当的说明方法为自己的文章增添色彩。学生在第五单元已经了解过几种常见的说明方法,因此在这堂写作课上,教师需要帮助学生复习总结说明方法,以便在今后的写作中灵活运用它们。

片段二:

师:同学们,你们知道说明文的说明对象有哪些吗?

生:有人物、动物、植物。

生:建筑物、各种器物,包括生活用品。

师:不错,你们说的这些都是事物,其实,连自然地理、历史名称及事件都可以

作为说明对象,但是说明对象不同,我们要抓住的特征也就不相同,下面,我们一起来总结吧。

生:老师,我先来,我认为介绍动物时,可以抓住其形体特征、生活习性。

师:为什么呢?

生:我认为这些因素能够帮助我们了解动物自身的特点。

师:是的,动物与人物不同,当说明对象是人物时,就可以从外貌、性格以及个人生活经历这些方面去观察。请同学们依次概括在介绍植物、器物、建筑物、自然地理时我们应当着重介绍什么?

生:介绍植物时,要抓住它的外形特征、生态与用处。

生:介绍器物,我认为要着重介绍它的用途、结构、功能。

师:你们总结得很好,那建筑物与自然地理呢?

生:介绍自然地理时,应该着重介绍地形地貌及其形成的原因。

生:我认为建筑主要还是介绍外部构造、建筑材料等方面的特点。

师:在今后的写作中,当我们确定说明对象后,要根据对象来选择写作角度,这样我们的文章内容才能生动起来。本单元我们学习了不少说明方法,恰当运用这些说明方法,能够增强说明效果,同学们还记得这些说明方法吗?

生:常见的说明方法有列数字、分类别、下定义。

生:还有做比较、摹状貌、打比方、列图表、举例子。

师:好,你们总结的都是说明文中常见的说明方法,可见同学们已经将这些方法都记住了,不过记住是第一步,学会在文章中运用才是真正地掌握了这些说明方法。

生(齐声回答):好的!

说明方法是说明文的重要组成部分,使用恰当的说明方法能让文章的内容富有严密性、条理性、准确性。因此,案例中教师先带领学生总结确定事物特征的方法,接着又让学生回顾常见的说明方法,这对接下来的写作实践具有极大的帮助。

(三) 当堂训练,互评互改

当堂训练能够在短时间内提升写作技巧,挖掘学生写作方面的潜力,激发学生写作的兴趣。师生互评不仅营造了良好的课堂氛围,而且能够促进评价思维的发展。让学生自主地参与到作文评价中来,就能真正树立学生修改作文的意识,提高写作水平。

片段三:

师:我们一起来看看写作实践部分的第一题,根据这些材料同学们能否抓住坎儿井的一两个特征,整理出一篇说明文。请同学们试着浏览一遍材料,还有别忘了阅读课本120页的提示部分。

生:浏览好啦!

师:好,读完这则材料,你从中获得了哪些有效信息?同学们可以从材料中找一找,然后大家一起讨论。

生:我认为这篇材料出现的数字为我们提供了很多有用的信息。

师:好,那你能告诉老师原因吗?

生:因为这些数字使文章的内容更准确,更具体,更有说服力。例如,"吐鲁番盆地坎儿井的总长度超过5000千米"这些数字体现出坎儿井工程的巨大,是新疆人民智慧的结晶。

生:还有第7自然段,通过数字间的变化体现坎儿井的数量以及出水量在逐年锐减,因此坎儿井的抢救工程刻不容缓。

师:是啊,同学们都能发现数字的重要性,所以,我们今后在写说明文时也可以尝试使用"列数字"这种说明方法。下面,请同学们花15分钟将这则材料整理成一篇说明文,写完后咱们一起来批改。好了,现在开始你们的创作吧!

(学生写作文,教师巡视写作情况)

师:我看大部分的同学已经写完文章了,那么,让我们进入作文批改、评价环节吧。哪位同学愿意分享自己的作品?愿意的同学可以举手。第一个举手的是我们的吴浩同学,好!请你来读,其他同学认真听!

(生大声朗读文章)

师:吴浩同学果然有朗读的天赋,字正腔圆,感情真挚。谁能来说一说自己的感受或看法呢?大家踊跃发言啊!

生:我认为吴浩同学的这篇文章很有条理,因为他的文章是按照"介绍坎儿井——坎儿井之谜——坎儿井开凿作业的艰苦——保护坎儿井"的思路来展开说明的。

师:你听得很认真,能够在这么短的时间内把握文章脉络,真的很厉害。还有其他同学有别的看法吗?

生:我认为文章开头就点明坎儿井与万里长城、京杭大运河并称为中国古代三大工程,这样的开头能够吸引读者的阅读兴趣,从中能够读出古人的智慧来。

师:你说得很对,一个好的开头能让人眼前一亮。吴浩同学的文章还有哪些优点呢?

生:我认为这篇说明文抓住了说明对象的特征。该篇说明文的对象是坎儿井,吴浩同学就是抓住它的特征来展开说明的,这在文章中能找到证据,如文章第二三自然段介绍了坎儿井的构造、作用,通过这些,说明坎儿井是我国伟大的地下水灌溉工程。

师：不错，你说得有理有据，说明你也掌握了说明文的写作方法。大家说的都是优点，这篇文章就没有缺点吗？同学们可以大胆发言，咱们是对文不对人，指出不足，咱们小吴同学才有更大的进步空间嘛。

生：老师，我发现文章对坎儿井来源方面写得比较多，我认为这部分可以略写，重点还是抓住坎儿井的外形特征、内部结构以及在灌溉方面所起的作用。

师：你分析得很到位，写作一定要详略得当，突出中心。

生：这篇文章说明方法的使用是不是有点少呀？我只发现了列数字和打比方喔。

师：你的发现很有用，一篇说明文最好使用三个或三个以上说明方法比较恰当。你们看，作文就要互评，就要不断地修改，才能有进步呀！当我们发现别人文章的不足时，一方面要及时指出，另一方面要引以为戒，保证这种不足不会出现在自己今后的写作中。

生(齐声回答)：知道了。

师：好，接下来请别的同学分享自己的作品吧！好，李莉，这个机会给你了。

（生朗读）

师：朗读时声音可以再大点，要对自己的文章有信心。好，其他同学可以点评李莉同学的文章了。

生：我认为李莉同学的文章采用列数字、做比较、举例子等多种说明方法，将坎儿井的特征刻画得生动、细致。而且，她的文章详略得当，中心突出。但是，我认为她的文章首段衔接不够紧密，要是能把这个毛病改掉，那么，这就是一篇优秀的说明文啦！

师：你不仅听得认真，分析得也很到位。

生：李莉同学采用逻辑顺序来进行创作，这样便于说明坎儿井的特征，使文章的结构更有条理性。

生：从主要到次要的逻辑顺序使文章详略得当，逻辑清晰。

师：是啊，李莉同学的这篇文章写得很出色，我们今后写说明文也要力求做到言之有物，言之有序。写说明文只有抓住事物的特征，才能把被说明的事物准确清晰地介绍给读者。好，那接下来我们就刚才一起点评的两篇文章来总结说明文的写作技巧吧。哪位同学先来？好，丁超群同学你先来。

生：我认为在抓住说明事物特征后，需要根据具体情况来选好写作角度。比如，介绍坎儿井，就要着重介绍它的外形、构造、功能。还有，说明方法的选择也很重要，要根据文章内容选择恰当的方法。

生:我认为说明文的语言要求准确精当、文字通俗浅显,只有如实反映被说明事物的客观情况,才能保证文章内容的科学性。

生:说明的次序也很重要,合理的次序会使文章条理清楚,脉络明晰。

师:你们总结得真准确。老师在这里也想提醒同学们注意,虽然说明文的语言要求严谨,但在写作过程中只一味注重其严谨性、科学性,则会显得枯燥乏味,因此我们可以通过一些形象生动的艺术手段,增强作品的趣味性。这节课同学们的思维也太灵活了,能在这么短的时间总结出这么多条说明文写作要求来。老师给你们鼓掌。你们真棒!

(生鼓掌)

师:可见互评有利于写作水平的提升,同学们在今后的写作中也要继续保持这种良好的学习习惯,咱们要对自己的文章有信心,要敢于大声朗读自己的作品,有不足就及时改正,看到别人的优点,就主动学习。写作实践二、三题同学们可以任选一题利用课下时间完成,写作中可别忘记使用本节课学习过的写作方法,写完还可以和身边的同学相互批改、评价。好了,这堂作文课就上到这里,老师希望你们能怀着热情去写作,希望你们可以渐渐爱上写作。同学们,下课!

生:老师,再见!

师:同学们再见!

教师在作文教学中要着重引导学生互评互改,帮助学生提高作文写作水平,要将自己定位成一个引导者、启发者而不是评改作文的主体。学生是学习的主体,语文教师要重视学生对文章的批改,尊重学生的个人意见,鼓励他们大胆发言。此外,教师的总结和评价也是不可或缺的,能够给予学生更多的信心和动力去探究作文互评互改中的魅力。

结语

写作对语文教学至关重要,说明文是初中阶段必须学习和掌握的文体,学习说明文不仅能够增长学生的科学文化知识,还可以潜移默化地培养学生的逻辑思维,让学生得到科学精神的熏陶,培养学生严谨的学习态度。也正因为写作对语文考试十分重要,因此,作文教学常带有功利色彩,这导致写作教学效率低下,学生对写作缺乏兴趣。而统编版教材立足课标,尊重教育规律,落实语文素养,注重阅读训练等编排理念为写作教学带来了新希望。读写结合的编排体系将写作与阅读紧密结合,有利于在学习课文的过程中,逐渐掌握相应文体的写作方法。说明文教学对于培养学生的逻辑思维有着举足轻重的作用,在实际写作教学中,教师需要结合统编版写作系统的特点,优化教学手段,创设教学情境,开展写作教学活动,激发学生的说明文写作兴趣。

案例思考题

1. 你认为该怎样把握说明文写作教学的重难点?
2. 简述本案例教师写作教学的特点。
3. 阅读本案例,你是如何看待作文互评环节的?
4.《说明事物要抓住特征》写作教学设计与实施案例给你带来哪些启示?

案例使用说明

1. 适用范围

适用对象:汉语言文学(师范)专业本科生或中学语文教育专业研究生,教师教育相关专业的研究生,以及在职语文教师。

适用课程:《语文课程与教学论》《教学设计》《教学技能训练》等相关章节。

2. 教学目的

(1) 了解统编版初中写作教材的编排特点,对初中语文写作教学的重难点有清晰的认识,提高说明文写作教学设计的能力。

(2) 洞察教师在初中写作教学中遇到的相关问题,学习初中写作教学的实施策略。

(3) 从专业角度,深入思考初中写作教学的相关知识与实践问题。

(4) 掌握初中写作教学的方式方法,提供写作教学的经验和策略。

3. 关键要点

相关理论

教学设计、语文课程与教学论、语文学习心理、教学实施与评价

关键知识点

理解说明文写作板块的编排特点;利用学生的学习心理,激发说明文写作兴趣;学习初中写作的教学设计、实施策略和教学评价。

关键能力

研读教材的能力、学情分析的能力、教学设计的能力、教学实施的能力

案例分析思路

使用本案例时,可根据"说明事物要抓住特征"的需求,结合相关的理论与方

法，从以下几个方面进行分析。

首先是对教学内容的理解与教材的研读。本案例中，老师对《说明事物要抓住特征》的内容与教材编排进行了深刻分析，并进一步思考如何进行教学设计才能让学生理解说明文写作要抓住事物特征，以及怎样选择恰当的写作角度和使用说明方法等问题。在此基础上，利用学生原有的知识经验，创设生活情境，带领学生积极思考问题。通过对教材的分析，使学习者意识到研读教材要能够抓住内容本质，并根据学生与教学的需要进行灵活调整，使学生掌握说明事物特征的方式方法，学会说明文写作的互评互改。

其次是把握学生的学习特征设计说明文专题写作教学。教师在进行说明文专题写作教学设计时，需充分考虑学生关于说明文专题写作的实际情况，只有深入了解学生的学习状况，才能帮助学生解决说明文专题写作过程中的疑难与困惑。学生已有的关于说明事物要抓住特征的知识经验必然会影响到说明文专题写作教学设计与实施训练，因为对这些知识的建构和能力的培养建立在他们已有的经验基础之上。因此，教师应当重视学生的感受，合理安排教学过程，让学生在课堂学习中建构自己的意义，不断提高说明文写作素养。

再次是引导学生从问题情境的设计与运用入手进行分析。教学伊始，教师联系生活设计问题情境，让学生掌握什么是事物的特征以及如何通过观察和比较了解事物的特征。教学中借用了已学过的文章，比如《中国石拱桥》《苏州园林》等进行案例设计。案例中老师为了使学生掌握与运用资料，有利于说清楚事物特征，于是列举《中国石拱桥》中的例子，这不仅有利于激发学生的学习兴趣，还能起到复习旧知的作用。接着教师精心设计问题，引导学生思考说明文的说明对象有哪些，对不同的说明对象怎么抓住它的不同特征，在说明这些特征时又有哪些说明方法，最终在教师的指导下学生通过例子获得答案，形成新的认知。最后结合写作实践部分的第一题，要求学生根据材料抓住坎儿井的一两个特征，写一篇说明文，并进行互评和互改。

4. 教学建议

时间安排：两课时。

环节安排：布置预习，对说明文写作知识点进行梳理→小组讨论进行初步的教学设计→小组研读案例并进行汇报→小组合作，选择《说明事物要抓住特征》进行教学设计→学生在课上进行教学实践→教师点评。

人数要求：40 人以下的班级。

教学方法：参与式教学、小组合作，以师生的讨论为主，讲授为辅。

工具选择：多媒体、案例资料。

组织引导：教师布置任务清晰，预习要求明确；

提供给学生《说明事物要抓住特征》的参考资料；

给予学生必要的技能训练，便于课堂教学实践的进行；

对学生课下的讨论予以必要的指导和建议。

活动设计建议：

(1) 阅读《义务教育语文课程标准(2022年版)》和教材中《说明事物要抓住特征》的相关内容，同时查阅相关的教学设计和实施的文献，对《说明事物要抓住特征》进行初步的教学设计。

(2) 阅读本案例，有条件的可观看案例视频，独立思考，记录思考与问题。

(3) 小组讨论交流，将最终的小组问题列在记录单中。在小组的交流与汇报中，教师进行点评与提升。

(4) 指导学生在课下对自己的设计进行完善，教师给予必要的指导。

5. 推荐阅读

[1] 刘颖. 透视现象 揭示本质——“说明事物要抓住特征”升格训练示例[J]. 初中生世界，2023(Z2).

[2] 王雅红. 基于项目思维的写作教学实践——以统编版语文教材八上第五单元《说明事物要抓住特征》为例[J]. 语文教学通讯，2021(32).

[3] R·M·加涅，W·W·韦杰，K·C·戈勒斯，J·M·凯勒. 教学设计原理(第五版修订本)[M]. 上海：华东师范大学出版社，2018.

[4] 徐林祥. 百年语文教育经典名著[M]. 上海：上海教育出版社，2017.